中国汽车工程学会
汽车工程图书出版专家委员会　推荐出版

中国汽车技术发展报告 2016

ANNUAL REPORT ON VEHICLE TECHNOLOGY IN CHINA

中国汽车工程学会
丰 田 汽 车 公 司　编著

北京理工大学出版社
BEIJING INSTITUTE OF TECHNOLOGY PRESS

图书在版编目（CIP）数据

中国汽车技术发展报告. 2016 / 中国汽车工程学会，丰田汽车公司编著. —北京：北京理工大学出版社，2016. 8

ISBN 978-7-5682-2882-4

Ⅰ. ①中…　Ⅱ. ①中… ②丰…　Ⅲ. ①汽车工业－技术发展－研究报告－中国－2016　Ⅳ. ① U46-12

中国版本图书馆 CIP 数据核字（2016）第 191448 号

出版发行 / 北京理工大学出版社有限责任公司
社　　址 / 北京市海淀区中关村南大街 5 号
邮　　编 / 100081
电　　话 /（010）68914775（办公室）
（010）82562903（教材售后服务热线）
（010）68948351（其他图书服务热线）
网　　址 / http://www.bitpress.com.cn
经　　销 / 全国各地新华书店
印　　刷 / 北京地大天成印务有限公司
开　　本 / 710 毫米 ×1000 毫米　1/16
印　　张 / 14.5
字　　数 / 266 千字
版　　次 / 2016 年 8 月第 1 版　2016 年 8 月第 1 次印刷
定　　价 / 198.00 元

责任编辑 / 封　雪
文案编辑 / 封　雪
责任校对 / 周瑞红
责任印制 / 王美丽

《中国汽车技术发展报告》编委会

编委会主任　付于武　大西弘致

副　主　任　张进华　小川哲男　董长征

编委会成员

付于武　王秉刚　张进华　大西弘致　林　逸

赵福全　李开国　小川哲男　董长征　张　宁

吴　卫　吴志新　伊藤伸一　王晓明　侯福深

公维洁　赵莲芳

主　　编　张进华

副　主　编　侯福深　伊藤伸一　张文杰　赵莲芳

执　笔　人　（以内容出现先后为序）

冯锦山　赵立金　张文杰　王鹏飞

王利刚　孙　宁　范晓庆　李丹华

郑亚莉

序　言

《中国汽车技术发展报告》是中国汽车工程学会联合丰田汽车公司共同推出的关于中国汽车技术发展的研究性年度报告，2015 年首次出版后，填补了汽车行业技术报告的空白，获得了行业的广泛关注和一致好评，为政府、行业提供了重要的汽车技术发展数据支撑，为企业一线工程师提供了重要的参考工具。

制造业是国民经济的主体，是立国之本、兴国之器、强国之基，汽车工业是制造业的典型代表，是我国制造业实现创新驱动、转型升级、由大到强的主战场。2015 年 5 月，我国正式发布了《中国制造 2025》，这是我国第一次从国家战略层面描绘建设制造强国的宏伟蓝图，节能与新能源汽车成为我国重点发展的十大领域之一。但目前，汽车产业发展的过程中仍面临着能源、污染、安全和拥堵等一系列问题，低碳化、信息化与智能化成为解决这些问题的有效手段，技术创新是内在驱动力，技术路线是重要发展路径，这在行业内已获得了广泛共识。因此，以技术创新为导向，大力提高产品的技术含量，培育自主品牌，掌握先进技术，使产业结构不断向着高效、高附加值方向转变，将是支撑汽车强国建设的关键。

《中国汽车技术发展报告（2016）》的一大亮点是，首次对《中国制造 2025》节能与新能源汽车技术路线图给予了特别的关注，在详细梳理我国节能汽车、新能源汽车、智能网联汽车总体发展方向和路径的基础上，进一步聚焦在《中国制造 2025》发布之后，我国汽车产业在过去的一年中取得的标志性进展及其距离目标的实现程度，并对2016—2017年预期能够取得的关键技术突破也进行了分析。我们希望以此为起点以后每年都将节能与新能源汽车技术路线图的年度评估作为本技术报告之开篇。

另外，本书的另一大亮点就是将“技术能力评价体系”研究方法应用于车用动力电池企业这一专业细分领域。当前，新能源汽车产业发展方兴未艾，但新能源汽车广泛的市场应用还有赖于众多关键技术的创新和突破，其中动力电池技术是新能源汽车的核心，也是最大的难点。聚焦这一领域技术能力状况研究，将有助于行业充分认识自身差距，明确技术趋势和发展方向，并为中国汽车产业转型升级、实现中国制造2025新能源汽车战略发展目标提供重要支撑。在借鉴上年度研究报告经验的基础上，结合动力电池产业发展特点，我们从定量和定性两个方面对动力电池企业技术能力进行评价，分别建立了指标评价体系，并提出了“动力电池企业技术综合能力指数”，该指数是指企业利用各类资源、技术手段和技术过程实现技术目标的系统性能力。通过定量分析，对我国主要动力电池企业的研发资源投入、研发能力、生产制造能力和产出绩效进行了详细对比分析，同时对各企业技术综合能力进行了综合排序；通过定性分析，对国内外动力电池产业发展情况进行了全面阐述，并提出了动力电池技术发展路线。

本报告的基本框架保持了上一册的风格，由综述、技术能力评价、产业发展环境、技术应用状况、研发能力基础、技术研发趋势、国外相关资料附录和图表索引共8部分构成，这充分体现了年度报告在内容上的良好连续性。另外，在上一本报告首次采取“图表为主、文字为辅”表现形式获得读者广泛好评后，本报告继续采取了这一表现形式，通过简短的文字说明配合图表呈现出趋势性的内容，让读者能够用最短的时间了解和把握最有价值的内容。

《中国汽车技术发展报告（2016）》的出版，凝聚了诸多方面的心血。编著人员付出了辛勤的汗水，行业专家为本书重要技术内容提供了全面指导和把控，编委会成员为本书提供了全面系统的评价和建议，正是在他们不断的鼓励下，本书才得以出版。感谢中国汽车技术研究中心数据资源中心对本书成稿给予的大力支持，感谢丰田汽车公司对本书成稿给予的帮助，感谢北京理工大学出版社为本书出版做的大量工作。在此一并致谢。

最后，希望这份报告能够为我国节能与新能源汽车技术发展方向提供重要支撑，并为我国汽车产业技术进步带来积极的影响。

框架目录

总目录

1 综述

2 技术能力评价

3 产业发展环境

4 技术应用状况

节能环保安全

新能源汽车

5 研发能力基础

技术能力指数

研发资源

6 技术研发趋势

技术标准

研发成果

7 国外相关资料附录

8 图表索引（3~6章）

1 综述

2015 年汽车产业技术发展现状及近期趋势

2015 年是中国汽车产业发展里程碑的一年，这不仅在于中国汽车产销量双双超过 2 450 万辆、连续七年稳居世界最大汽车市场地位、汽车产量占世界汽车总产量的份额超过 1/4，还在于中国汽车产业技术发展也取得了明显进步；同时，随着《中国制造 2025》将节能与新能源汽车（节能汽车、新能源汽车、智能网联汽车）列为十大重点发展领域，汽车强国战略由此上升为国家战略，并成为我国新一轮工业革命的重点。

1999—2015年我国汽车产量及占世界汽车产量的比重

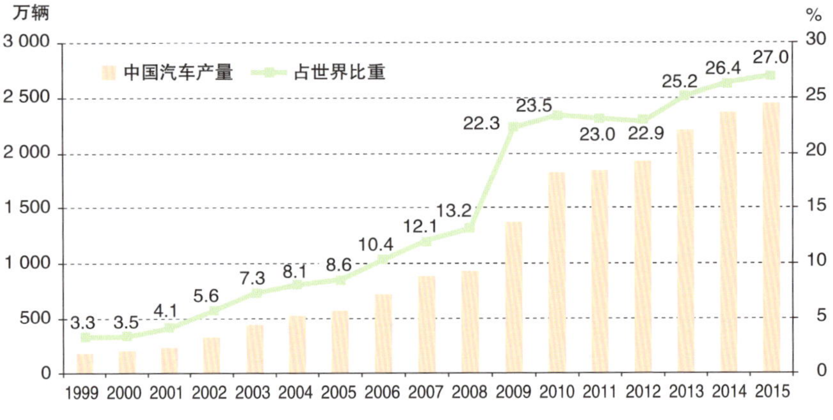

《中国制造 2025》对我国制造业转型升级和跨越发展作了顶层设计和整体部署，提出了我国制造业由大变强的“三步走”战略目标，明确了建设制造强国的战略任务和重点，是我国实施制造强国战略的第一个十年行动纲领，也是中国汽车强国建设的行动纲领。《中国制造 2025》为我国汽车产业发展指明了发展重点和方向：“继续支持电动汽车、燃料电池汽车发展，掌握汽车低碳化、信息化、智能化核心技术，提升动力电池、驱动电机、高效内燃机、先进变速器、轻量化材料、智能控制等核心技术的工程化和产业化能力，形成从关键零部

件到整车的完整工业体系和创新体系，推动自主品牌节能与新能源汽车同国际先进水平接轨。”

《中国制造2025》是汽车产业转型升级的重要机遇

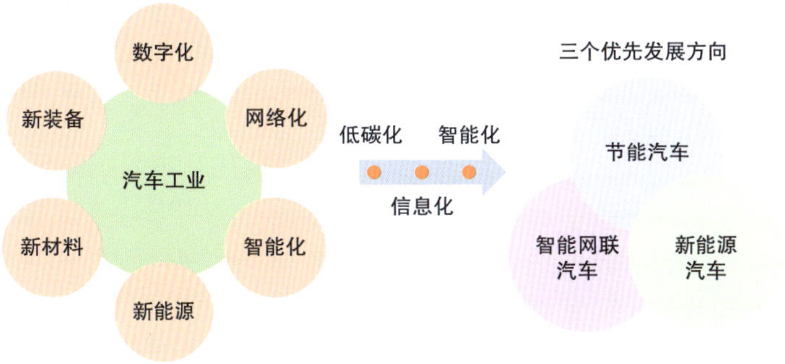

为明晰节能与新能源汽车发展趋势、发展重点，引导企业的创新活动，受相关部门委托，2015 年 5—9 月，中国汽车工程学会组织动员了 89 位专家共同编制了《中国制造 2025》节能与新能源汽车路线图，描绘了未来 10 年以“节能汽车、新能源汽车、智能网联汽车”为三大优先发展方向的路线图。技术路线图发布之后，在国内外汽车产业界引起了热切反响，产业界纷纷将自身的研发生产活动与路线图进行对比，并进一步优化企业相关规划，同时，科技界、金融界等创新资源也进一步向节能汽车、新能源汽车、智能网联汽车等重点领域聚集。

2015 年 9 月以来，为提出实现《中国制造 2025》中的汽车强国目标的具体路径和措施，识别未来 15 年汽车产业技术发展方向、关键技术及其优先程度，研究提出政府和产业界联合推动汽车产业技术创新的框架，促进新技术研发和应用，中国汽车工程学会组织动员了约 500 位专家，正在继续深化开展节能与新能源汽车细分领域的技术路线图研究，包括节能汽车、纯电动和插电式混合动力汽车、燃料电池汽车、智能网联汽车、汽车制造技术、动力电池技术、汽车轻量化技术等七项细分领域技术路线图研究。

形成未来 10~15 年的汽车技术路线图之后，随着时间的推移和技术的发展，产业内部对产业关键技术未来发展趋势的把握和理解都会更加准确，只有动态评估和及时更新产业技术路线图才能给路线图使用者传递更加可靠、更有价值的信息，因此，技术路线图动态评估和更新工作尤为重要。

节能与新能源汽车细分领域技术路线图编制

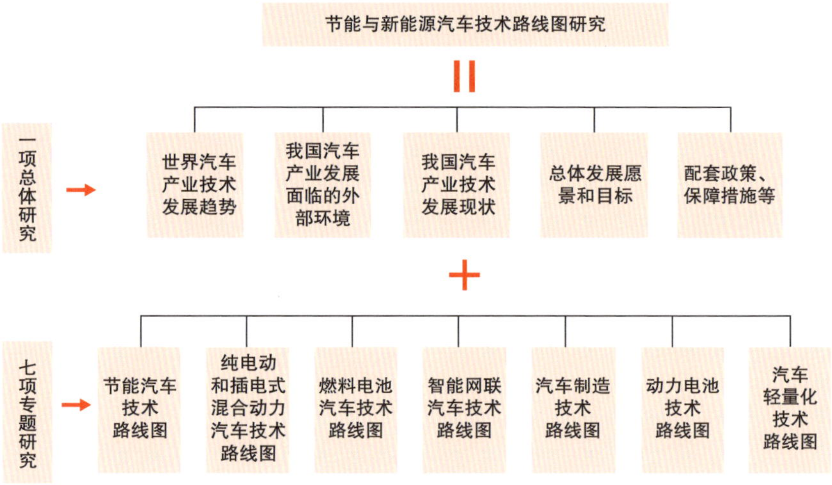

基于以上考虑，本项技术报告的开篇将展开对《中国制造 2025》节能与新能源汽车技术路线图进行年度性评估，此后年度则将聚焦于对七大细分领域专题路线图的评估，本年度评估工作主要聚焦于《中国制造 2025》技术路线图提出的汽车产业技术目标和路径、在此目标引领下 2015 年取得的标志性进展、2016—2017 年预期取得的突破技术等三个方面展开，如下评估采用了部分专题技术路线图的研究成果，在此一并表示感谢。

一、汽车产业技术总体方向和路径

（一）总体方向

《中国制造 2025》总体上指明了汽车产业技术的发展方向，即低碳化、信息化、智能化。节能和新能源汽车已成为汽车领域发展重点，低碳化、信息化、智能化成为未来汽车技术的三大发展趋势，且三者之间存在彼此关联的内在逻辑关系：信息化与智能化技术相互关联、相互影响，同时信息与智能技术的发展会推动汽车低碳化进程。

面对日趋严峻的能源和环境形势，道路交通领域必须转变发展方式向低碳化方向发展。目前来看，汽车低碳化技术主要包括：传统动力系统、传动系统的升级，如发动机增压、缸内直喷、先进燃烧技术、高效率变速器的应用等；新能源汽车技术的发展，如纯电动汽车和插电式混合动力汽车技术、燃料电池汽车技术等；绿色汽车制造技术；汽车轻量化技术等。这些技术的应用推动了汽车技术低碳化的发展。

汽车产业技术未来发展趋势

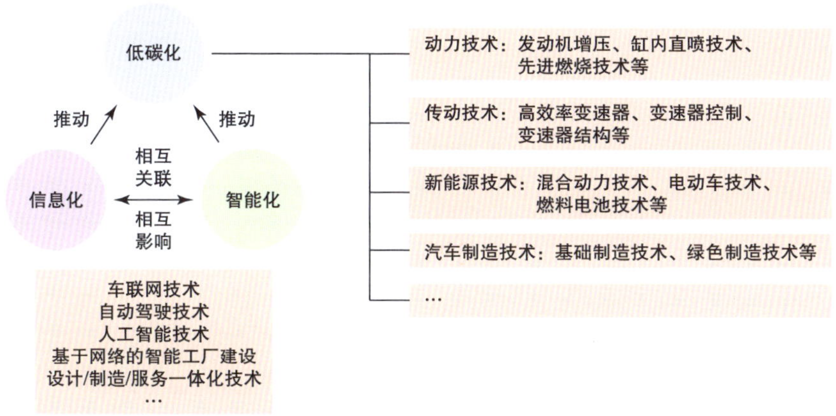

信息化和智能化是工业革命 4.0 时代汽车领域发展的重大需求，两者相互关联、相互影响。这方面具有代表性的技术有车联网技术、自动驾驶技术、人工智能技术、设计 / 制造 / 服务一体化技术等。

汽车技术的信息化和智能化发展对低碳化趋势形成了促进作用。一方面，电子电器在汽车零部件中占比不断增加，其对汽车性能的影响也不断增大。因此汽车电子电器效率的提高带来了汽车总体能耗的减少。此外，各种先进控制策略的应用也推动了汽车节能技术的进一步发展。另一方面，以信息化和智能化为基础的智慧交通解决方案将大大减少交通事故，提高交通效率，并减少二氧化碳排放，推动低碳化发展。

（二）发展路径

《中国制造 2025》总体上确立了 2025 年进入制造强国行列的发展目标，为汽车产业技术发展指明了低碳化、信息化、智能化的发展方向，《中国制造 2025》重点领域技术创新绿皮书——技术路线图则进一步描绘了节能与新能源汽车产业技术发展路线。下文主要从目标与重点产品技术做一归纳介绍，三类汽车整体的技术路线图则包括需求、目标、发展重点（重点产品、关键零部件、关键共性技术）、应用示范工程、战略支撑和保障等方面，此后的部分则注重从2015年取得的标志性进展及近期预期突破的技术进行梳理。

1. 节能汽车

节能汽车发展关键目标及重点产品

关键目标	2020年：具有知识产权的国产节能汽车市场份额40%，乘用车新车平均油耗优于5L/100km 2025年：具有知识产权的国产节能汽车市场份额50%，乘用车新车平均油耗优于4L/100km 2030年：具有知识产权的国产节能汽车市场份额60%
重点产品	重点产品主要适用车型和领域
①节能内燃机动力乘用车	以小排量节能乘用车的开发和大量普及为主
②混合动力乘用车	以A级以上混合动力乘用车的开发和普及为主
③节能柴油商用车	以节能型半挂牵引车等的大批量发展为主
④混合动力商用车	以混合动力城市公交客车的大规模发展为主
⑤替代燃料汽车	实现天然气等低碳燃料在商用车和乘用车上的大量应用

资料来源：根据《中国制造2025》重点领域技术创新绿皮书——技术路线图整理。

2. 新能源汽车

新能源汽车发展关键目标和重点产品

关键目标	2020年：具有知识产权的新能源汽车年销量突破100万辆，在国内市场占70%以上；生产1 000辆燃料电池汽车并进行示范运行 2025年：与国际先进水平同步的新能源汽车年销量达到300万辆，在国内市场占80%以上；制氢、加氢等配套设施基本完善，燃料电池汽车实现区域小规模运行 2030年：具有知识产权的新能源汽车在国内市场占绝对主导地位，出口份额达到总产量的30%

续表

重点产品	重点产品主要适用车型和领域
①插电式混合动力汽车	以紧凑型及以上车型规模化发展插电式混合动力乘用车为主 实现该项技术在私人用车、公务用车，以及其他日均行驶里程较短的领域推广应用
②纯电动汽车	以中型及以下车型规模化发展纯电动乘用车为主 实现纯电动技术在家庭用车、公务用车、租赁服务以及短途商用车上的推广应用
③燃料电池汽车	以城市私人用车、公共服务用车的批量化应用为主，实现燃料电池技术的推广应用

资料来源：根据《中国制造2025》重点领域技术创新绿皮书——技术路线图整理。

3. 智能网联汽车

智能网联汽车发展关键目标和重点产品

关键目标	2020年：初步形成以企业为主体、市场为导向、政产学研用紧密结合、跨产业协同发展的智能网联汽车自主创新体系。具有知识产权的国产汽车信息化产品国内市场占有率达50%
	2025年：基本建成自主的智能网联汽车产业链与智慧交通体系。具有知识产权的国产汽车信息化产品国内市场占有率达60%
	2030年：部分智慧城市与高速公路的智慧交通体系示范运营。提出车辆相关的智慧交通解决方案，普通道路的交通效率提高80%，交通事故数减少80%，交通事故死亡人数减少90%，汽车二氧化碳排放大约减少20%
重点产品	重点产品主要适用车型和领域
①基于网联的车载智能信息服务系统	在现有Telematics系统基础上，为驾驶和出行提供交通、资讯、车辆运行状态及智能控制等信息服务，突出信息化和人机交互升级
②驾驶辅助级智能汽车	制定中国版智能驾驶辅助标准，基于车载传感实现智能驾驶辅助，可提醒驾驶人、干预车辆，突出安全性、舒适性和便利性

续表

重点产品	重点产品主要适用车型和领域
③部分或高度自动驾驶级智能汽车	制定中国版乘用车城市智能驾驶标准和高速公路智能驾驶标准；乘用车逐步实现部分自动或高度自动驾驶；制定中国版商用车城郊智能驾驶标准和高速公路智能驾驶标准，商用车逐步实现部分或高度自动驾驶
④完全自动驾驶级智能汽车	制定中国版完全自动驾驶标准，基于多元信息融合、多网融合，利用人工智能、深度挖掘及自动控制技术，配合智能环境和辅助设施实现自动驾驶，改变出行模式、消除拥堵、提高道路利用率
⑤智慧出行用车	制定中国版智慧交通标准，推进智慧城市和智慧交通体系建设，实现公交客车与出租车的智慧化管理

资料来源：根据《中国制造2025》重点领域技术创新绿皮书——技术路线图整理。

二、2015年汽车技术标志性进展

（一）总体方向

1. 乘用车新车平均燃油经济性达到规划目标

2015 年，在乘用车新车整备质量呈现增长趋势的情况下，国产乘用车新车百公里[①]平均燃料消耗量已从 2004 年的 9.15 L 降到了 2015 年

2015年乘用车新车燃料经济性基本达到了规划目标

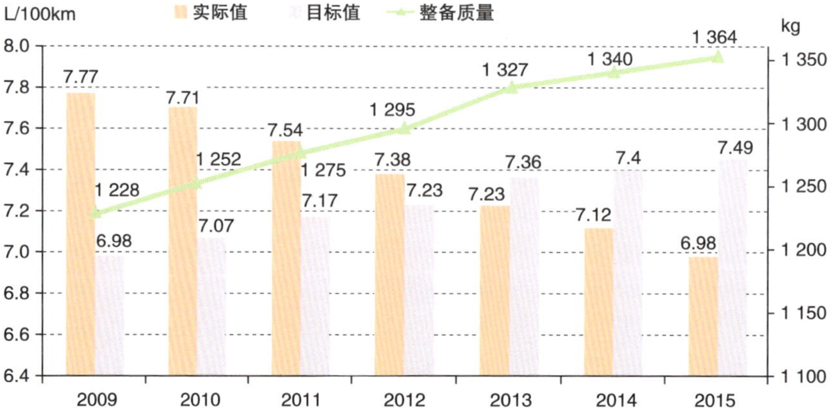

① 1 公里 =1 000 米。

的 6.98 L（机动车合格证数据中心），基本实现了《节能与新能源汽车产业发展规划（2012—2020）》提出的到 2015 年乘用车新车百公里平均燃料消耗量降至 6.9 L 的目标，具有重要的里程碑意义。

2. 四轴行星齿轮系油冷双电机混合动力系统开发成功

四轴行星齿轮系油冷双电机混合动力系统是由科力远研发、具有完全自主知识产权的混合动力总成技术（CHS 混合动力系统）。2015 年该系统通过了科技成果鉴定。

CHS 汽车混合动力系统采用双行星轮系四轴油冷双电机架构，集成发动机高效运行控制、一体化高效电机及控制、动力电池寿命预估与优化控制、整车能量管理与转矩协调控制等技术，获得 2 项国际发明专利和 25 项国内发明专利，搭载该系统的吉利美日混合动力汽车百公里油耗 4.9 L，整车排放达到国 V 标准，总体达到国际先进水平。该项技术对我国汽车混合动力系统核心技术的突破具有重要意义。随着吉利汽车、长安汽车等整车企业的加入，该套动力系统产业化逐步临近。

吉利、长安企业围绕混合动力系统展开多方合作

3. 自主品牌先进自动变速器技术取得突破

国内汽车自动变速器呈现多种技术路径并存的情况，AT、CVT、DCT 均得到了越来越多的应用。自动变速器方面，盛瑞 8 挡液力自动

变速器由盛瑞公司自主研发，为前置前驱 8AT。该变速器机械结构布置方案设计精巧，换挡逻辑灵活，传动效率高，相比 4AT 可实现节油 16%，在一定程度上打破了国外对高端自动变速器产品的技术封锁和产品垄断。该产品可基于同一平台，实现 5AT~13AT 系列化自动变速器产品和混合动力传动产品的开发，目前已建立年产 10 万台自动化生产线，并搭载于陆风 X5，初步实现产业化。

盛瑞自主开发的8挡自动变速器

上汽集团自主研发的6挡TST湿式双离合变速器

相对来说，采用 DCT 技术的车企阵容更大，包括上汽、一汽、长安、比亚迪、广汽、吉利、北汽、江淮等众多自主品牌车企。其中，上

汽、比亚迪、广汽等车企的 DCT 技术已经进入量产阶段。例如，由上汽集团自主研发的 6 挡 TST 湿式双离合自动变速器最大可传递扭矩达到 360Nm。车辆全力加速时，变速箱的换挡速度可达 0.2 s，确保了车辆加速时的动力输出。目前该变速器已经批量应用于荣威 550、名爵 6 等车型。

（二）新能源汽车技术 2015 年标志性进展

1. 新能源汽车产量在汽车总产量中的份额超过 1.5%

2015 年，新能源汽车产业规模经历了爆发式增长，全年新能源汽车产量达到 37.9 万辆，同比增长近 4 倍，仍然延续了倍数级增长的趋势。其中，新能源汽车产量在汽车总产量中的份额也显著提高，从 2011 年的 0.04% 到 2015 年的 1.55%，首次超过 1%，这标志着我国新能源汽车正在从市场导入期向快速发展期迈进。

2011—2015年新能源汽车产量及在汽车总产量中的占比

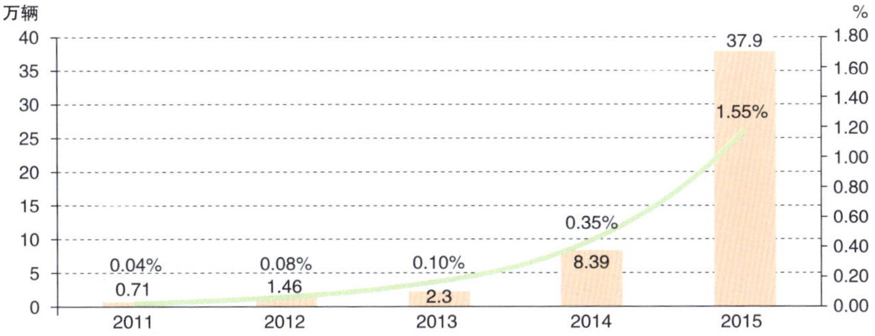

资料来源：机动车合格证数据

2. 锂离子动力电池性能显著提升

2015 年，我国锂离子动力电池性能稳步提升，与国际水平基本保持同步。磷酸铁锂电池单体的能量密度达到 140 Wh/kg，基于三元正极材料的电池单体的能量密度最高达到 180 Wh/kg。例如宁德时代的三元锂离子电池能量密度达到 180 Wh/kg，应用于乘用车有效支撑了纯电动汽车续驶里程的明显提升。此外，动力电池材料方面，耐高温不易燃烧电解质与耐高温隔膜为基础的安全电池技术在微宏电池公司投入应用，动力电池产业化方面，自主设计年产 16 GWh 大规模汽车动力电池生产线在比亚迪投产。

宁德时代自主开发的三元系动力电池电芯和电池组

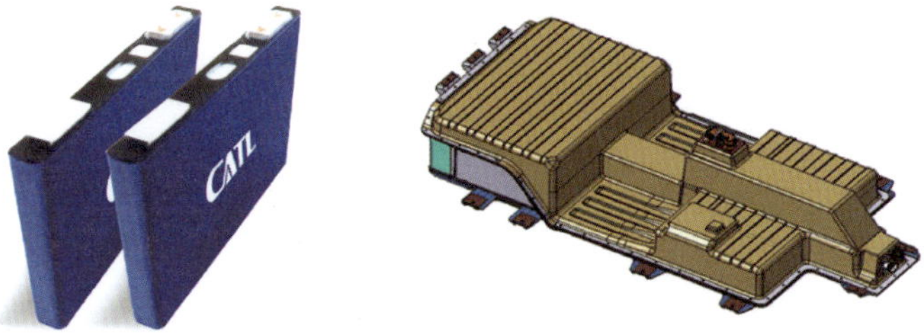

3. 自主品牌新能源汽车整车性能显著提高

在动力电池、驱动电机等关键零部件技术进步的支撑和新能源汽车推广应用工程的牵引带动下，我国自主品牌电动汽车整车性能得到了显著提高。其中，以吉利帝豪为典型的 A 级纯电动汽车在整备质量低于 1 600 kg 的情况下，续驶里程突破 250 km，并进入批量生产；以比亚迪

比亚迪唐的四驱高效插电混合动力系统

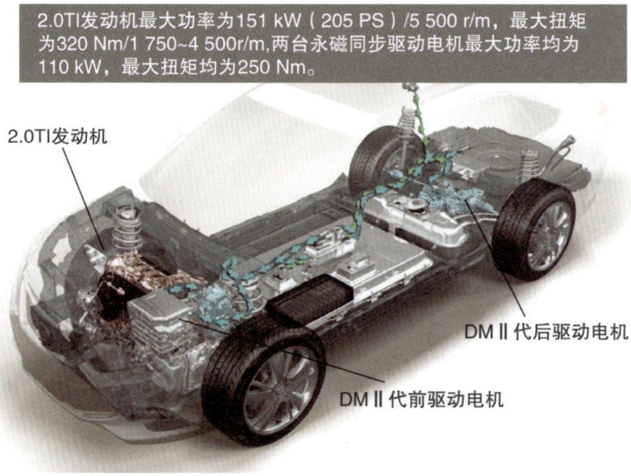

唐为典型的高动力性四驱插电式混合动力汽车批量化生产，0~100 km/h 加速时间 4.9 s，在部分性能指标方面达到了世界先进水平。

4. 突破大功率非接触式充电技术难题

与传统接触式充电方式相比，电动汽车非接触式充电具有不用人工插拔电源接头、无高压触电危险、恶劣天气条件下适应性强，提高了电动汽车充电便利性等特点，适合大规模布置在充电站或车库对电动汽车进行充电。2015 年，我国攻克了大功率非接触式充电设备的技术难题，如无线能量传输效率、无线能量传输距离、无线能量传输的大功率技术、大功率无线能量传输的安全及可靠性等。中兴无线充电设备能够提供 3.3~60 kW 的功率，传输效率达到 91%，轿车和客车车载无线充电机进入商业化示范运行。

5. 制动能量回收技术领域取得重要成果

2015 年，我国在制动能量回收技术领域取得重要成果，研制的制动能量回收系统（EABS）、能量回馈式整车动力学控制系统（EESP）显著改善了电动汽车的能效，车辆电驱动 / 电制动系统台架实验技术取得突破，研制出极端工况车辆动态负载精准模拟的实验装置。由清华大学牵头研制的制动能量回收系统节能安全关键技术，经测试对整车能量经济性改善的贡献率达到 20% 以上，各项技术指标均满足法规要求，并荣获 2015 年度“中国汽车工业技术发明奖”一等奖，在一定程度上打破了欧美日知名整车及零部件企业在该技术领域的垄断，为自主品牌提高市场话语权奠定了坚实的基础。

（三）智能网联汽车技术 2015 标志性进展

1. 自主车载视觉感知系统大规模应用

以机器视觉为手段，采用人工智能算法，实现了对车道线、车辆等交通环境以及驾驶员疲劳状态和注意力分散状态的实时监控和预警，有效提高了汽车行驶安全性。对车道线和车辆识别的准确率达到 98% 以上，对驾驶员疲劳状态识别的精度达到 90% 以上，居世界领先水平。相关产品已经在我国长安汽车、广州汽车、上汽通用五菱、陕西重汽等自主品牌上得到了前装大规模应用，并出口日本等国际市场。

2. 基于 LTE-V 技术的 V2X 通信标准及原型系统

V2X 通信标准是整个智能网联汽车中重要的一个环节。国外基于 802.11p 的标准提出多年，但一直未正式商用化，我国在相关 802.11 系列技术和产业方面尚无核心知识产权、产业基础及优势，大唐电信、华为等国内通信厂商，基于我国 4G 移动通信标准 TD-LTE 技术，提出了拥有自主知识产权，具有低时延高可靠特点的 LTE-V 技术，并在 2015 年牵头完成在国际 3GPP 标准中的立项，将 LTE-V 纳入国际标准。

大唐电信、华为公司开发完成的 LTE-V 原型验证系统，在 2015 年 4 月南京亚太 C-ITS 论坛、2015 年 10 月中国汽车工程学会年会上成功进行了外场技术展示，在国内国际产业界引起了很大的反响。车联网应用是未来汽车智能化、网联化的重要支撑技术，LTE-V 是车联网领域我国全面赶超国际先进水平的关键技术，是未来协同创新的重点突破方向。

3. SMB 示范运营系统

伴随着开发区飞速发展和园区建设的日新月异变化，从公共交通枢纽到开发区办公服务中心和核心办公室区域成了一个新型的交通难题。为此，研制开发出一种新型、免费的自动化智能交通出行方式 SMB（Smart Mini Bus），它将以清洁能源车为基础，结合自主驾驶技术、驾驶安全地图、智能座舱及互联网 + 的运营，实现从公共交通枢纽到开发区的绿色环保、一人一座、一站直达、专车专道的高效运输体系。

同时，通过 SMB 示范运营，进行实地数据的收集、分析和挖掘，可以对搭载的自主驾驶技术、驾驶安全地图、智能座舱进行充分验证，有利于提升北斗高精度定位算法稳定性，优化驾驶安全地图的数据模型，从而促进自动驾驶技术的进一步成熟。SMB 示范运营系统，将为政府、乘客、司机、车厂、合作企业提供智能网联汽车的共享实验平台，将智能网联汽车的技术转换为服务，为未来的量产化应用做好准备和铺垫。

三、2016—2017年预期取得突破的重点技术

（一）节能汽车技术 2016—2017 年预期取得的重大突破

1. 基于自主技术平台的高效自动变速器产品进入规模产业化

国内相关企业在推进第一代 8AT 与多款整车搭载的同时，启动国际领先的 13AT 和带启停功能的 8AT 的研究开发，开展 200 Nm 紧凑型 8AT 的开发，以便尽快满足 A 级车对高端自动变速器的市场需求。同步开展适用于四驱系统和针对混合动力的 8AT、纯电传动系统等变速器技术，逐步推进产品系列化发展。预计我国以 8AT 为原型的新一代高性能自动变速器在 2016—2017 年将取得突破性进展。

2. 具有自主知识产权的小排量涡轮增压直喷发动机即将批量化装车

为推动 2020 年我国乘用车新车平均燃料消耗量达到 5.0 L/100 km 目标的实现，开发具有自主知识产权的涡轮增压直喷发动机已势在必行。在集成缸内直喷、DVVT 等先进节能技术的基础上，以 1.0T 涡轮增压直喷发动机为突破口，多家汽车整车企业重点开发小排量涡轮增压直喷发动机。预计 1.0T 涡轮增压直喷发动机最大功率达到 90 kW，峰值扭矩达到 180 Nm。随着节能减排目标的日趋加严，预计自主小排量涡轮增压直喷发动机在 2016—2017 年将迎来批量化装车应用。

3. 低成本混合动力系统在数个车型上开发应用成功

随着四轴行星齿轮系油冷双电机混合动力系统技术的逐步成熟和混合动力系统生产线建设的推进，以及国内更多的厂商如吉利、长安等参与到本项技术相关的共同开发或联合采购，随着 2020 年 5 L 油耗目标的逐步临近，预计低成本混合动力系统将在吉利、长安等相关厂商的多个车型上得到批量化的应用。

4. 电控共轨柴油喷射系统制造技术与关键装备的研发及应用

电控共轨技术一直由国外垄断，由无锡油泵油嘴研究所牵头承担的“电控共轨柴油喷射系统制造技术与关键装备的研发及应用（一期）”攻克了一大批技术难关，带动了我国汽车、内燃机和机床行业的创新发展，

填补了多项技术空白。未来两年，无锡油泵油嘴研究所将继续开展电控共轨柴油喷射系统制造技术及关键装备的研发，聚焦相关设备的可靠性、精度保持性、信息化、自动化和生产效率，继续进行重点攻关，预计 2016 年年底将建成一条具备自主知识产权的电控共轨系统完整的应用示范生产线。

（二）新能源汽车 2016—2017 年预期取得的突破

1. 三元锂电池单体能量密度突破 240 Wh/kg

动力电池是新能源汽车的核心，为满足新能源汽车整车需求，需要进一步开展高能量锂离子动力电池研究。研发高镍三元、高压镍锰尖晶石、富锂锰基等正极材料及硅碳等高容量负极材料，研发陶瓷涂层隔膜等高安全性隔膜及阻燃电解液；重点研发高能量密度单体电池，发展基于模型的极片 / 电池设计技术、新型制造技术、工艺及装备。经过 1~2 年研发，预计可在保证其他性能满足车用需求的同时，锂离子动力电池比能量将提高至 240Wh/kg。同时，高能量密度动力电池的安全性技术取得突破。

2017年度动力电池相关企业的产品规划

厂家	单体容量(Ah)	比能量(Wh/kg)	尺寸（长×宽×高）(mm)	SOP时间
企业A	48.3	245	ISO 310×100×11.6	2017.9
企业B	72	225	VDA 148×97×40	2017.10
企业C	51	215	VDA 148×97×26.5	2017.11
	3.2	240	ϕ18×65	2017.6
企业D	54	230	240×268×7.2	2017第3、4季度
企业C	3.1	245	ϕ18×65	2017

资料来源：根据相关资料整理。

2. 电驱动系统倍增技术有望突破

驱动电机系统向着高速电机与系统集成化方向发展，以提升电驱动总成系统性能，减小系统重量和体积，有效降低系统制造成本。与传统硅器件（如 IGBT）相比，SiC 器件具有更高的工作温度、更高的击穿电压，以及更低的开关损耗，能够使功率模块变得更加简洁、轻巧、智能、高效，基于 SiC 器件的功率半导体模块特别适合应用到对可靠性有着更高要求的高温、高频领域。随着高效高密度封装的功率半导体器件、低感低热阻无源器件以及高集成度功率组件及控制器产品等关键技术研发的推进，预计近期控制器的功率密度有望提高 50%。

3. 一批 A 级纯电动乘用车续驶里程达到 250 km 以上

伴随着动力电池能量密度的显著提升，以及纯电动汽车燃料经济性水平的进一步优化，预计 2016—2017 年，将出现一批续驶里程在 250 km 以上的 A 级纯电动乘用车，并逐步占据市场主流地位。

（三）智能网联汽车 2016—2017 年预期取得的突破

1. 面向自动驾驶的智能环境感知技术有所突破

预计近期在面向自动驾驶的智能环境感知技术方面将取得一定突破。基于深度学习方法，提高车辆识别准确性，突破复杂交通环境下的行人识别、非机动车识别、交通规则及场景的图像识别技术难题，识别准确率达到 98% 以上，单帧图像处理时间小于 50 ms。开展视觉、雷达、高精度卫星定位、高精度地图等多源信息融合技术研发及应用，实现非差分条件下车辆高精度定位，并提高车辆对运行环境感知的精度和实时性。开展车载环境感知系统与 DSRC、LTE 等通信系统的信息融合技术研究，扩展汽车感知范围，实现能够有效覆盖近距离—远距离、车内—车外多维度的无盲区全息感知系统，为自动驾驶汽车的发展奠定基础。

2. 基于自主创新的 LTE–V 技术实现产业化

基于 LTE-V 原型系统研发基础，持续研究并突破 V2X 通信关键共性技术，基于我国移动通信产业基础，开发自主可控的车联网通信产品，加速 LTE-V 技术产业化进程。重点攻关方向包括：信道导频增强技术、时频同步增强技术、资源分配机制增强技术、蜂窝网络辅助 / 协同技术等。在技术攻关的基础上，进行批量样机开发，支持小规模测试，对关键技术进行迭代完善；在完善的基础上，重点研发 V2X 底层通信芯片，开发商用 V2X 通信产品，研发并产业化支持车辆协同安全和交通主动控制的智能网联汽车车载终端。预计 2016—2017 年完成技术标准的制定，实现 V2X 通信模块原型样机的开发，开展 LTE-V 关键技术验证，完成 V2X 频谱规划初步工作。

3. 智能网联汽车基础数据交互平台建设即将展开

智能网联汽车的应用需要数据平台作为支撑，目前我国各类智能网联汽车平台架构、接口标准等均不统一，数据无法交互，不利于智能网联汽车产业整体发展。

智能网联汽车数据平台可分为基础数据交互平台、公共服务平台、应用服务平台三级架构。基础数据交互平台汇聚全国智能网联汽车基础数据信息，对接政府部门公共服务平台以及各企业的应用服务平台，有利于提升行业监管与服务效率。研发我国自主的智能网联汽车基础数据交互平台技术架构、数据高效存储与挖掘技术、数据平台信息安全技术，确定各级平台间的接口协议标准。预计到 2017 年，基础数据交互平台有望具有 500 万辆以上的接入能力，能够实现不同品牌汽车间的基础数据共享。

2 技术能力评价

车用动力电池企业技术能力评价

一、评价背景及定义

（一）评价背景

近年来，全球新能源汽车产销量保持快速增长，根据电动汽车倡议（EVI）20多个成员国统计数据，截至2015年年底，新能源汽车累计销量144余万辆，其中我国新能源汽车累计产量达49.7万辆，占比34.5%，而根据《中国制造2025》“节能与新能源汽车”领域解读的战略目标为：“到2020年，自主品牌纯电动和插电式新能源汽车年销量突破100万辆，到2025年，与国际先进水平同步的新能源汽车年销量300万辆。”

我国新能源汽车的快速发展，给动力电池产业带来了良好的发展机遇，根据工信部机动车产品公告数据统计，2014年，我国动力电池产量约为3.7GWh，2015年约为15.7GWh，至2016年累计销售量达到了27.2亿GWh。预计2020年新能源汽车对动力电池需求超过100GWh，2030年将超过150GWh。动力电池在快速发展的同时，我们也看到以韩国三星SDI、LG化学、SK为代表的国外动力电池跨国企业开始规模化进驻中国市场，其中三星SDI和LG化学已分别在西安和南京建设了生产基地，我国动力电池产业迎来了日益加剧的市场竞争和挑战。

在这样的背景下，为了更好地让政府和企业了解我国车用动力电池企业技术能力水平，并根据产业竞争形势，优化创新资源投入，做出高效的投入决策，有必要对我国车用动力电池开展全面的技术能力评价研究。本研究采用定量和定性分析的方法开展评价研究，期望本次评价研究可以为动力电池行业的健康发展提供一定的参考。

（二） 企业技术能力定义

根据《中国汽车技术发展报告（2014—2015）》中对企业技术能力的定义，企业技术能力是指企业利用各类资源、技术手段和技术过程实现技术目标的系统性能力。该技术能力定义有如下要点：

（1）技术能力是过程能力，是通过一定的过程得以实现的。如果将企业看作一个系统，企业技术能力则是该系统将投入转化为产出的过程。根据定义，各类资源是对系统的投入，得以实现的技术目标是系统的产出，技术手段和技术过程则是使技术能力得以实现的过程。

（2）技术能力是系统性能力，是诸多因素共同作用的结果。一个系统的边界可以将空间分为系统内和系统外两部分，显然外部因素和内部因素均会对企业的技术能力产生影响。这里我们强调技术能力的系统性主要指两方面：一是重点关注企业内部因素的作用；二是强调企业的内部过程（包括企业的内部组织及结构设计等）及其运行机制的极其复杂性，因而技术能力是系统内各种影响因素共同作用、协同作用的结果。

（3）技术能力体现为要素能力，我们可以从对资源、技术手段、技术过程和技术目标四大要素的研究入手来研究技术能力。

（4）技术能力既包括静态的能力，也包括改善的能力或进化的能力。我们在研究过程中，既关注技术能力的状态或现实表现，也关注技术能力进一步发展提高的潜力。

二、评价体系框架及对象

考虑到动力电池仍是一个快速发展的新兴产业，本文将从定量和定性两个方面对动力电池企业技术能力进行评价。

（一） 评价指标的选择

技术能力评价指标选择是技术能力评价的基础，技术能力评价指标的选择遵循以下原则：

（1）代表性原则。对国内外文献进行梳理总结，对技术能力评价的相关指标进行推敲，以学者的理论实证研究为依据，同时侧重于理论的成熟度与实证结果的坚实度，将可信度高、研究范围贴切度好的指标纳入考虑范围，以增强设计体系的科学性和合理性。

（2）可量化原则。指所选指标意义清楚、定义明确，具有稳定可靠的数据来源，易于进行量化处理。对指标的概念界定要清晰明确，指标的界定区间、数理处理方法、衡量单位应统一。为避免因人而异在数据获取上产生的主观系统误差，准确反映测度信息的实际情况，使得研究具有重现意义，本文力求不同企业的同一指标具有可比较性。

（3）系统性原则。所选指标所形成的指标体系应尽量完备，力争能较全面地反映动力电池产业技术能力状况。指标的设计不能忽略任何方面的投入产出，以避免以偏概全。

（4）指标数据可获得性原则。广泛搜集动力电池企业统计数据，以年鉴、公告数据、发展报告和企业披露的年报为主，同时采用替代性可量化指标及通过计算原始数据等方法来获取指标，剔除不可获得数据的设计指标，保证指标设计的计量真实性和可获得性。

考虑以上原则，在动力电池技术能力评价中，采用“定量＋定性”的方法。在定量指标中，包括研发投入、研发能力、生产制造能力和产出绩效四大类。在研发投入方面，以研发投入和研发人员投入强度作为评价指标；在研发能力方面，选择材料研发能力、装备工艺研制能力、电池单体能量密度和发明专利公开量作为评价指标；在生产制造能力方面，选择人均营业收入、营业收入作为评价指标；在产出绩效方面，选择净利润率作为评价指标。在定性指标中，选择技术来源和国外企业配套情况作为评价指标。

动力电池企业技术能力评价指标体系框架

指标	要素指标	评价指标	评价指标含义
定量指标	研发资源投入	研发投入	研发投入金额
		研发人员强度	研发人员/全部从业人员
	研发能力	材料研发能力	全球电池材料发明专利公开数量
		装备工艺研制能力	全球装备工艺发明专利公开数量
		发明专利公开量	全球发明专利公开数量
		电池单体能量密度	Wh/kg
	生产制造能力	营业收入	企业营业收入
		人均营业收入	企业营业收入/企业从业人数
	产出绩效	净利润率	净利润/营业收入
定性指标	技术来源情况	技术来源	技术来源情况
	纳入国外企业配套情况	国外企业配套情况	为国外车企配套情况

（二） 评价对象的遴选

我国动力电池企业众多，据不完全统计，各类动力电池企业达上百家。中国化学与物理电源行业协会发布的2014年度中国动力和储能用锂离子电池前10强名单是：比亚迪、国轩、宁德时代新能源、力神、沃特玛、环宇、光宇、盟固利、中航锂电和星恒；赛迪及中国电池网发布的2015年中国锂电池行业动力电池年度竞争力排名前10名是：比亚迪、宁德时代新能源、国轩、万向A123、光宇、力神、比克、中航锂电、微宏、山东威能。综合上述排名情况，同时考虑Pack集成企业情况，本次遴选了生产动力电池单体的国内12家企业进行技术能力评估。另外，还选取了LG化学、南京LG和三星SDI进行国内外比较。

动力电池企业技术能力评价企业名单

序号	企业名称（排序不分先后）
1	比亚迪电池有限公司（比亚迪）
2	宁德时代新能源科技有限公司（CATL）
3	合肥国轩高科动力能源有限公司（国轩）
4	万向A123系统有限公司（万向A123）
5	天津力神股份有限公司（力神）
6	深圳比克电池有限公司（比克）
7	中航锂电(洛阳)有限公司（中航锂电）
8	山东威能环保电源科技股份有限公司（山东威能）
9	深圳市沃特玛电池有限公司（沃特玛）
10	中信国安盟固利动力科技有限公司（盟固利）
11	苏州星恒电源有限公司（星恒）
12	哈尔滨光宇集团股份有限公司（光宇）
13	LG化学（LG）
14	南京乐金化学新能源电池有限公司（南京LG）
15	三星SDI（SDI）

三、车用动力电池企业技术能力单项评价和综合评价

（一） 单项评价

上述选取的11项指标是对动力电池企业技术能力评价具有代表性的、重要的评价指标，均能从不同侧面表征动力电池企业技术能力状

况。另外，为纵向体现各动力电池企业技术能力变化情况，分别对比了2010年、2015年各企业单项指标变化情况。

1. 研发投入

指标定义：企业年度研发投入金额。

数据来源：2010年数据来源于2011年工信部调研数据；2015年数据来源于企业问卷调查数据。

国际上，通常用研发投入强度来反映企业科技投入水平和在提高技术能力方面所做的努力，即企业当年研发投入金额与企业当年营业收入之比。但考虑到动力电池产业属于新兴产业，仍处于一个高研发投入的快速发展阶段，本文主要用企业年度研发投入金额来表征企业科技投入水平。

从我国主要动力电池企业研发投入金额来看，平均研发投入从2010年的0.43亿元提升到2015年的1.11亿元，年均复合增长率为21.01%，有了明显的提高；从2015年单个企业研发投入看，我国动力电池企业中比亚迪研发投入最高，为3.00亿元，但与国外相比，研发投入远低于LG化学和SDI等国外企业。根据LG和SDI对外公布数据，2015年，其在动力电池和储能电池研发投入上分别达到6 000亿韩元（合33.6亿元人民币）和5 288亿韩元（合29.6亿元人民币）。

动力电池企业研发投入情况

企业名称	2010年研发投入（亿元）	2015年研发投入（亿元）
比亚迪	1.40（惠州）	3.00（深圳+惠州）
CATL	0.78（ATL）	2.50
国轩	0.13	1.35
万向A123	0.27（万向）	1.91
力神	0.50	1.25
比克	0.50	0.45
中航锂电	0.14	0.79
山东威能	0.74	0.10
沃特玛	0.06	0.81
盟固利	0.23	0.43
星恒	0.20	0.16
光宇	0.20	0.61

动力电池企业研发投入情况

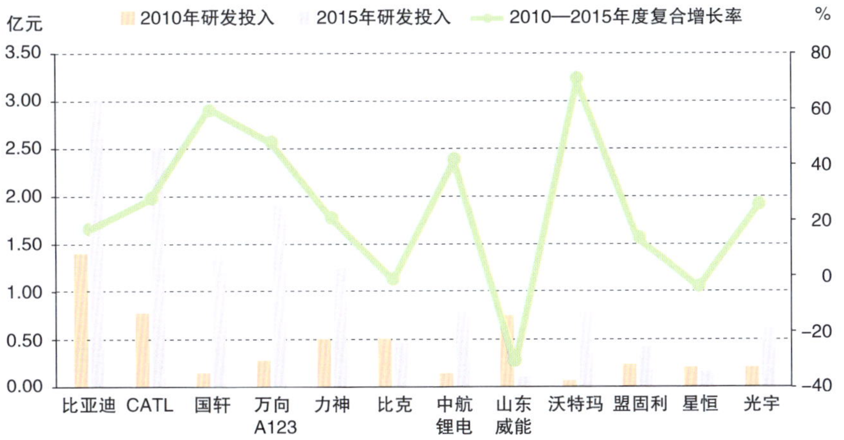

2. 研发人员强度

指标定义：研发人员数与全部从业人员数之比。

数据来源：同“研发投入”指标。

研发人员是研发资源投入的一项重要内容，2010—2015年，我国主要动力电池企业研发人员数量年均复合增长率为16.98%，远高于全部从业人员的10.34%，研发人员强度持续增长；从研发人员数量看，截至2015年年底，比亚迪、CATL和沃特玛三家企业的研发人员数量都达到了千人以上，但与国外相比仍有一定差距（根据LG公告，2015年其电池研发人员数量为3 100人）；结合上述的研发投入金额来看，我国主要动力电池企业的研发人员人均占有的研发投入金额平均值从2010年的16.99万元提高到2015年的20.12万元，体现了研发活动不断增多增强。

动力电池企业研发人员强度情况

企业名称	2010年研发人员强度（%）	2015年研发人员强度（%）
比亚迪	15.81（惠州）	12.43（深圳+惠州）
CATL	15.57（ATL）	14.64
国轩	10.00	7.80
万向A123	6.19（万向）	33.33
力神	1.88	8.11
比克	5.16	8.00

续表

企业名称	2010年研发人员强度（%）	2015年研发人员强度（%）
中航锂电	15.56	18.34
山东威能	11.79	11.00
沃特玛	25.50	25.00
盟固利	16.67	17.44
星恒	12.50	10.60
光宇	12.50	10.74

动力电池企业研发人员强度情况

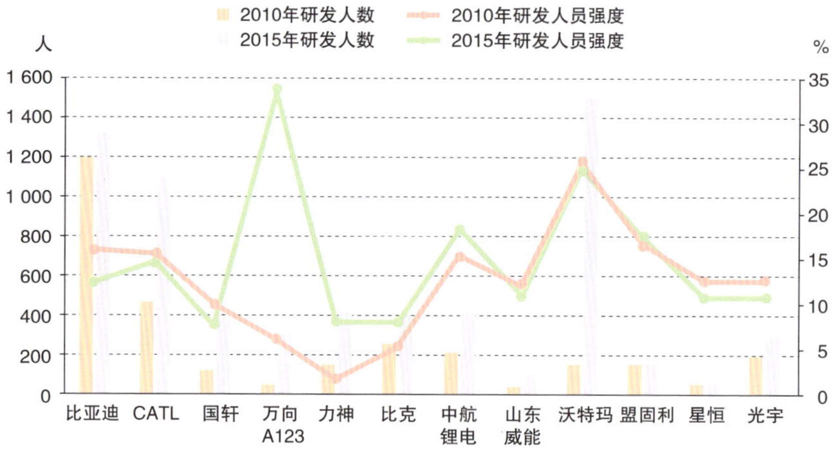

3. 材料研发能力

指标定义：材料研发能力是指企业在动力电池材料上的研发能力，本文采用企业电池材料全球发明专利公开数量来表征。

数据来源：SIPOABS（世界专利文摘数据库）和CNABS（中国专利文摘数据库）数据检索。

目前，国内外动力电池企业及研究机构都在不断加快新体系动力电池材料的研发，下一代车用动力电池技术的突破势必是新材料的创新。可以说，动力电池材料的研发能力是表征动力电池企业技术能力的关键指标。

截至2010年年底，我国主要动力电池企业电池材料发明专利公开数量为133件；截至2015年年底，达到247件，增长了85.71%。截至

2015年年底，我国动力电池企业电池材料发明专利公开量最多的为比亚迪，达到了120件，涉及富锂锰基、钴酸锂、磷酸铁锂、镍钴锰以及固溶体等正极材料和硅碳负极材料，磷酸氢亚锡及硅酸盐等负极材料。

截至2015年年底，LG拥有131件电池材料发明专利，SDI拥有154件电池材料发明专利，相比于2010年年底，近年来LG在电池材料领域取得了高速增长。与国外相比，我国比亚迪在电池材料研发上，基本与这两个企业处于同一水平。

动力电池企业电池材料发明专利公开量

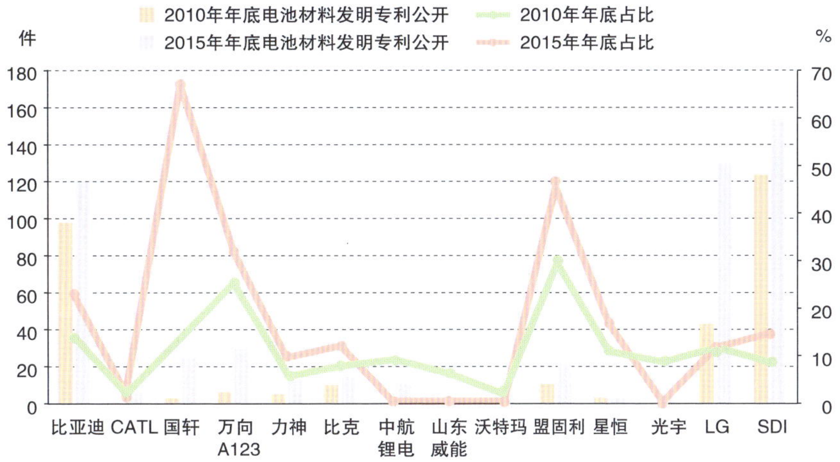

注："占比"是指电池材料发明专利公开数量与发明专利公开总数量之比。

动力电池企业电池材料发明专利公开量

企业名称	2010年年底电池材料发明专利公开量（件）	2015年年底电池材料发明专利公开量（件）	备注
比亚迪	98	120	含：深圳及惠州基地
CATL	0	6	含：宁德时代、宁德新能源
国轩	2	25	/
万向A123	6	30	含：万向电动汽车、万向A123
力神	5	14	含：天津力神和力神动力
比克	10	15	/
中航锂电	0	10	/
山东威能	0	1	含：山东威能和青岛威能

续表

企业名称	2010年年底电池材料发明专利公开量（件）	2015年年底电池材料发明专利公开量（件）	备注
沃特玛	0	1	0
盟固利	10	21	含：盟固利新能源、盟固利电源、盟固利动力
星恒	2	2	/
光宇	0	2	含：珠海光宇和哈尔滨光宇
LG	43	131	/
SDI	124	154	/

4. 装备工艺研制能力

指标定义：装备工艺研制能力是指企业在生产制造、测试化验等环节上的装备、工艺、方法研制能力，本文采用企业装备工艺全球发明专利公开数量来表征。

数据来源：同“材料研发能力”指标。

动力电池是一个对生产制造环节一致性要求极高的产业，生产制造及测试等环节的装备工艺水平是保障电池单体生产一致性的前提。国外主要动力电池企业对于生产制造及测试环节的关键装备，大部分通过自主研发或合作研发的模式来保证自己的产业技术能力。可以说，动力电池装备工艺研制能力是表征动力电池企业技术能力的关键指标。

截至2010年年底，我国主要动力电池企业装备工艺发明专利公开数量为110件，截至2015年年底，达到376件，增长了2.4倍。截至2015年年底，我国动力电池企业装备工艺发明专利公开量最多的为天津力神，达到了106件，涉及电池浆料匀浆，极片叠层、卷绕等环节的制作工艺。但与国外企业相比，仍有较大差距。

动力电池企业装备工艺发明专利公开量

企业名称	2010年年底装备工艺发明专利公开量（件）	2015年年底装备工艺发明专利公开量（件）	备注
比亚迪	47	79	备注内容同上表
CATL	0	40	

续表

企业名称	2010年年底装备工艺发明专利公开量（件）	2015年年底装备工艺发明专利公开量（件）	备注
国轩	1	43	
万向A123	4	25	
力神	26	106	
比克	26	37	
中航锂电	0	26	
山东威能	0	1	
沃特玛	0	7	
盟固利	2	7	
星恒	1	1	
光宇	3	4	
LG	58	243	
SDI	95	261	

动力电池企业装备工艺发明专利公开量

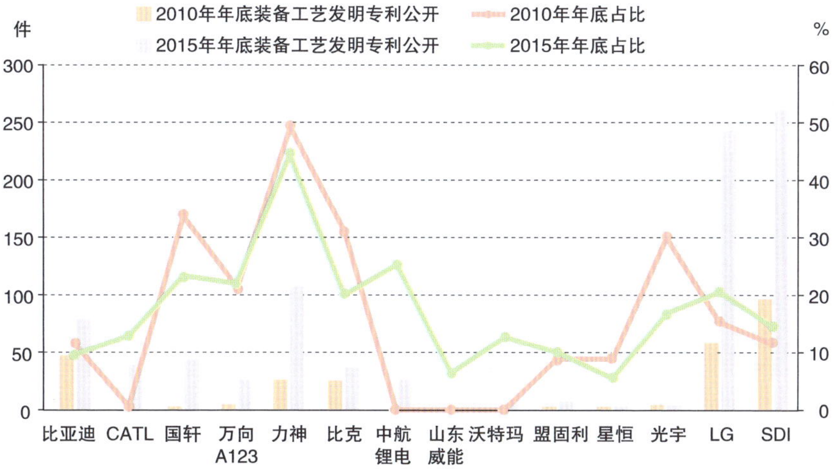

注：“占比”是指电池企业装备工艺发明专利公开数量与发明专利公开总数量之比。

截至 2015 年年底，LG 拥有 243 件电池装备工艺发明专利公开，SDI 拥有 261 件电池装备工艺发明专利公开。相比于 2010 年年底，这两个企业在动力电池装备工艺领域的研制上都取得了快速增长。

5. 发明专利公开量

指标定义：发明专利公开量是指企业全球发明专利公开总数量（含材料及装备工艺发明专利公开数量）。

数据来源：同“材料研发能力”指标。

国内外有不少关于能力的研究是以专利作为原始数据进行测度的。因为专利数量特别是发明专利数量往往能够反映技术创新活动的活跃程度和技术创新能力的强弱程度，国际上所讲的专利多为发明专利。

截至2010年年底，我国主要动力电池企业发明专利公开数量为644件，截至2015年年底达到2 187件，增长了2.4倍。我国主要动力电池企业专利的快速增长，与“十二五”期间我国新能源汽车的快速发展密切相关。前已述及，“十二五”期间，我国主要动力电池企业研发人员数量年均复合增长率为10.5%，平均研发投入年均复合增长率为25.34%，研发资金投入和人员投入的不断加大，是产生大量专利的物质基础。

截至2015年年底，单一动力电池企业发明专利公开数量最多的为比亚迪，达到了859件；其次分别为CATL和力神，分别为311件和236件。但与国外LG和SDI两大动力电池企业分别拥有的1 177件和1 839件专利相比，无论是单一动力电池，还是主要动力电池企业合计量，所拥有的发明专利仍偏少。

动力电池企业发明专利公开量

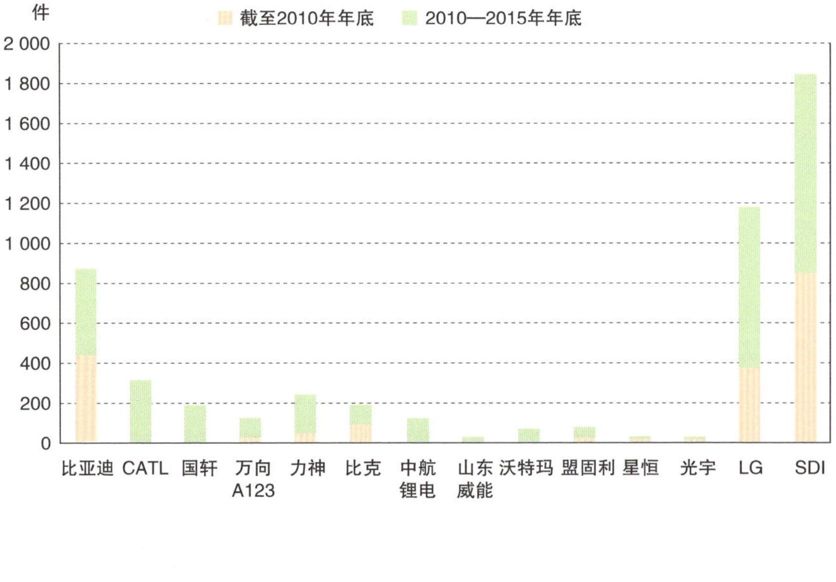

动力电池企业发明专利公开量

企业名称	2010年年底发明专利公开量（件）	2015年年底发明专利公开量（件）	备注
比亚迪	431	859	备注内容同上表
CATL	3	311	
国轩	3	186	
万向A123	19	117	
力神	53	236	
比克	84	187	
中航锂电	1	105	
山东威能	0	16	
沃特玛	6	57	
盟固利	22	71	
星恒	12	18	
光宇	10	24	
LG	378	1 177	
SDI	849	1 839	

6. 电池单体能量密度

指标定义：电池单体总能量与电池单体总质量之比。

数据来源：2010 年数据来源于工信部调研数据，2015 年数据为工信部机动车产品公告中各企业为 2015 年新能源量产车配套电池的单体能量密度最大值。

动力电池的性能参数非常复杂，但从使用者的角度来看，电池单体能量密度是衡量动力电池性能的一项重要指标。通过技术进步推动动力电池产品性能水平的提升，是动力电池企业始终不渝的努力方向，动力电池单体的能量密度是电池企业技术能力的重要标志之一。2010 年，我国主要动力电池企业量产的产品基本都为磷酸铁锂电池，能量型电池单体能量密度在 100 ~ 120Wh/kg，平均值为 114.5Wh/kg；2015 年，虽然在整个新能源汽车新车销售中磷酸铁锂仍占据主要地位（根据工信部机动车产品公告数据统计，2015 年，我国动力电池产量约为 15.7GWh，磷酸铁锂占比约 69%，镍钴锰三元材料占比 27%，其他材料占比 4%），但大部分电池企业都推出了三元材料的产品，并已为量产车配套，比克、力神、CATL 等企业推出的镍钴锰三元材料单体能量密度基本都在 180Wh/kg 左右，其中比克已基本全部配套镍钴锰三元材料动力电池。此外，也可以看出，比亚迪和国轩仍主要采用磷酸铁锂电池，镍钴锰三元材料配套车型量产较少，能量密度提升较为缓慢。

2015 年配套量产车型的动力电池国内外对比发现，比克、力神、CATL 等企业推出的镍钴锰三元材料电池单体能量密度与 LG 和 SDI 基本相当，充分说明我国动力电池单体能量密度与国外相比几乎无差别。

动力电池企业能量型电池单体能量密度

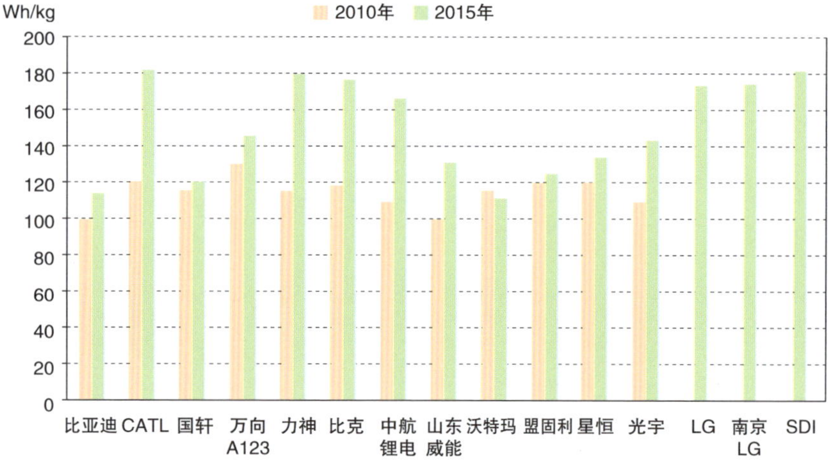

动力电池企业能量型电池单体能量密度

企业名称	2010年		2015年	
	单体能量密度（Wh/kg）	正极材料	单体能量密度（Wh/kg）	正极材料
比亚迪	100（惠州）	磷酸铁锂	114	磷酸铁锂
CATL	121（ATL）	磷酸铁锂	182	三元材料
国轩	115	磷酸铁锂	119	磷酸铁锂
万向A123	130（万向）	磷酸铁锂	145	三元材料
力神	115	磷酸铁锂	180	三元材料
比克	118	磷酸铁锂	177	三元材料
中航锂电	110	磷酸铁锂	165	三元材料
山东威能	100	磷酸铁锂	131	三元材料

续表

企业名称	2010年		2015年	
	单体能量密度（Wh/kg）	正极材料	单体能量密度（Wh/kg）	正极材料
沃特玛	115	磷酸铁锂	110	磷酸铁锂
盟固利	120	锰酸锂	126	锰酸锂
星恒	120	锰酸锂	135	锰酸锂
光宇	110	磷酸铁锂	144	三元材料
LG	/	/	173	镍钴锰酸锂+锰酸锂
南京LG	/	/	174	镍钴锰酸锂
SDI	/	/	181	三元材料

7. 营业收入

指标定义：企业当年营业收入金额。

数据来源：同“研发投入”指标。

2010 年，大部分动力电池企业营业收入都在 5 亿元以下；2015 年，伴随着新能源汽车产销量的爆发式增长，各动力电池企业营业收入也获得了快速增长，国内 12 家企业营业收入总额达到 243.92 亿元。超过 20 亿元的企业有 5 家，超过 50 亿元的有 2 家，分别是比亚迪和 CATL。

动力电池企业年度营业收入

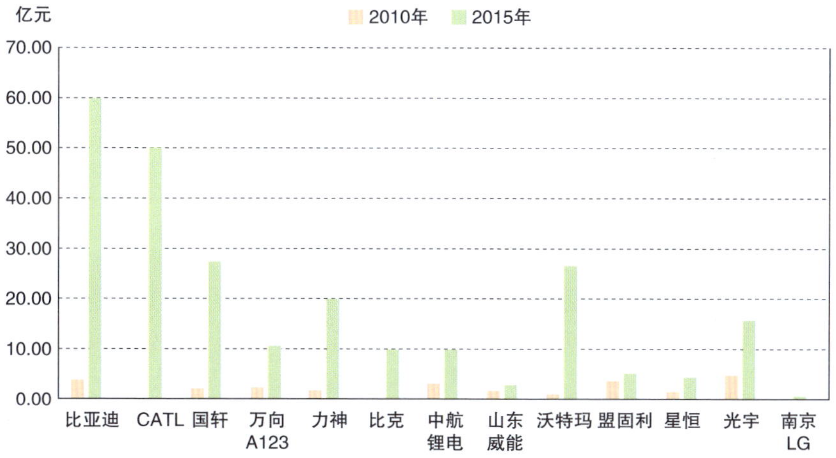

动力电池企业年度营业收入

企业名称	2010年（亿元）	2015年（亿元）
比亚迪	4.00	60.00
CATL	/	50.00
国轩	2.60	27.45
万向A123	2.60	10.86
力神	1.67	20.15
比克	/	10.00
中航锂电	3.20	10.03
山东威能	1.72	2.99
沃特玛	1.21	26.50
盟固利	4.14	5.43
星恒	1.60	4.75
光宇	5.21	15.76
南京LG	/	0.05

8. 人均营业收入

指标定义：企业当年营业收入与当年从业人数之比。

数据来源：同“研发投入”指标。

从我国主要动力电池企业人均营业收入的变化情况看，从2010年的12.39万元/人年提高到2015年的48.80万元/人年，增长了近3倍，这与2015年动力电池需求量激增密切相关；2015年人均营业收入最高的企业为万向A123，高达120.67万元/人年。

动力电池企业人均营业收入

企业名称	2010年（万元/人年）	2015年（万元/人年）
比亚迪	5.27（惠州）	56.43
CATL	/	66.52
国轩	21.67	54.90
万向A123	40.25（万向）	120.67
力神	2.09	25.87

续表

企业名称	2010年（万元/人年）	2015年（万元/人年）
比克	/	20.00
中航锂电	23.70	44.86
山东威能	61.43	34.61
沃特玛	20.17	44.16
盟固利	46.00	63.14
星恒	40.00	95.00
光宇	32.56	58.59
南京LG	/	1.83

动力电池企业人均营业收入

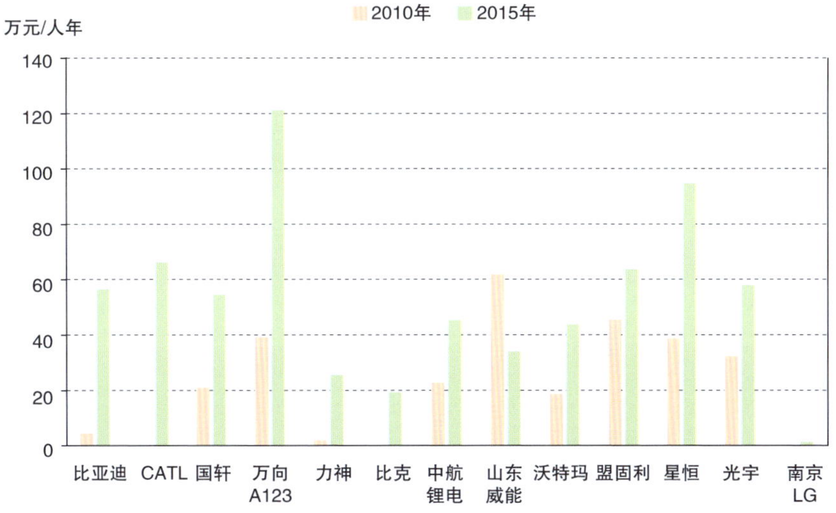

9. 净利润率

指标定义：企业当年净利润与企业当年营业收入之比。

数据来源：同“研发投入”指标。

本书对评估的动力电池企业2015年净利润率进行了计算，根据结果可以看出，大部分企业净利润率都在5%~10%；净利润率最高的为国轩电池，高达21.3%；最低的为比亚迪电池，这主要与其电池自用有关。

动力电池企业2015年净利润率

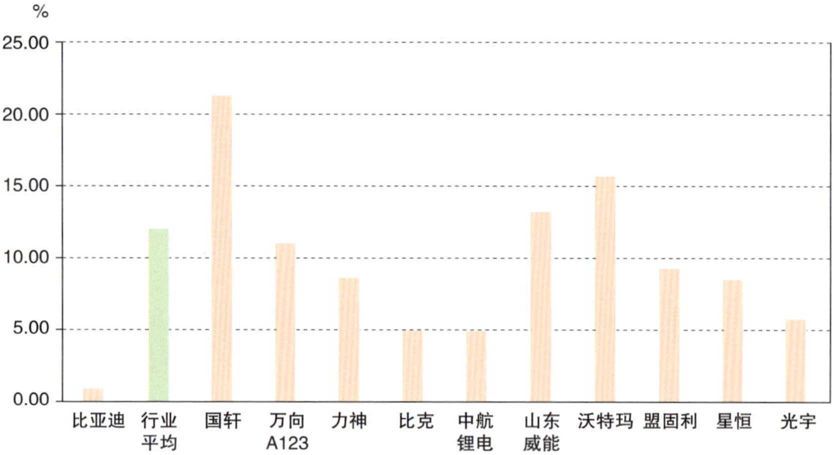

注：行业平均值为除比亚迪之外的10家企业的净利润之和与营业收入之和的比值。

10. 技术来源

指标定义：技术来源是指企业技术的获取来源。

企业技术来源是评价企业技术能力的一项重要内容。本报告评价的15家动力企业中，大多为自主研发，只有3家为外部技术获取，分别是苏州星恒、万向A123和南京LG。苏州星恒技术主要来源于中科院物理所，中科院物理所是公司发起人之一；万向A123技术来源于美国A123电池，2013年年初投入2.57亿美元收购美国A123电池除军工合同以外的所有资产；南京LG技术来源于韩国LG化学。

11. 国外企业配套情况

指标定义：国外企业配套情况是指为国外跨国车企提供动力电池配套的情况。

动力电池是新能源汽车的核心零部件，是否纳入国外跨国车企的零部件配套体系是评价企业技术能力的一项重要指标。本报告评价的动力电池企业中，国内共有3家企业纳入了国外跨国车企的配套体系，分别是CATL、力神和万向A123，另外还有1家纳入了合资品牌企业的配套体系，即比亚迪。

LG和SDI这两个企业配套的国外企业几乎涵盖了除日本以外的所有跨国车企，典型量产车包括了通用Volt，福克斯EV，雷诺ZOE，宝马 i3、i8 和奥迪 Q7 E-tron 等。对比 LG 和 SDI 两大动力电池企业，我国动力电池企业配套企业仍以国内车企为主，在国际上的竞争力仍然比较弱。另外，日韩动力电池企业为国内乘用车产品配套呈现快速发展趋势。

动力电池企业为国外车企配套情况

名称	国外主要配套企业	典型产品
比亚迪	比亚迪戴姆勒	腾势
CATL	宝马	华晨宝马之诺
万向A123	宝马、Fisker、沃尔沃	宝马i3、沃尔沃PHEV Bus
力神	东风悦达起亚、北京现代	江淮iEV5
LG	通用、福特、现代、起亚、雷诺等	通用Volt、福克斯EV、雷诺ZOE
SDI	宝马、大众、奥迪、菲亚特等	宝马i3、i8，奥迪Q7 E-tron

（二）综合评价

1. 基本思路和方法

为了对动力电池企业技术能力进行定量评价，我们选取了包含研发投入、研发人员强度、材料研发能力、装备工艺研制能力、发明专利公开量、电池单体能量密度、营业收入、人均营业收入和净利润率的 9 个定量评价指标。这 9 个指标均从不同侧面描述了各动力电池企业技术能力的状况。在此基础上，我们希望利用统计分析方法，构建一个综合性的量化指标，即“动力电池企业技术综合能力指数”，来显示和衡量上述 9 项指标对动力电池企业技术能力的共同作用，从而能够使我们对我国主要动力电池企业技术能力作出高度概括而又简单明了的判断。

我们选取的方法叫作“变异系数法 (Coefficient of variation method)”，变异系数法是直接利用各项指标所包含的信息，通过计算得到指标的权重，这是一种客观赋权的方法，其中，变异系数又称离散系数。此方法的特点是：指标取值差异越大的指标，也就是越难以实现的指标，将被赋予更高的权重。变异系数可以消除单位和（或）平均数不同对两个或多个资料变异程度比较的影响，各指标的变异系数计算公式如下：

$$V_i = \frac{\sigma_i}{\bar{x}_i} \qquad (i = 1, 2, \cdots, n)$$

其中，V_i是第 i 项指标的变异系数，也称为标准差系数；σ_i是第 i 项指标的标准差，$\bar{x}_i$是第 i 项指标的平均数。

各项指标的权重计算公式为：

$$W_i = \frac{V_i}{\sum_{i=1}^{n} V_i}$$

具体到我们对动力电池企业技术能力的评价，我们就是要通过变异系数法，找到一个能够综合所有上述 9 项指标信息的新的综合评价指标，即动力电池企业技术综合能力指数。

2. 计算权重系数

由原始评价指标数据计算权重系数分两个步骤：一是对原始数据进行预处理，计算出各项指标的平均数、标准差和变异系数；二是计算各单项指标的权重系数。以 2015 年各企业数据作为原始数据，根据上述两个公式，权重系数计算如下表所示：

9项评价指标权重系数计算

	1	2	3	4	5	6	7	8	9
科目	研发投入（亿元）	研发人员强度（%）	电池材料发明专利（件）	装备工艺发明专利（件）	发明专利（件）	单体能量密度（Wh/kg）	营业收入（亿元）	人均营业收入（万元/人年）	净利润率（%）
平均数	1.11	14.79	20.58	31.33	182.25	144.05	20.33	57.06	9.72
标准差	0.93	7.75	32.82	32.93	232.66	26.09	18.17	28.26	5.49
变异系数	0.83	0.52	1.59	1.05	1.28	0.18	0.89	0.50	0.56
权重系数	0.11	0.07	0.22	0.14	0.17	0.02	0.12	0.07	0.08

由此得到“动力电池企业技术综合能力指数”表达式为：

$$0.11V_1+0.07V_2+0.22V_3+0.14V_4+0.17V_5+0.02V_6+0.12V_7+0.07V_8+0.08V_9$$

3. 计算各企业技术综合能力指数

在计算动力电池企业技术能力指数时，我们采用相对评价概念，以各项指标的行业平均水平作为基数进行计算。由于本书选取的12家动力电池企业基本代表了行业的整体水平（根据2015年数据统计，12家企业占我国动力电池市场份额的80%以上），因此，本书采用上述12家企业2015年数据中各指标的中位数作为行业基数。

中位数，又称中值，统计学中的专有名词，代表一个样本、种群或概率分布中的一个数值，其可将数值集合划分为相等的上下两部分。对于有限的数集，可以通过把所有观察值按高低排序后找出正中间的一个作为中位数。如果观察值有偶数个，通常取最中间的两个数值的平均数作为中位数。各指标相对于行业基数之比计算结果如下表。

各指标相对行业基数比值汇总

	1	2	3	4	5	6	7	8	9
企业名称	研发投入（亿元）	研发人员强度（%）	电池材料发明专利（件）	装备工艺发明专利（件）	发明专利（件）	单体能量密度（Wh/kg）	营业收入（亿元）	人均营业收入（万元/人年）	净利润率（%）
比亚迪	3.75	1.06	10.00	3.10	7.74	0.82	4.51	1.01	0.10
CATL	3.13	1.25	0.50	1.57	2.80	1.31	3.76	1.20	1.35
国轩	1.69	0.67	2.08	1.69	1.68	0.86	2.06	0.99	2.37
万向A123	2.39	2.85	2.50	0.98	1.05	1.04	0.82	2.17	1.23
力神	1.56	0.69	1.17	4.16	2.13	1.29	1.51	0.46	0.97
比克	0.56	0.68	1.25	1.45	1.68	1.27	0.75	0.36	0.56
中航锂电	0.99	1.57	0.83	1.02	0.95	1.19	0.75	0.81	0.56
山东威能	0.13	0.94	0.08	0.04	0.14	0.94	0.22	0.62	1.47
沃特玛	1.01	2.13	0.08	0.27	0.51	0.79	1.99	0.79	1.76
盟固利	0.54	1.49	1.75	0.27	0.64	0.90	0.41	1.13	1.03
星恒	0.20	0.90	0.17	0.04	0.16	0.97	0.36	1.71	0.94
光宇	0.77	0.92	0.17	0.16	0.22	1.03	1.18	1.05	0.65

将上表标准化后的数据代入“动力电池企业技术综合能力指数表达式 $0.11V_1+0.07V_2+0.22V_3+0.14V_4+0.17V_5+0.02V_6+0.12V_7+0.07V_8+0.08V_9$”可以得到我国12家动力电池企业技术综合能力指数。从中可以看出，中航锂电、比克电池技术综合能力与行业的平均水平接近，比亚迪、CATL、

力神和万向 A123 处于领先水平，其中，比亚迪综合指数远高于行业平均技术能力水平。

动力电池企业技术综合能力指数

企业名称	动力电池企业技术能力指数	排名
比亚迪	5.06	1
CATL	1.92	2
力神	1.75	3
国轩	1.73	4
万向A123	1.69	5
比克	1.06	6
中航锂电	0.92	7
盟固利	0.92	8
沃特玛	0.86	9
光宇	0.53	10
星恒	0.41	11
山东威能	0.33	12

对于 LG 化学、南京 LG 和三星 SDI 三家国外企业，由于未采集到三星 SDI 和 LG 化学 2015 年的“研发人员强度、营业收入、人均营业额和净利润率”四项指标，在计算动力电池企业技术综合能力指数时，这四项指标分别采用国内 12 家企业的中位数进行替代。因此，应用上述数据计算出的 LG 化学、南京 LG 和三星 SDI 三家企业的“动力电池企业技术综合能力指数”分别是 10.61、–3.47 和 11.59。可以看出，LG 化学和三星 SDI 两家企业的技术综合能力指数远高于国内企业，同时也看到，南京 LG 技术综合能力指数较弱，这主要与其企业生产型定位和刚建成投产有关。

四、主要国家车用动力电池产业技术能力评价

从全球来看，日本锂离子电池制造业发展最早，也是发展最完善的，长期占据全球领先地位。近年来，中国和韩国在全球锂电市场的

地位快速崛起，市场占有率不断增加，当前锂电市场由中、日、韩三国主导。根据赛迪顾问数据统计，2015 年全球锂离子电池出货量达到 100.75GWh，动力电池领域全球出货量达到 28.47GWh，其中中国新能源汽车配套量达到 15.7GWh。

（一）产业现状

1. 产量及产能

根据赛迪顾问数据统计，2015 年，全球动力电池及储能电池市场份额（中大型电池），比亚迪占比最大，达 14.30%，松下排第二，占比 10.70%，LG 排第三，占比 10.00%。另外，可以看出，前五名企业基本占据了全球一半以上的市场份额。

2015 年全球动力电池及储能电池市场份额 (%)

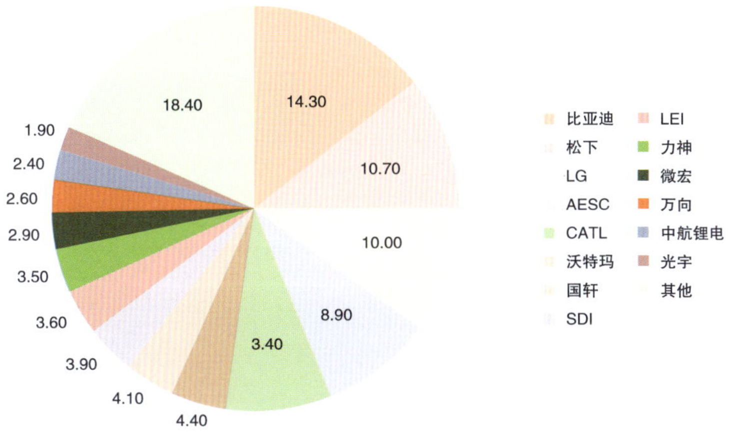

据统计，2011—2014 年全球锂离子电池产业投资 100 亿 ~120 亿美元，产能超过 50 GWh。2015 年，我国动力电池企业产能实现跨越式增长，比亚迪动力电池产能已达 10GWh，居全球首位。

2. 电池材料

根据赛迪顾问数据统计，2015 年全球正极材料出货量达 22.34 万吨，其中镍钴锰三元材料（NCM）占比达到 29.5%；钴酸锂（LCO）占比

28.5%，磷酸铁锂（LFP）占比 22.2%。动力电池正极材料生产企业众多，主要有比利时优美科、日本日亚化学、中国湖南杉杉等。

全球主要正极材料生产企业

国别	企业名称
日本	日亚化学、佳友金属、户田化学等
韩国	L&F、ECOPRO等
中国	湖南杉杉、当升科技、北大先行、天津巴莫等
其他国家	优美科（比利时）

目前，全球电池负极材料生产企业主要集中在中国、日本，中国的优势是石墨资源，日本的优势是技术。根据赛迪顾问数据统计，2015 年全球负极材料总出货量约 11.08 万吨，中国企业占据主要市场份额。

2015年主要电池负极材料企业市场份额(%)

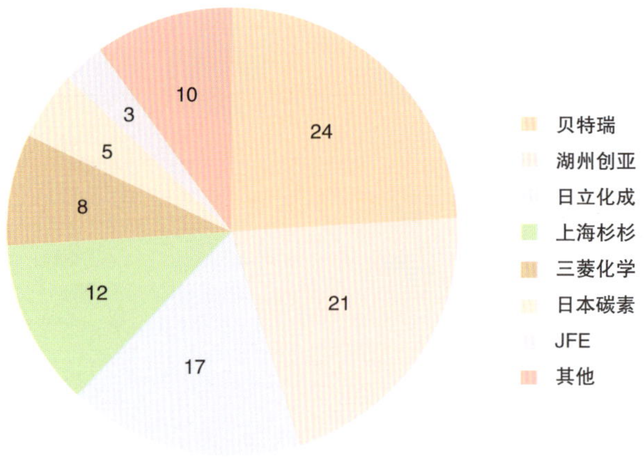

电解液生产制造存在一定技术壁垒，产业集中度相对较高，基本被中、日、韩三国占据。2011 年以前，日本森田化学、关东电化和瑞星化工是电解液的主要生产商，占到一半以上的市场份额；2013 年以来，我国电解液企业取得了快速发展，已占据全球 50% 以上的市场份额。

国外电池隔膜生产处于主导地位，技术掌握在少数企业手中。动力电池隔膜属于资金和技术密集型产业，技术集中度很高，目前，隔膜的主要生产企业有日本旭化成（已收购美国 Celgard）、东燃和宇部，及韩国 SK 等，占据全球 50% 以上的市场。国内中高端电池隔膜仍主要依赖进口。近年来，我国生产隔膜的企业众多，产能较大，但大部分产品处于中低端水平，动力电池用的中高端产品仍主要依赖进口。

全球主要电解液生产企业

国别	企业名称
日本	森田化学、关东电化和瑞星化工等
韩国	韩国旭成
中国	国泰华荣、多氟多、新宙邦、天赐材料、天津金牛等

全球主要隔膜生产企业

国别	企业名称
日本	旭化成（美国Celgard）、东燃、宇部
韩国	SK
中国	深圳星源材质、河南中科科技、佛山金辉高科、上海恩捷、重庆钮米、河南义腾和沧州明珠等

3. 电池装备

日本处于世界领先地位，技术相对成熟，自动化程度高，并且制造企业分工细，卷绕设备企业有 Kaido、CKD 等，生产涂布设备企业有东芝、富士、东丽和平野等；极片分切设备企业有西村等。韩国锂电设备技术近几年进步突出，卷绕设备企业有 Koem 等，性价比较日本高，挤压了日本的电池装备在中国的市场份额。

国内电池装备目前以单机自动化设备等为主，近几年技术水平提升很快。目前，国内的电池装备处于快速发展期，相关企业规模增长较快，典型企业有先导智能、赢合科技、吉阳自动化等。

全球主要电池装备主要生产企业及领域

国别	主要企业及领域
日本	Kaido：卷绕机、自动化机械；CKD：电气双层用卷绕机；东芝、富士、东丽和平野：涂布机
韩国	Koem：卷绕机、装配机
中国	先导智能：卷绕分切；赢合科技、吉阳自动化：卷绕及叠片；红运：匀浆；新嘉拓：涂覆等

（二）技术现状

1. 电池性能指标

我国动力电池单体性能指标与国外相比几无差异，但由于单体一致性较差，且成组技术存在一定差距，成组之后的动力电池性能在功率密度和能量密度方面与国外差距较大。

动力电池单体国内外情况

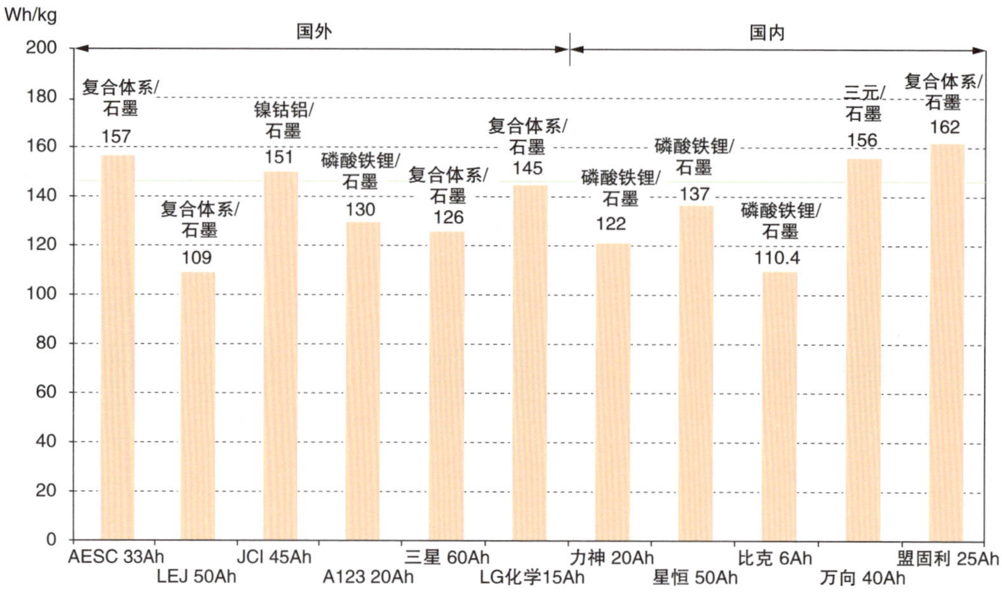

2. 电池材料及外形

在正极材料方面，日本从锰酸锂逐步走向改性锰酸锂、镍钴铝三元和镍钴锰三元等方向；韩国前期以锰酸锂为基础，近几年主要应用镍钴锰三元。与磷酸铁锂电池相比，三元材料、改性锰酸锂电池具备高能量密度、高电压的优越性，成为 Priusα、沃兰达、i-MiEV、聆风等国外量产车型的主要选择。

中国目前仍以磷酸铁锂为主，近期加快推出三元材料。根据工信部机动车产品公告数据统计，2015 年新能源汽车产量中，磷酸铁锂应用比例达到 69%，三元材料应用比例达到 27%，其他材料占比 4%，磷酸铁锂应用产品中主要以客车为主，占据 72%。同时 2015 年新能源乘用车产量大于 5 000 辆的车型中，有 9 个车型应用到了三元材料电池，在新上市的江淮 iEV6、北汽 EU260 等车型中均应用了三元材料电池。

2015年新能源乘用车产量大于5 000辆的车型

车型型号	生产企业	产量（辆）	储能装置正极材料
BYD7150WTHEV3	比亚迪	28 564	LFP材料
BYD6480STHEV	比亚迪	17 006	LFP材料
SMA7000BEV01	吉利	16 573	三元混合材料(MCN+NCA)
JNJ7000EVX	江南汽车	15 171	镍钴锰酸锂与锰酸锂复合材料
CSA7154TDPHEV	上汽	12 016	磷酸铁锂和镍钴锰酸锂材料
SMA7001BEV13	吉利	7 846	三元混合材料(MCN+NCA)
SQR7000BEVJ00	奇瑞	7 671	NCM三元材料
BJ7000B3D5-BEV	北汽	7 625	LFP材料
SMA7001BEV02	吉利	6 877	NCM三元材料
SMA7000BEV02	吉利	6 181	NCM三元材料
BJ7001B3D2-BEV	北汽	6 081	NCM三元材料
HFC7001AEV	江淮	5 916	NCM掺杂LCO材料
SMA7000BEV03	吉利	5 468	LFP材料

注：LFP 为磷酸铁锂；NCM 为镍钴锰酸锂；NCA 为镍钴铝酸锂；LCO 为钴酸锂。

在产品外形方面，日本在圆柱形、方形和软包上都有大量产品推向市场，韩国形成了方形和软包两个发展方向，中国基本以方形为主，圆柱形和软包为辅。

国内外主要动力电池企业材料及包装形式

<table>
<tr><th>国家</th><th>公司名称</th><th>电池材料</th><th>电池形式</th></tr>
<tr><td rowspan="6">日本</td><td>东芝</td><td>正极NCM，负极钛酸锂</td><td>金属壳</td></tr>
<tr><td rowspan="2">AESC</td><td>正极LMO+少量NCA，负极石墨类材料</td><td>软包装</td></tr>
<tr><td>正极LMO+少量NCA，负极硬碳材料</td><td>软包装</td></tr>
<tr><td>HVE</td><td>正极改进的LMO，负极无定型碳材料（硬碳）</td><td>金属壳</td></tr>
<tr><td rowspan="2">三洋电机</td><td>正极NCM，负极石墨类材料</td><td>金属壳</td></tr>
<tr><td>正极NCM，负极石墨类材料</td><td>金属壳</td></tr>
</table>

续表

国家	公司名称	电池材料	电池形式
韩国	三星	正极NCM（主）+LMO，负极石墨类材料	金属壳
	LG	正极LMO（主）+NCM，负极石墨+硬碳材料	聚合物
		正极LMO（主）+NCM，负极软碳材料	—
	SK	正极NCM+LMO，负极表面改性石墨和非定型碳材料（硬碳）	软包装
中国	比亚迪	正极磷酸铁锂，负极石墨类	铝合金外壳
	力神	正极磷酸铁锂，负极石墨类	铝合金外壳
		正极NCM，负极石墨类	
	比克	正极磷酸铁锂，负极石墨类	铝合金外壳
		正极NCM，负极石墨类	不锈钢外壳
	盟固利	正极锰酸锂(主)+NCM，负极石墨类	软包装
	万向	正极磷酸铁锂，负极石墨类	软包装
		正极NCM，负极石墨类	软包装

注：LMO为锰酸锂；NCM为镍钴锰三元材料；NCA为镍钴铝酸锂。

3. 知识产权现状

2006年以来，全球锂离子动力电池专利申请量呈现快速上升态势。从受理国家/地区看，受理量最多的国家/地区依次为：日本、美国、中国、韩国、欧洲、德国、中国台湾、加拿大和法国。其中，日本的受理量远大于其他国家/地区，占全部专利申请量的比例接近41%，技术集中程度较高；从申请人分析，大部分申请者都来自日本和韩国，说明日本和韩国在动力锂电池领域的研发具有较大的技术优势；从专利申请领域来看，关键材料和电池制造的专利申请和授权最活跃，主要聚焦点是提高能量密度、寿命和安全性。

（三）创新模式

日本锂离子电池产业发展主要走自身产业链协同创新的模式。日本具有强大的综合技术实力，锂离子电池产业技术进步依赖于材料、机械、化工和电子等各学科领域的支撑。日本新能源产业技术开发机构（NEDO）是日本动力电池研发的组织方，通过该机构持续不断的研发支持，促进了产业链的协同发展。

韩国锂离子电池产业发展主要采取引进吸收到自主创新的模式。2000 年前后韩国开始从日本引进生产设备以及关键材料来生产锂离子电池。在锂离子电池产业的发展过程中，韩国逐渐积累了本国的锂离子电池技术，并形成了一定的技术开发能力。韩国在引进技术的同时，引进人才也是一个非常有效的措施，如韩国三星曾从日本松下引进大量高端锂离子电池人才，大大促进了其技术进步。

我国锂离子电池产业发展同样通过引进吸收到自主创新的模式。在我国锂离子电池产业发展初期，技术引进成为最为便捷也最为现实的选择，这为我国锂离子电池产业后期发展打下了基础；后期由于广阔市场空间及丰富上游矿产资源等优势，推动了动力电池产能的迅速扩张，锂离子电池产业的快速发展带动了部分原材料及装备的发展，但中高端原材料及装备仍依赖进口。

（四）发展趋势

动力电池是新能源汽车的核心，主要国家都将动力电池技术创新与发展提升到国家高度给予扶持，并提出了动力电池未来发展的目标及技术路线。

1. 主要国家动力电池目标及对比

对比世界主要国家动力电池目标可以发现，到 2020 年，电池单体比能量发展目标基本在 300~350Wh/kg，成本随着动力电池技术进步和产业化规模的增加也将有较快的下降。

主要国家动力电池目标情况

国家	目标	来源
日本	能量密度：2020年系统 250Wh/kg 2030年系统 500Wh/kg 2030年后系统 700Wh/kg 成本：2020年2万日元/kWh 2030年1万日元/kWh 2030年后0.5万日元/kWh	日本NEDO《下一代汽车用蓄电池技术开发路线图》(2013年修订版)
韩国	能量密度：2015年单体 110Wh/kg 2020年单体 250Wh/kg 成本：2015年1.7元/Wh 2020年1.2元/Wh	—

续表

国家	目标	来源
美国	能量密度：2022年系统 250Wh/kg 成本：2022年系统 125美元/kWh	2012年发布的电动汽车普及计划
德国	能量密度：2017年系统 110Wh/kg 2020年系统 130Wh/kg 成本：2017年300欧元/kWh 2020年280欧元 / kWh	2009年国家电动汽车平台
中国	能量密度：2015年模块 150Wh/kg 2020年模块 300Wh/kg 成本：2015年2元/Wh 2020年1.5元/Wh	2012年《节能与新能源汽车产业发展规划（2012—2020年）》

主要国家动力电池的能量密度目标

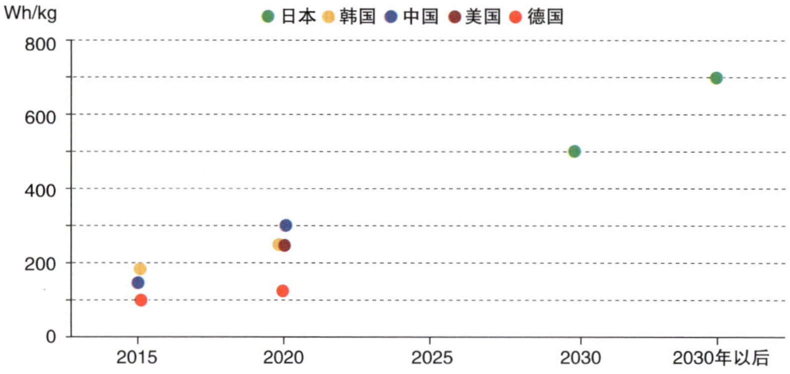

注：日本、韩国和美国为单体目标；中国为模块目标；德国为系统目标。

主要国家动力电池的成本目标

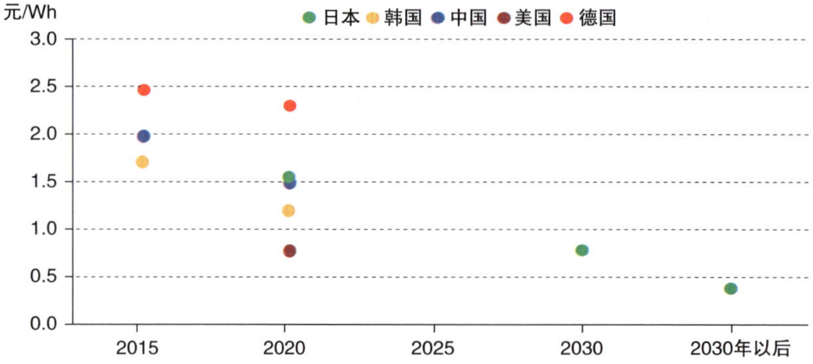

注：日本、韩国和美国为单体目标；中国为模块目标；德国为系统目标。

2. 主要国家动力电池技术路径对比

各国电池技术发展路线基本一致，在2020年之前，主要靠锂离子电池体系性能提高和成本下降来达到规划目标；2020—2030年，发展锂硫电池、锂空气电池等下一代电池体系；2030年以后，通过非锂离子电池体系的研发和产业化实现性能的进一步提高。

从研发路线上来看，动力电池的能量密度、安全性、环境适应性、寿命及可靠性的提高与成本下降是产业技术的发展方向。动力电池研发主要从以下三个层次开展：

①近期：现有锂离子电池实用化。以现有锂离子电池为基础，进一步改善性能、降低成本。在确保现有锂离子电池安全性的前提下，进一步提高能量密度和功率密度的同时降低成本。

②中期：锂离子电池新技术带来的高性能化。主要关注高能量密度、低成本的电池材料的开发，研发方向有电池反应的高速化、高离子导电性材料的开发、电位窗的扩展、负极的大容量化、高输出功率和低成本以及正极的大容量化、高输出功率和低成本等。

③长期：新型电池带来的显著的高性能化。研发方向主要是具有高能量密度且廉价的元素，着眼于与目前的材料有所区别的具有氧化还原反应的材料，例如使用金属锂负极的电池，如锂硫电池的开发等，以及进行高容量的正极及负极材料的探索。

从电池关键材料来看，正极材料的主要研究方向为高容量化、长寿命化、低成本化和提高安全性，因此主要从现有的磷酸铁锂转向镍钴锰三元材料、尖晶石镍锰酸锂、富锂锰基正极材料等；负极材料的发展趋势为长寿命化（抑制体积变化）、减少不可逆容量和提高安全性，从石墨系逐渐转向高容量的硅基或锡基合金材料以及锂金属材料等；隔膜为提升热关闭温度、保持孔径分布均匀与微孔的通道性；电解液材料的研究课题是提高安全性、改善低温导电率以及耐高电压特性，未来发展趋势是固体有机和无机电解质材料。

五、小结

本研究是关于如何对动力电池企业技术能力进行评价的方法论的研究，现将研究思路、过程和主要结论概括如下。

（1）动力电池企业技术能力定义及评价。我们将动力电池企业技术能力定义为：企业技术能力是指企业利用各类资源、技术手段和技术过程实现技术目标的系统性能力。动力电池企业技术能力评价采用“定量+定性”的方法。

（2）综合考虑2014年度中国动力和储能用锂离子电池前10强名单、2015年中国锂电池行业动力电池年度竞争力排名后，本次遴选了生产动力电池单体的国内12家企业进行技术能力评估。另外，还选取了LG化学、南京LG和SDI进行国内外比较。

（3）11项指标评价情况：

①研发投入方面，我国主要动力电池企业平均研发投入从2010年的0.43亿元提升到2015年的1.11亿元，年均复合增长率为21.01%，有了明显的提高；但与国外相比，研发投入仍较低。

②研发人员强度方面，2010—2015年，我国主要动力电池企业研发人员数量年均复合增长率为16.98%，远高于全部从业人员的10.34%，研发人员强度持续增长。

③电池材料研发能力方面，截至2015年年底，我国动力电池企业电池材料发明专利公开量最多的为比亚迪，达到了120件，与国外相比，基本与LG化学和三星SDI基本处于同一水平。

④装备工艺研制方面，截至2015年年底，我国动力电池企业装备工艺发明专利公开量最多的为天津力神，达到了106件，涉及电池浆料匀浆、极片叠层和卷绕等环节的制作工艺。但与国外企业相比，仍有较大差距。

⑤发明专利公开量方面，截至2010年年底，我国主要动力电池企业发明专利公开数量为644件，截至2015年年底，达到2 187件。

⑥电池单体能量密度方面，2010年，我国主要动力电池企业量产的产品基本都为磷酸铁锂电池，能量型电池单体能量密度在100 ~ 120Wh/kg；2015年，大部分电池企业均推出了镍估锰三元材料的产品，并已为量产车配套，最高达到180Wh/kg左右。我国动力电池单体能量密度与国外LG化学和三星SDI相比几乎无差别。

⑦营业收入方面，2015年，伴随着新能源汽车产销量的爆发式增长，各动力电池企业营业收入也获得了快速增长，国内12家企业营业收入总额达到243.92亿元。

⑧人均营业收入方面，我国主要动力电池企业人均营业收入从2010年的12.39万元/人年提高到2015年的48.80万元/人年，增长了近3倍。

⑨净利润率方面，评估的动力电池企业 2015 年净利润率大部分在 5%~10%。

⑩技术获取方面，本次评价的 15 家动力企业中，12 家为自主研发，3 家为外部技术获取，苏州星恒技术主要来源于中科院物理所，万向 A123 技术来源于美国 A123 电池，南京 LG 技术来源于韩国 LG 化学。

⑪配套国外企业方面，国内共有 3 家企业纳入了国外跨国车企的配套体系，分别是 CATL、力神和万向 A123。另外还有 1 家纳入了合资品牌企业的配套体系，即比亚迪。LG 化学和三星 SDI 这两个企业配套的国外企业几乎涵盖了除日本以外的所有跨国车企，典型量产车包括了通用 Volt，福克斯 EV，雷诺 ZOE，宝马 i3、i8 和奥迪 Q7 E-tron 等。

（4）综合评价情况。采用动力电池企业技术综合能力指数来显示和衡量 9 项定量指标对动力电池企业技术能力的共同作用。采用“变异系数法来确定权重系数。在计算动力电池企业技术综合能力指数时，采用相对评价概念，以各项指标的行业平均水平作为基数进行计算。最终计算得出，中航锂电、比克电池技术能力与行业的平均水平接近，比亚迪、CATL、力神和万向 A123 处于领先水平。

（5）根据赛迪顾问数据统计，2015 年全球锂离子电池出货量达到 100.75GWh，动力电池领域全球出货量达到 28.47GWh。2015 年，全球动力电池及储能电池市场份额（中大型电池），比亚迪占比最大，达 14.30%，松下排第二，占比 10.70%，LG 排第三，占比 10.00%。

（6）动力电池正极材料企业众多，主要有比利时优美科、日本日亚化学、湖南杉杉等；全球电池负极材料企业主要在中国、日本，中国的优势是石墨资源，日本的优势是技术；电解液生产制造存在一定技术壁垒，产业集中度相对较高，基本被中、日、韩三国占据；国外电池隔膜处于领先地位，技术掌握在少数企业手中，隔膜的主要生产企业有日本旭化成（已收购美国 Celgard）、东燃和宇部，韩国 SK 等，国内中高端电池隔膜仍主要依赖进口。

（7）电池装备日本处于世界领先地位，技术相对成熟，自动化程度高，并且制造企业分工细，韩国锂电设备技术近几年进步突出，性价比较日本高，挤压了日本的电池装备在中国的市场份额。国内电池装备目前以单机自动化设备等为主，近几年技术水平提升很快。

（8）我国动力电池单体性能指标与国外相比几无差异，但由于单体一致性较差，且成组技术存在一定差距，成组之后的动力电池性能在功率密度和能量密度方面与国外差距较大。在正极材料方面，日本从锰酸锂逐步走向改性锰酸锂、镍钴铝三元和镍钴锰三元等方向；韩国前期以锰酸锂为基础，近几年主要应用镍钴锰三元。中国目前仍以磷酸铁锂商业化为主，近期加快推出三元材料。

（9）对比世界主要国家动力电池目标可以发现，到 2020 年，电池单体比能量发展目标基本在 300 ～ 350Wh/kg，成本随着动力电池技术进步和产业化规模的增加，也将有较快的下降。从技术路径上看，各国对电池技术的发展路线基本一致，在 2020 年之前主要靠锂离子电池体系性能提高和成本下降来达到规划目标；2020—2030 年，发展锂硫电池、锂空气电池等下一代电池体系；2030 年以后，通过非锂离子电池体系的研发和产业化实现性能的进一步提高。

3 产业发展环境

石油在我国一次能源消费结构中占比为17%左右

2000 年以来，我国能源消费总量持续增长。2014 年为 42.6 亿吨标准煤，是 2000 年（14.7 亿吨标准煤）的 2.89 倍，年均增长 7.9%。从能源结构看，煤炭、石油占比略有降低，而天然气等清洁能源占比逐年增长，一次能源消费结构趋向优化。

煤炭仍为我国最主要的能源，2014 年占一次能源消费总量的 66.0%，远高于世界平均水平（2014 年为 30.0%），但呈现逐年降低趋势；天然气及水电、核电等清洁能源所占比重逐步提高，从 2000 年的 9.5% 提高到 2014 年的 16.9%，但总体占比偏低（2014 年世界平均水平为 37.5%，其中天然气为 23.7%）；石油在一次能源消费中的地位仅次于煤炭，2014 年占比为 17.1%（2014 年世界平均水平为 32.5%）。

2015 年能源消费总量为 43.0 亿吨标准煤，比 2014 年增长 0.9%。其中，煤炭消费量下降 3.7%，占能源消费总量的比重下降为 64.0%；原油和天然气消费分别增长 5.6% 和 3.3%；水电、风电、核电、天然气等清洁能源占比提高到 17.9%。

2001—2014 年能源消费总量和构成

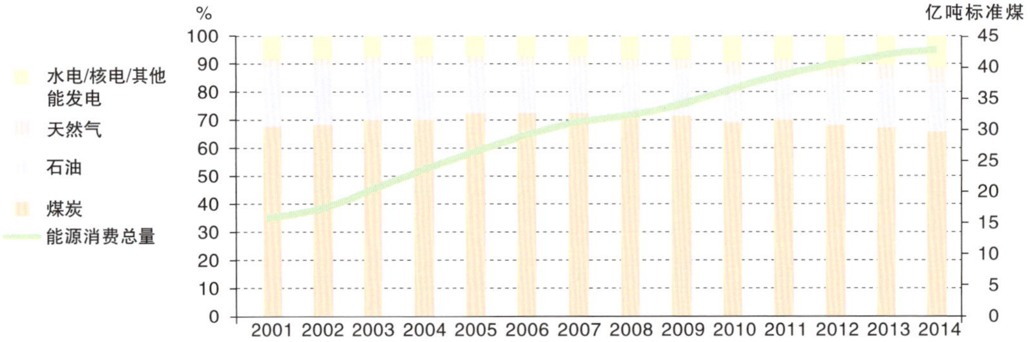

	2001	2002	2003	2004	2005	2006	2007	2008	2009	2010	2011	2012	2013	2014
水电/核电/其他能发电	8.4	8.2	7.4	7.6	7.4	7.4	7.5	8.4	8.5	9.4	8.4	9.7	10.2	11.2
天然气	2.4	2.3	2.3	2.3	2.4	2.7	3.0	3.4	3.5	4.0	4.6	4.8	5.3	5.7
石油	21.2	21.0	20.1	19.9	17.8	17.5	17.0	16.7	16.4	17.4	16.8	17.0	17.1	17.1
煤炭	68.0	68.5	70.2	70.2	72.4	72.4	72.5	71.5	71.6	69.2	70.2	68.5	67.4	66.0
能源消费总量	15.6	16.9	19.7	23.0	26.1	28.6	31.1	32.1	33.6	36.1	38.7	40.2	41.7	42.6

说明：与上年度报告中本表的资料来源有所不同。

资料来源：《中国统计年鉴2015》《BP世界能源统计年鉴2015》《2015年国民经济和社会发展统计公报》

交通领域石油消费占比接近40%

进入21世纪，中国呈现工业化、城镇化及汽车私人消费迅速普及的发展态势。在各领域石油消费需求快速增长的共同作用下，中国石油消费的总体规模持续增长，从2000年的2.25亿吨增长到2013年的5.00亿吨，增长了1.22倍，年均增长6.33%。

其中，交通领域石油消费增长最为明显，占比不断增大，从2000年的28.45%增大到2013年的37.96%。

2000—2013年石油消费总量及分部门石油消费构成

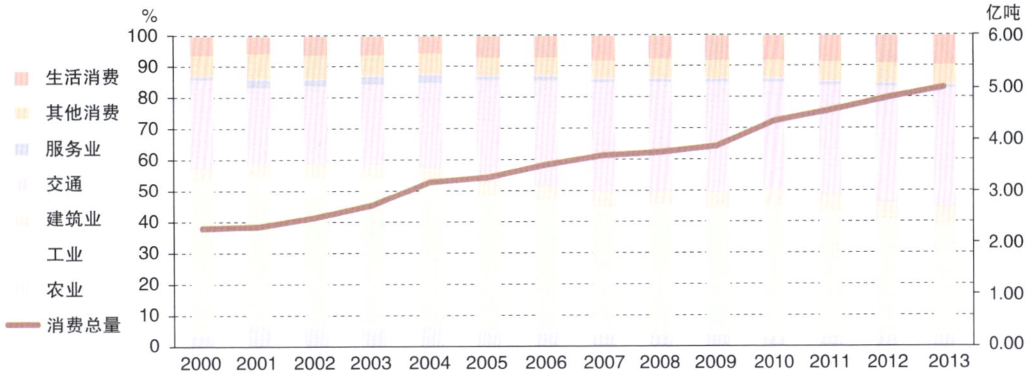

	2000	2001	2002	2003	2004	2005	2006	2007	2008	2009	2010	2011	2012	2013
生活消费	5.94	5.67	5.96	6.03	5.61	7.02	7.35	8.13	7.82	8.25	8.00	8.78	9.01	9.51
其他消费	7.27	8.55	7.98	7.06	6.95	6.05	5.96	6.04	6.31	5.98	5.91	6.35	6.44	6.70
服务业	1.10	2.48	2.39	2.52	2.58	1.15	1.12	1.16	0.98	1.12	1.11	1.10	1.14	1.13
交通	28.45	24.93	24.87	26.15	27.19	32.91	33.98	35.21	35.60	35.30	34.39	35.31	37.44	37.96
建筑业	3.74	4.09	4.42	4.54	4.49	4.62	4.73	4.97	4.07	5.06	5.42	5.56	5.66	6.18
工业	50.00	47.41	47.62	47.51	46.87	43.78	42.45	40.66	41.83	40.88	41.97	39.68	37.09	35.21
农业	3.51	6.87	6.75	6.20	6.31	4.46	4.42	3.82	3.39	3.41	3.20	3.23	3.23	3.30
消费总量	2.25	2.28	2.48	2.71	3.17	3.25	3.49	3.67	3.73	3.84	4.32	4.54	4.77	5.00

说明：根据《中国统计年鉴》，上述交通部门的石油消费主要来自交通营运部门的统计数据；但根据王庆一（2010），在其他部门中还有一部分油品消费实际上来自这些部门内部的交通工具使用。其中，大致可将工业、建筑业、服务业（包括其他消费）中95%的汽油和35%的柴油归为交通用油，而将居民生活和农业消费中的全部汽油，以及居民生活消费中95%的柴油归为交通用油。王庆一据此推算出，2009年交通领域石油消费占比为48%。

资料来源：《中国统计年鉴》《中国能源统计年鉴》《中国车用能源展望2012》

交通领域石油消费中近80%用于汽车

在交通领域石油消费中，近 80% 用于柴油车和汽油车。

2000—2013 年，汽车领域石油消费从 0.68 亿吨增长到 1.87 亿吨，增长了 1.75 倍，年均增长 8.09%，增长率远高于同期石油消费总量的年均增长率（6.33%）。汽车用油增长是我国石油消费增长的重要影响因素。

2000—2013 年汽车石油消费量

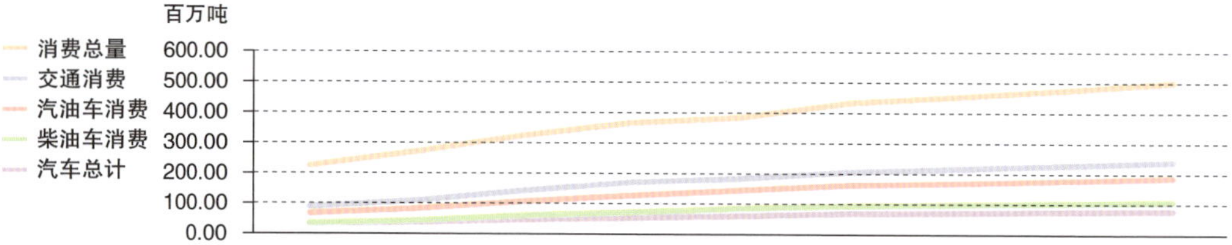

	2000	2003	2005	2007	2009	2010	2011	2012	2013
消费总量	224.96	271.26	325.38	366.59	383.85	432.45	453.79	476.51	499.71
交通消费	89.30	108.50	142.10	170.60	184.60	207.58	217.82	228.72	239.86
汽油车消费	33.40	39.20	47.40	53.90	60.60	68.50	71.88	75.48	79.15
柴油车消费	34.60	43.40	60.00	72.10	83.80	93.41	98.02	102.93	107.94
汽车总计	68.00	82.60	107.40	126.00	144.40	161.91	169.90	178.41	187.09

2000—2013 年汽车在交通领域石油消费占比

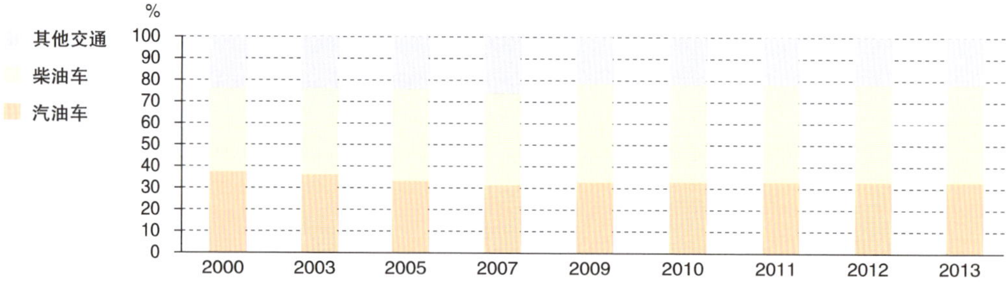

	2000	2003	2005	2007	2009	2010	2011	2012	2013
其他交通	23.85	23.87	24.42	26.14	21.78	22.00	22.00	22.00	22.00
柴油车	38.75	40.00	42.22	42.26	45.40	45.00	45.00	45.00	45.00
汽油车	37.40	36.13	33.36	31.59	32.83	33.00	33.00	33.00	33.00

说明：《中国车用能源展望2012》计算了2000年、2003年、2005年、2007年和2009年交通领域及其细分的石油消费构成。细分领域包括汽油车、柴油车、铁路、航空、船运等。由于缺乏其他年份的数据，这里根据《中国能源统计年鉴》各年份石油消费总量数据，并按《中国车用能源展望2012》给出的2009年交通及其细分领域的石油消费占比，计算了2010—2013年交通及其细分领域的石油消费量。鉴于交通领域石油消费占比逐年增长的趋势，用于汽车的实际石油消费量应不低于这里的计算值。

资料来源：《中国能源统计年鉴》《中国车用能源展望2012》

2015年石油对外依存度首破60%

我国从1993年成为石油净进口国以来，能源需求持续增长，石油进口依存度不断攀升。改革开放之后，在经济高速增长的第一个十年（20世纪80年代），我国基本保持了石油的自给自足。但从1993年起，石油进口大于石油出口，石油消费开始对进口有所依赖，到1995年，对外依存度为7.51%，尚不足为虑。但仅仅五年以后的2000年，对外依存度就达到了31.86%。到2013年，石油净进口量增长为2000年的3.95倍，年均增长11.14%，石油对外依存度达到58.90%。

另据《2015年国内外油气行业发展报告》，2015年石油表观消费量为5.43亿吨，石油净进口量3.26亿吨，石油对外依存度首破60%，达到60.6%。

1993—2013年石油消费与供给及石油对外依存度

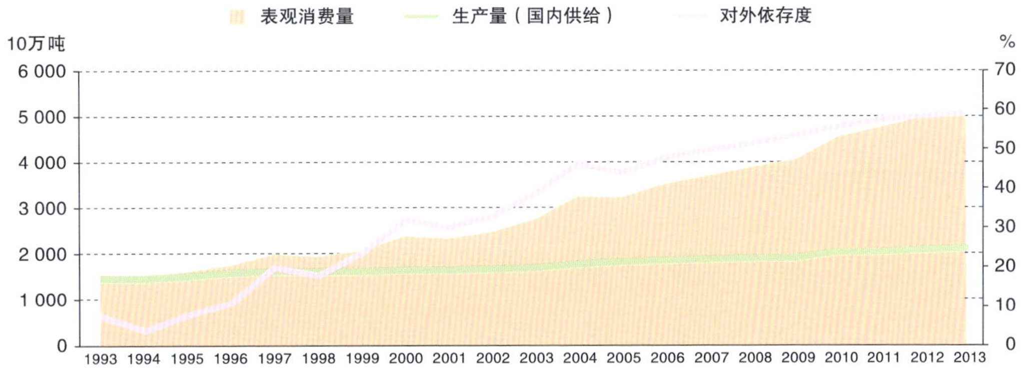

	1993	1994	1995	1996	1997	1998	1999	2000	2001	2002	2003	2004	2005	2006	2007	2008	2009	2010	2011	2012	2013
表观消费量	1 563	1 513	1 622	1 757	2 005	1 951	2 084	2 392	2 347	2 483	2 761	3 264	3 241	3 530	3 711	3 911	4 068	4 566	4 776	4 995	5 108
生产量(国内供给)	1 452	1 461	1 501	1 573	1 607	1 610	1 600	1 630	1 639	1 670	1 696	1 759	1 814	1 848	1 863	1 904	1 895	2 030	2 029	2 075	2 099
对外依存度	7.09	3.46	7.51	10.48	19.81	17.49	23.22	31.86	30.13	32.74	38.57	46.11	44.04	47.66	49.79	51.31	53.41	55.54	57.53	58.46	58.90

说明：对外依存度有不同算法，如：进口量/消费量；净进口量/消费量；（消费量－生产量）/消费量；（进口量－出口量－库存增量）/消费量等。这里采用净进口量/表观消费量的计算方法。其中，净进口量为进口量与出口量之差；表观消费量为生产量与净进口量之和。

资料来源：根据《中国统计年鉴》数据计算

汽车工业增加值占全国GDP比重在1.5%左右

“把汽车制造业作为重要的支柱产业”，是1986年“七五”计划首次明确提出的。产出规模大、产业关联度高，是支柱产业的基本特征。经过6个五年计划的发展，我国汽车工业规模持续增长，汽车产量从1985年的44万辆增长到2014年的2 300多万辆，汽车工业增加值从92亿元增长到9 100多亿元；占全国GDP的比重整体呈上升态势，从当初不足1%增长到目前的1.5%左右。

就发展规模而言，国家发改委政策研究室专家曾建议（薛燕，2013），支柱产业的增加值在国民生产总值（GNP）中所占比重应达5%左右（目前我国GDP和GNP相差0.5%左右）。多年来，我国汽车产业自身发展较快，但增加值占全国GDP比重的提升幅度不大，距离支柱产业5%左右的水平差距较大。

2000—2014年汽车工业增加值及占全国GDP比重

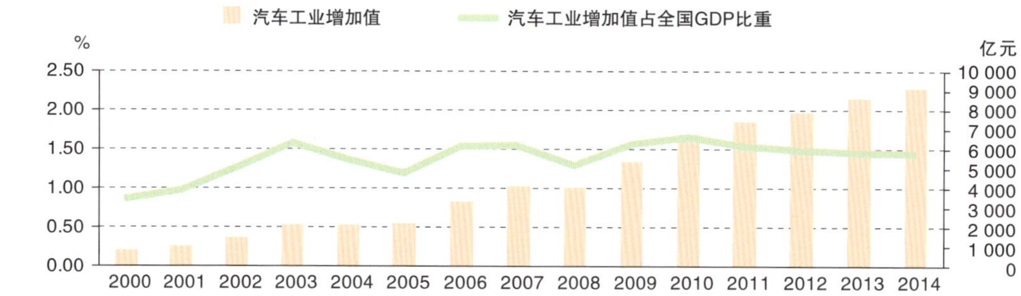

	2000	2001	2002	2003	2004	2005	2006	2007	2008	2009	2010	2011	2012	2013	2014
汽车工业增加值	864.0	1 055.6	1 518.8	2 153.4	2 187.8	2 209.9	3 362.7	4 141.4	4 104.1	5 378.7	6 759.7	7 451.7	7 940.4	8 606.2	9 174.3
汽车工业增加值占全国GDP比重	0.87	0.96	1.26	1.58	1.36	1.19	1.54	1.55	1.30	1.56	1.65	1.54	1.49	1.46	1.44

资料来源：《中国汽车工业年鉴2015》《中国统计年鉴2015》

中国千人汽车保有量为世界平均水平的2/3左右

2000年在中共中央关于制订“十五”计划的建议中，首次提出“鼓励轿车进入家庭”，开启了中国汽车产业以规模迅速扩张为特点的发展阶段。中国汽车保有量从2001年的1 802万辆增长到2014年的14 475万辆，增长了7倍，年均增长17.4%。千人汽车保有量从2001年的14辆/千人，增长到2014年的106辆/千人。发展速度之快，成果之大，令世人瞩目。但时至今日，我国千人汽车保有量水平仅为世界平均水平的66%，不仅远低于世界发达国家500～800辆/千人的水平，甚至与墨西哥这样的发展中国家或俄罗斯、巴西、南非等金砖国家相比，都还有不小的差距。可以预见，已位列世界第一的我国汽车市场，未来仍具有巨大的发展潜力。

2014年中国及2013年部分国家千人汽车保有量

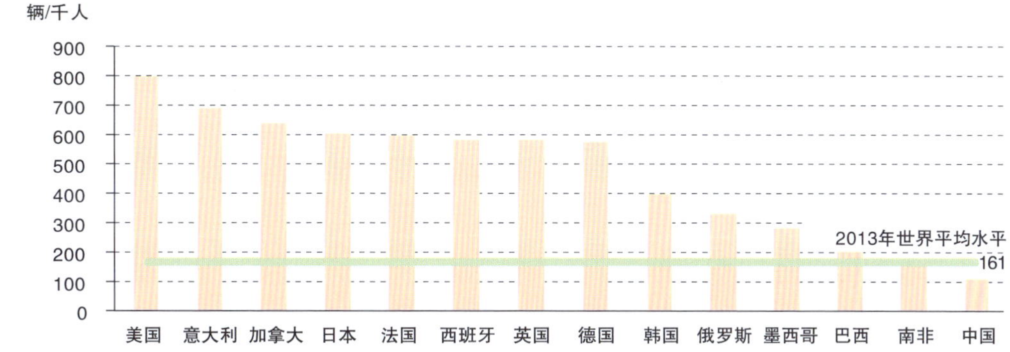

	美国	意大利	加拿大	日本	法国	西班牙	英国	德国	韩国	俄罗斯	墨西哥	巴西	南非	中国
千人汽车保有量	799	689	635	602	594	583	580	573	394	331	281	198	176	106

说明：中国为2014年数据，其余国家为2013年数据。

资料来源：《中国统计年鉴2015》《国民经济和社会发展统计公报2015》《The Motor Industry of Japan 2015》《The State of World Population 2013》

单车道路资源占有量略高于世界平均水平，各地汽车保有密度相差悬殊

就千人汽车保有量来说，2013 年我国总体水平为 93 辆 / 千人，接近世界平均水平 161 辆 / 千人的 60%。北京、天津、浙江高于或略高于世界平均水平，而多数省份处于全国平均水平以下。就单位公路里程汽车保有量来说，同样是多数省份处于全国平均水平以下。2013 年全国单位公路里程汽车保有量平均水平为 29 辆 / 公里，略低于世界平均水平（2009 年）的 32 辆 / 公里，即我国单车道路资源占有量是略高于世界平均水平的。目前，各大城市越来越严重的交通拥堵状况，并不能被简单地归咎于车多。除了北京、上海等特大型城市外，解决交通拥堵问题应更多着眼于提高道路规划水平和交通管理水平。另一方面，2013 年各地区单位公路里程汽车保有量水平与 2012 年相比，均有不同程度的提高，道路里程增长速度低于汽车保有量增长速度。

2013 年各省、自治区及直辖市千人汽车保有量

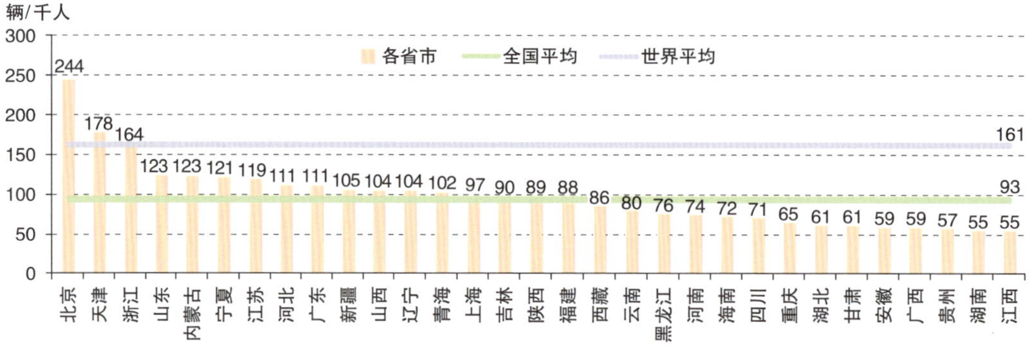

2013 年各省、自治区及直辖市单位公路里程汽车保有量

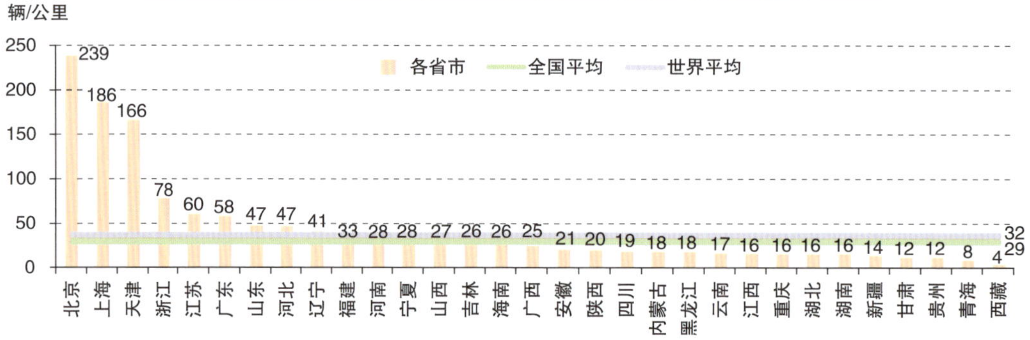

说明：单位公路里程汽车保有量世界平均水平为2009年数据。

资料来源：《中国汽车工业年鉴2015》、《中国统计年鉴2015》、《World Development Indicator 2012》（世界银行）、JAMA2015

排放标准全面升级到国Ⅳ，部分地区进入国Ⅴ

我国自2000年实施第一阶段机动车排放标准（国Ⅰ）以来，逐步升级，现已全面实施第四阶段标准，部分地区进入国Ⅴ。虽然受技术准备、油品供应、使用环境等因素影响，部分车型国Ⅲ、国Ⅳ标准在全国范围的实施时间有所推迟（其中，国Ⅳ轻型柴油车和重型柴油车制造、销售产品合规时间均被推迟到2015年1月1日），但排放标准实施规划得到加速推进，汽车排放技术水平得到快速提高。

根据环保部2013年9月17日发布的轻型汽车第五阶段排放标准，我国轻型汽车将从2018年1月1日起在全国范围内实施国Ⅴ。

中国机动车排放标准计划实施时间表

排放阶段	车型及适用标准	型式核准时间	制造、销售产品合规时间
国Ⅰ	轻型车 GB 14961—1999 GB 18352.1—2001	汽油车 第一类车 2000.1.1 第二类车 2001.1.1 柴油车 第一类车 2000.1.1 第二类车 2001.1.1	汽油车 第一类车 2000.7.1 第二类车 2001.10.1 柴油车 第一类车 2000.7.1 第二类车 2001.10.1
	重型车 GB 17691—2001 GB 14762—2002	柴油车 2000.9.1 汽油车 2002.7.1	柴油车 2001.9.1 汽油车 2003.7.1
国Ⅱ	轻型车 GB 18352.2—2001	汽油车 第一类车 2004.7.1 第二类车 2005.7.1 柴油车 第一类车 2004.7.1 第二类车 2005.7.1	汽油车 第一类车 2005.7.1 第二类车 2006.7.1 柴油车 第一类车 2005.7.1 第二类车 2006.7.1
	重型车 GB 17691—2001 GB 14762—2002	柴油车 2003.9.1 汽油车 2003.9.1	柴油车 2004.9.1 汽油车 2004.9.1
国Ⅲ	轻型车 GB 18352.3—2005	汽油车 2007.7.1 柴油车 2007.7.1	汽油车 2008.7.1 柴油车 M类：2008.7.1 N类：2009.7.1
	重型车 GB 17691—2005 GB 14762—2008 GB 17691—2005	压燃式 2007.1.1 点燃式 2009.7.1 气体燃料点燃式 2007.1.1	压燃式 2008.1.1 点燃式 2010.7.1 气体燃料点燃式 2008.1.1
国Ⅳ	轻型车 GB 18352.3—2005	汽油车 2010.7.1 柴油车 2010.7.1	汽油车 2011.7.1 柴油车 2011.7.1
	重型车 GB 17691—2005 GB 14762—2008 GB 17691—2005	压燃式 2010.1.1. 点燃式 2012.7.1 气体燃料点燃式 2010.1.1	压燃式 2011.1.1 点燃式 2013.7.1 气体燃料点燃式 2011.1.1
国Ⅴ	轻型车 GB 18352.5—2013		2018.1.1
	重型车 GB 17691—2005	2012.1.1	2013.1.1

说明：1. 第一类车：包括驾驶员座位在内，座位数不超过6座，且最大总质量不超过2 500kg的M1类汽车。第二类车：标准适用范围内除第一类车以外的其他所有汽车。

2. 轻型车国Ⅴ实施时间的说法与前有所不同：(1) 从标准发布日起即可进行型式核准；(2) 生产一致性检查自型式核准之日起执行；(3) 所给出的时间点（2018年1月1日），指届时“所有销售和注册登记”的汽车必须合规。

资料来源：根据相关资料整理

车用燃油标准同步升级到国Ⅳ，部分地区进入国Ⅴ

根据《中华人民共和国大气污染防治法》，燃油质量标准应“符合国家大气污染物控制要求，并与国家机动车船、非道路移动机械大气污染物排放标准相互衔接，同步实施”，特别是在大气污染防治重点区域，应“实施更严格的机动车大气污染物排放标准”，并“配套供应合格的车用燃油”。2014 年，全国实施车用汽油国Ⅳ阶段标准。

2018 年 1 月 1 日起，全国将实施车用汽油国Ⅴ阶段标准。目前，配合排放标准实施，北京、上海、陕西、广东、江苏及浙江的部分城市供应了硫含量不超过 10 ppm① 的Ⅴ阶段车用汽油。

车用汽油环保指标

环保指标	GB17930 车用汽油国Ⅲ	GB17930 车用汽油国Ⅳ	GB17930 车用汽油国Ⅴ	GB18351 车用乙醇汽油（E10）国Ⅳ	GB/T23799 车用甲醇汽油（M85）
硫含量（ppm）	≤ 150	≤ 50	≤ 10	≤ 50	≤ 80
夏季蒸汽压（kPa）	≤ 72	40 ～ 68	40 ～ 65	40 ～ 68	≤ 68
烯烃（%）	≤ 30	≤ 28	≤ 24	≤ 28	—
锰含量（mg/L）	≤ 16	≤ 8	≤ 2	≤ 8	≤ 2.9
芳烃 + 烯烃（%）	≤ 70	≤ 68	—	—	—
芳烃（%）	—	—	≤ 40	≤ 40	—
实施日期	2010.1.1	2014.1.1	2018.1.1	2014.1.1	2009.12.1

注：1. 北京自2013年12月18日起由京Ⅴ汽油切换为国Ⅴ汽油；
2. 上海自2014年5月1日起由沪Ⅴ汽油切换为国Ⅴ汽油；
3. 江苏南京、无锡、常州、苏州、南通、扬州、镇江、泰州自2013年11月1日起实施国Ⅴ车用汽油标准；
4. 珠三角等地区14市（广州、深圳、珠海、佛山、惠州、东莞、中山、江门、肇庆、阳江、湛江、茂名、清远、云浮）自2014年7月1日起实施国Ⅴ车用汽油标准，全省2014年10月1日起实施国Ⅴ车用汽油标准；
5. 陕西自2014年10月1日起实施国Ⅴ车用汽油标准；
6. 浙江杭州、嘉兴、湖州自2014年11月1日起实施国Ⅴ车用汽油标准。

车用柴油环保指标

环保指标	GB19147 车用柴油国Ⅲ	GB19147 车用柴油国Ⅳ	GB19147 车用柴油国Ⅴ	GB/T25199 车用柴油（B5）国Ⅳ
硫含量（ppm）	≤ 350	≤ 50	≤ 10	≤ 50
十六烷值	≥ 49	≥ 49	≥ 51	≥ 49
密度（kg/m^3）	810 ～ 850	810 ～ 850	810 ～ 850	810 ～ 850
多环芳烃（mg/L）	≤ 11	≤ 11	≤ 11	≤ 11
润滑性、磨斑直径（μm）	≤ 460	≤ 460	≤ 460	≤ 460
实施日期	2011.7.1	2015.1.1	2018.1.1	2014.6.1

注：北京自2013年6月8日起由京Ⅴ柴油切换为国Ⅴ柴油；上海自2013年11月1日起实施国Ⅴ车用柴油标准；江苏南京自2014年4月1日起实施国Ⅴ车用柴油标准；陕西自2014年10月1日起实施国Ⅴ车用柴油标准。

资料来源：《中国机动车污染防治年报》（2015，2014）

① 1 ppm = 10^{-6}。

汽车保有量快速增长条件下，主要污染物排放总量基本持平，CO和颗粒物不升反降

自“十一五”开始的2006年全面实施国Ⅱ以来，我国汽车排放法规升级加速。在汽车保有量从2006年的3 697万辆增加到2014年的14 475万辆，增长近3倍的情况下，汽车主要污染物排放总量基本持平。其中：CO和颗粒物不升反降；HC基本保持稳定；NO_x仅增长20.7%，且从2013年开始呈现下降趋势。

具体来看，全国汽车CO排放量在1993年、1998年和2007年分别超过了1 000万吨、2 000万吨和3 000万吨；HC排放量在1991年、1996年和2000年分别超过了100万吨、200万吨和300万吨；NO_x排放量在1986年、1993年、1997年、2001年和2009年分别超过了100万吨、200万吨、300万吨、400万吨和500万吨；颗粒物排放量在1982年、1989年、1993年、1997年和2000年分别超过10万吨、20万吨、30万吨、40万吨和50万吨。到2014年，全国汽车CO，HC，NO_x和颗粒物排放量分别为2 942.7万吨、351.8万吨、578.9万吨和55.0万吨。

2006—2014年汽车保有量与污染物排放增长趋势对比

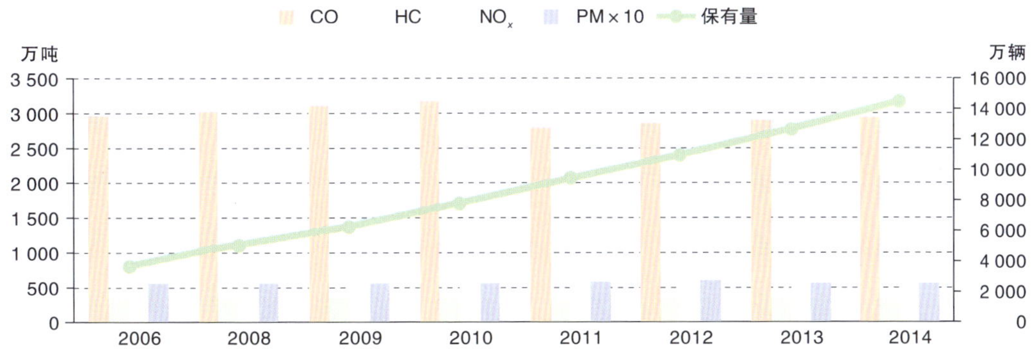

	2006	2008	2009	2010	2011	2012	2013	2014
CO	2 963.9	3 040.8	3 110.7	3 174.6	2 796.0	2 865.5	2 912.1	2 942.7
HC	347.2	352.9	358.9	363.5	339.2	345.2	349.0	351.8
NO_x	479.5	496.5	529.8	536.8	576.4	582.9	588.7	578.9
PM×10	555.0	555.0	561.0	565.0	590.0	592.0	567.0	550.0
保有量	3 697	5 099	6 280	7 802	9 356	10 933	12 683	14 475

资料来源：《中国汽车统计年鉴》《中国机动车污染防治年报》

单车污染物排放强度不断降低

随着排放标准的提高，新生产汽车的单车排放量不断降低。根据《中国机动车污染防治年报2011》，国Ⅲ阶段与国Ⅰ前相比，轻型汽油车的CO，HC和NO_x排放量分别下降了97.2%、97.3%和98.0%；重型柴油车的CO，HC、NO_x和PM分别下降了88.6%、97.2%、77.0%和98.8%。国Ⅴ阶段与国Ⅲ阶段相比，轻型汽油车的CO，HC和NO_x排放量将进一步分别下降56.5%、50.0%和60.0%；重型柴油车的CO，HC，NO_x和PM将进一步分别下降28.6%、30.3%、60.0%和80.0%。即：国Ⅴ阶段与国Ⅰ前相比，轻型汽油车的CO，HC和NO_x排放量将分别下降98.8%、98.6%和99.2%；重型柴油车的CO，HC，NO_x和PM将分别下降91.9%、98.0%、90.8%和99.8%。

国Ⅰ前至国Ⅴ轻型汽油车单车污染物排放强度变化

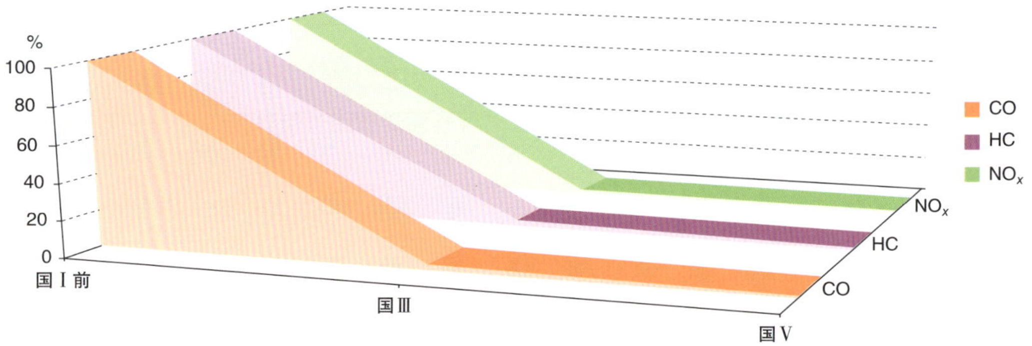

国Ⅰ前至国Ⅴ重型柴油车单车污染物排放强度变化

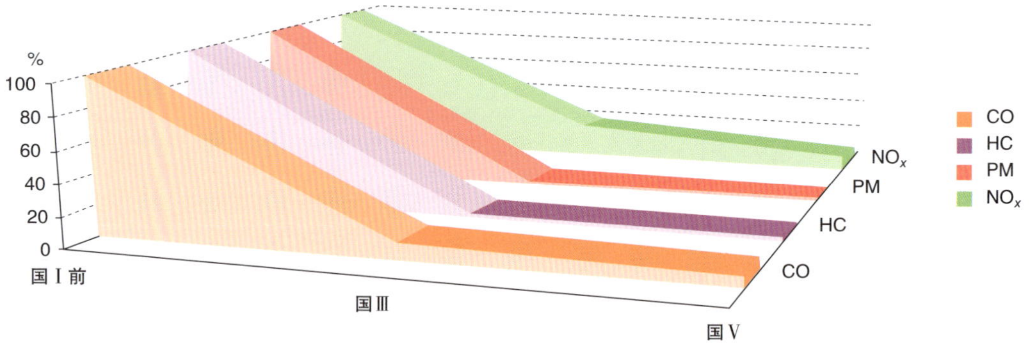

资料来源：《中国机动车污染防治年报2011》、相应排放法规

乘用车燃料消耗量标准实施进入第四阶段，2025年将设新目标

我国2004年公布了第一个汽车燃油经济性标准《乘用车燃料消耗量限值》（GB19578—2004），规定了第一、二阶段燃料消耗量限值；2011年12月30日公布了《乘用车燃料消耗量评价方法及指标》（GB27999—2011），规定了车型燃料消耗量和企业平均燃料消耗量的评价方法及指标，即第三阶段乘用车油耗标准从2012年7月1日起执行。第四阶段乘用车油耗标准从2016年1月1日起开始实施。

第三、四阶段标准与第一、二阶段的主要差别是：①采用单车限值标准和企业平均燃料消耗量（CAFC）达标双重管理。前者为车辆产品公告准入依据，而后者则为企业达标强制性要求；②不仅针对国产车生产企业，而且针对进口车经销商；③第四阶段标准在核算企业CAFC时，通过增大计算权重等方式，对新能源汽车（纯电动、燃料电池、插电式）、超低油耗（2.8 L/100 km以下）汽车和采用先进节能技术（如轮胎气压监测系统）的传统汽车予以鼓励；④规定了2015年和2020年我国乘用车油耗平均水平目标分别为6.9 L/100 km和5.0 L/100 km；⑤规定了逐步实现100%达标的导入期。

此外，2015年5月发布的《〈中国制造2025〉规划系列解读之推动节能与新能源汽车发展》提出，2025年乘用车（含新能源乘用车）新车整体油耗目标降至4 L/100 km。

中国乘用车燃料消耗量标准实施阶段

阶段	开始实施时间	适用标准	备注
第一阶段	新认证车型：2005年7月1日 在生产车型：2006年7月1日	GB19578—2004	• 为单车限值要求 • 针对国内生产车型
第二阶段	新认证车型：2008年1月1日 在生产车型：2009年1月1日	GB19578—2004	• 为单车限值要求 • 针对国内生产车型
第三阶段	2012年7月1日	GB19578—2004 GB27999—2011	• 对国内生产车型的限值要求和对生产、进口企业的CAFC要求并行 • 目标：到2015年乘用车油耗平均水平达到6.9 L/100 km
第四阶段	新认证车型：2016年1月1日 在生产车型：2018年1月1日	GB19587—2014 GB27999—2014	• 对国内生产车型的限值要求和对生产、进口企业的CAFC要求并行 • 目标：到2020年乘用车油耗平均水平达到5.0 L/100 km

资料来源：根据相关资料整理

第四阶段油耗标准
大幅加严单车限值和目标值，高整备质量段尤甚

第一、二阶段油耗标准只有单车限值概念，即对整备质量处于不同范围的汽车规定了不同的油耗限值。从第三、四阶段开始，在单车限值基础上，又引入了目标值概念。前者用于车辆的产品公告准入，而后者则用于核算企业平均燃料消耗量目标值并借此对企业达标与否进行判定。相同阶段标准中，相同质量段车型的油耗目标值严于油耗限值。第三阶段限值为第二阶段限值，而第四阶段限值则为第三阶段目标值。

从油耗标准加严幅度看，第二阶段限值比第一阶段加严 10% 左右，第三阶段目标值比第二阶段限值（或第三阶段限值）加严 15% ～ 20%，而第四阶段目标值比第三阶段目标值加严 25% ～ 37%。可见，加严幅度不断增大。此外，整备质量越大，油耗目标值加严幅度越大，是油耗标准从第三阶段过渡到第四阶段的突出特点，体现出鼓励小型、轻量化车型，而限制大型、重量化车型的政策倾向。

中国乘用车燃料消耗量标准各阶段限值与目标值

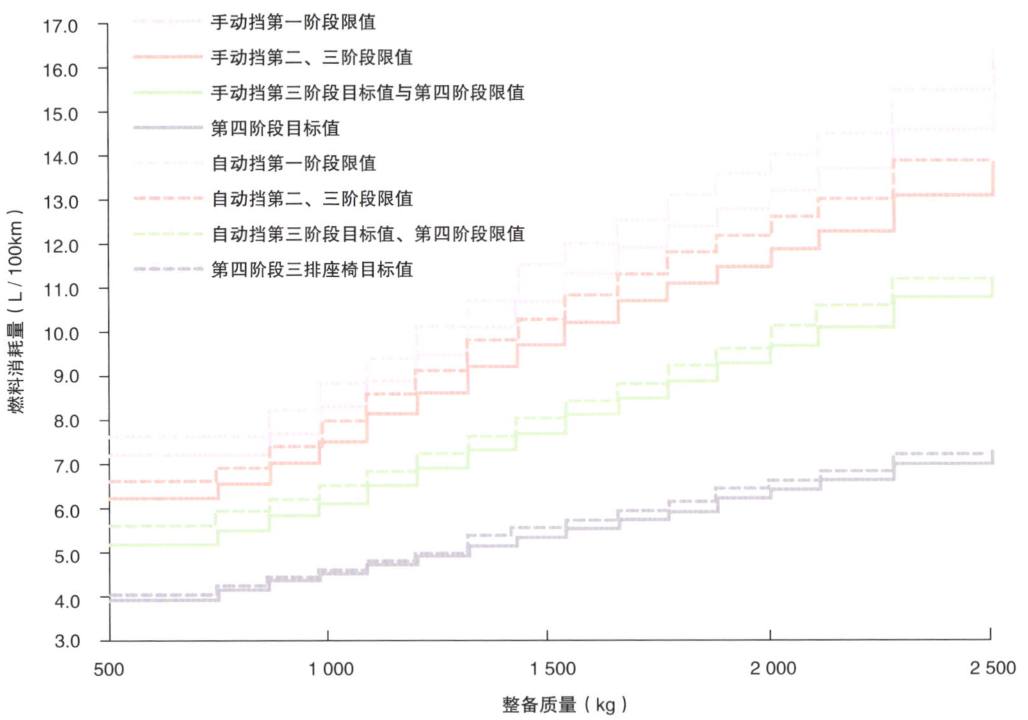

资料来源：《中国乘用车燃料消耗量发展年度报告》，*i*CET

4 技术应用状况

节能环保安全

乘用车中柴油车份额进一步降低为0.19%

先进柴油车指采用了诸如电控喷油、高压共轨、废气再循环和废气后处理等新技术的柴油车。其最大特点是具有比汽油车高 30% ～ 40% 的燃油经济性。我国乘用车中柴油车的数量微乎其微，且产量占比呈逐年下降态势，目前仅为 0.19%。柴油车相对于汽油车较高的 NO_x 和颗粒物排放水平，以及在此基础上的不鼓励政策是造成这一状况的主要原因。以我国轻型汽车国Ⅲ、国Ⅳ排放标准中的颗粒物排放限值为例，国Ⅲ标准的轻型柴油车限值约为轻型汽油车的 100 倍。即使国Ⅳ标准的轻型柴油车限值在国Ⅲ轻型汽油车的 30 倍以上，也只有到第Ⅴ、Ⅵ阶段柴油车才能与汽油车大致拉平。

应该说，柴油车市场规模的扩大首先取决于柴油在国家能源战略中的地位，以及由此而形成的有利的燃油税、车辆购置税、消费税、油耗标准和排放标准等政府政策。此外，燃油供给、油品品质、产品技术和成本等因素也对柴油车的发展至关重要。

2009—2015 年乘用车中柴油车产量及占比

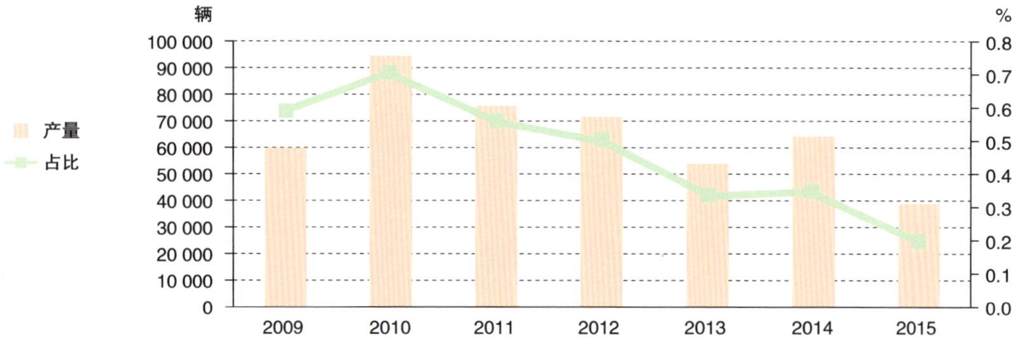

	2009	2010	2011	2012	2013	2014	2015
产量	59 817	94 461	75 913	71 605	54 160	64 346	38 843
占比	0.59	0.71	0.56	0.50	0.33	0.35	0.19

资料来源：根据相关资料整理

汽油乘用车缸内直喷技术应用快速增长，占比达20%

缸内直喷技术是改善汽油机燃油经济性的有效措施。与单点喷射或多点喷射将汽油喷至进气道或进气歧管处不同，它直接将汽油喷入燃烧室内。缸内直喷技术的特点是喷油压力高，燃油雾化好，显著提高发动机压缩比，并使稀薄燃烧和分层燃烧成为可能，从而能够大幅提高发动机的燃油经济性，节油效果可达8%～15%。

近年来，我国新生产的汽油乘用车中，缸内直喷技术的应用范围不断扩大。2009年以来，采用量年均增长63.67%，从2009年的21.05万辆增加到2015年的404.69万辆。新生产汽车的采用率提高了18个百分点，达到20.22%，但仍低于欧美30%～40%的水平。

2009—2015年汽油乘用车缸内直喷技术应用量及占比

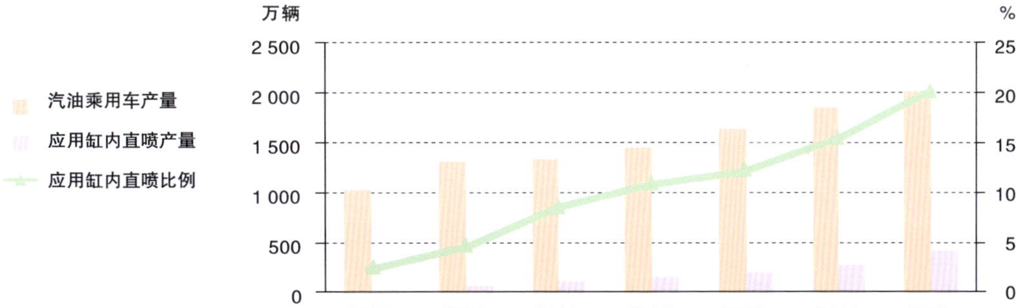

	2009	2010	2011	2012	2013	2014	2015
汽油乘用车产量	1 011.95	1 312.03	1 340.50	1 438.55	1 643.96	1 847.83	2 001.87
应用缸内直喷产量	21.05	59.64	113.56	153.74	196.44	280.03	404.69
应用缸内直喷比例	2.08	4.55	8.47	10.69	11.95	15.15	20.22

资料来源：根据相关资料整理

汽油乘用车涡轮增压技术应用比例接近25%

涡轮增压的主要目的是提高发动机进气量，从而在不增大发动机排量的条件下，大幅提高发动机的功率和扭矩。采用涡轮增压技术的发动机，其最大功率可以提高40%，甚至更高。以1.8T涡轮增压发动机为例，其功率相当于2.4 L自然吸气发动机的水平，但油耗只比1.8 L自然吸气发动机略高。这就意味着采用涡轮增压技术可以达到提高燃油经济性并降低尾气排放的双重目的。

近年来，我国汽油乘用车涡轮增压技术的应用规模不断扩大，在新生产汽油车中的占比从2009年的3.48%提升至2015年的24.97%，提高了21.49个百分点，而采用量年均增长55.59%。

2009—2015年汽油乘用车涡轮增压技术应用量及占比

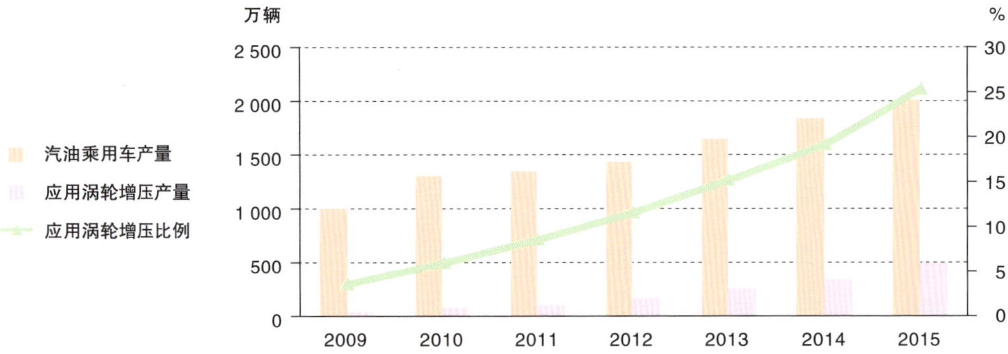

	2009	2010	2011	2012	2013	2014	2015
汽油乘用车产量	1 011.95	1 312.03	1 340.50	1 438.55	1 643.96	1 847.83	2 001.87
应用涡轮增压产量	35.23	77.09	110.16	163.45	246.54	347.56	499.79
应用涡轮增压比例	3.48	5.88	8.22	11.36	14.99	18.81	24.97

资料来源：根据相关资料整理

自动变速器占比逐年提高，其中CVT增幅最大

不同类型的自动变速器具有不同的技术特点和性能特点。对汽车用户来说，省油、动感、舒适是主要诉求；对汽车厂商来说，技术条件和生产条件是选型的主要影响因素。目前，我国乘用车变速器市场仍以手动变速器为主，新车市场的份额接近一半，但呈现逐年下降趋势，已从2009年的68.93%下降到2015年的46.09%。与此同时，自动变速器（包括液力自动变速器AT、电控机械自动变速器AMT、双离合变速器DCT和无级变速器CVT）的市场份额逐年提高，从2009年的30.99%增大到2015年的53.90%。AT，AMT，DCT，CVT的市场份额均呈上升趋势。其中，CVT的市场份额从2009年的2.89%提高到2015年的11.41%，DCT的市场份额从2009年的0.75%增长为2015年的8.13%，而AT的市场份额从2009年的27.26%增大到2015年的33.85%。2015年，在自动变速器中，AT占比为62.80%，占比有所降低，但仍为自动变速器市场主流。其次是CVT占比（21.18%）和DCT占比（15.08%）。

2009—2015年乘用车（不含EV）中各类自动变速器应用比例

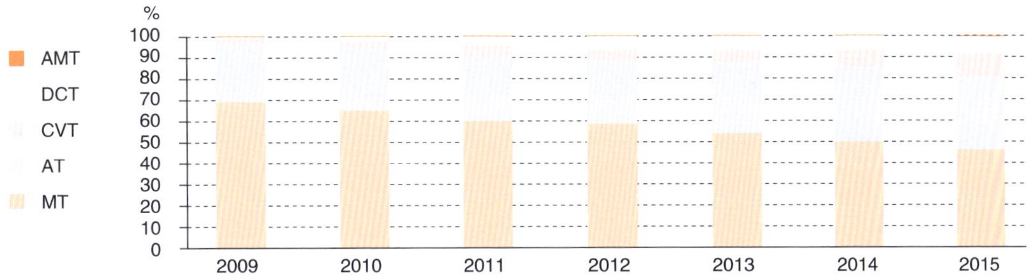

	2009	2010	2011	2012	2013	2014	2015
AMT	0.09	0.12	0.17	0.11	0.11	0.21	0.51
DCT	0.75	2.15	4.09	6.37	6.65	6.61	8.13
CVT	2.89	3.37	5.49	5.29	5.95	8.25	11.41
AT	27.26	29.34	30.23	29.77	33.33	35.12	33.85
MT	68.93	65.01	60.01	58.45	53.96	49.79	46.09

2015年新生产乘用车各类自动变速器市场份额

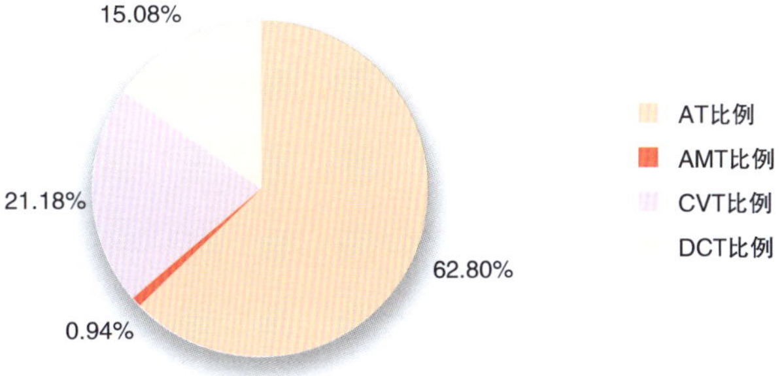

资料来源：根据相关资料整理

6挡及以上变速器渐成市场主流，多挡化趋势明显

近年来，我国新生产乘用车变速器呈现多挡化趋势。较多的挡位使变速器具有较大的变速比范围和较细密的挡位间变速比分配，能够最大限度地使车速与最佳的发动机转速相匹配，从而有利于改善汽车的动力性、经济性和换挡平顺性。从我国近年来新生产的乘用车变速器挡位的变化情况可以看到，5挡变速器占比仍然最高，但其与4挡变速器一样，市场份额呈下降趋势，从2009年的76.29%和12.01%分别下降到2015年的43.34%和3.44%。与此同时，6挡及以上变速器的市场份额大幅提升，从2009年的8.72%增大到2015年的41.72%，增加了33个百分点。

2009—2015年乘用车（不含EV）不同挡位数变速器市场份额

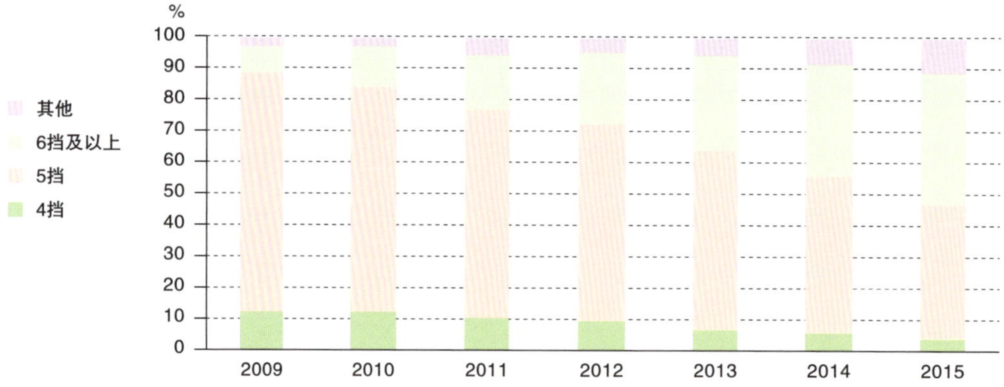

	2009	2010	2011	2012	2013	2014	2015
其他	2.97	3.39	5.49	5.3	5.95	8.36	11.51
6挡及以上	8.72	12.97	17.73	22.87	29.87	35.91	41.72
5挡	76.29	71.67	66.41	62.96	57.58	50.25	43.34
4挡	12.01	11.98	10.37	8.87	6.59	5.48	3.44

资料来源：根据相关资料整理

在先进供油技术和先进进气技术应用上，自主品牌远落后于合资品牌

从 2015 年新生产乘用车应用缸内直喷技术和涡轮增压技术的品牌情况可以看出，自主品牌汽车在先进的发动机供油技术和进气技术的应用上远远落后于合资品牌。有些合资品牌甚至 100% 的产品应用了这两项技术。

2015年新生产乘用车按品牌的缸内直喷技术应用情况

超过 5 万辆的品牌					
途观*	上海大众	速腾	一汽-大众	君越*	上海通用
新帕萨特*	上海大众	奥迪 Q5*	一汽-大众	汉兰达*	广汽丰田
昂科威*	上海通用	凌渡*	上海大众	比亚迪 S7*	比亚迪
迈腾*	一汽-大众	马自达 3 昂克赛拉*	长安马自达	奥迪 Q3*	一汽-大众
奥迪 A6L*	一汽-大众	凯美瑞	广汽丰田	BMW320Li*	华晨宝马
翼虎*	长安福特马自达	BMW525Li*	华晨宝马	奥迪 A3*	一汽-大众
奇骏	东风汽车	飞度*	广汽本田	威朗*	上海通用
高尔夫	一汽-大众				
超过 1 万辆的自主品牌					
比亚迪 S7	比亚迪	比亚迪秦	比亚迪	比亚迪 G5	比亚迪
MG GS	上海汽车	博瑞	浙江吉利	哈弗 H9	长城汽车
哈弗 H6 Coupe	长城汽车	比亚迪唐	比亚迪		

*采用率为100%或接近100%。

2015年新生产乘用车按品牌的涡轮增压技术应用情况

超过 5 万辆的品牌					
哈弗 H6*	长城汽车	蒙迪欧*	长安福特马自达	昂科拉*	上海通用
途观*	上海大众	奥迪 A4L*	一汽-大众	汉兰达*	广汽丰田
新帕萨特*	上海大众	速腾	一汽-大众	比亚迪 S7*	比亚迪
哈弗 H2*	长城汽车	奥迪 Q5*	一汽-大众	奥迪 Q3*	一汽-大众
昂科威*	上海通用	T600*	湖南江南	BMW320Li*	华晨宝马
迈腾*	一汽-大众	凌渡*	上海大众	锐界*	长安福特马自达
翼虎*	长安福特马自达	BMW525Li*	华晨宝马	君威	上海通用
高尔夫	一汽-大众	CS75	重庆长安	奥迪 A3*	一汽-大众
传祺 GS4*	广州汽车	奥迪 A6L	一汽-大众		
超过 2.5 万辆的自主品牌					
哈弗 H6	长城汽车	比亚迪 S7	比亚迪	东南 DX7	东南（福建）汽车
哈弗 H2	长城汽车	优 6 SUV	东风裕隆	比亚迪秦	比亚迪
传祺 GS4	广州汽车	MG GS	上海汽车	海马 S5	海马轿车
T600	湖南江南	哈弗 H6 Coupe	长城汽车	陆风 X7	江铃汽车
CS75	重庆长安	猎豹 CS10	安徽猎豹		

*采用率为100%或接近100%。

资料来源：根据相关资料整理

在先进自动变速器技术应用上，自主品牌远落后于合资品牌

从 2015 年新生产乘用车应用无级变速器 CVT 技术和双离合变速器 DCT 技术的品牌情况可以看出，自主品牌汽车在先进自动变速器技术的应用上远远落后于合资品牌。

2015年新生产乘用车按品牌的CVT技术应用情况

超过 5 万辆的品牌	
卡罗拉	一汽丰田
轩逸	东风汽车
奇骏	东风汽车
奥迪 A6L	一汽 - 大众
缤智	广汽本田
雅阁	广汽本田
雷凌	广汽丰田
CR-V	东风本田
天籁	东风汽车
XR-V	东风本田
奥迪 A4L	一汽 - 大众
RAV4	一汽丰田
飞度	广汽本田
超过 1 万辆的自主品牌	
启辰 T70	东风汽车
帝豪 EC7	浙江吉利
瑞虎 5	奇瑞汽车
海马 S5	海马轿车
瑞风 S3	安徽江淮
瑞虎 3	奇瑞汽车
和悦 S30	安徽江淮
风行景逸	东风柳州
风度 MX6	郑州日产

2015年新生产乘用车按品牌的DCT技术应用情况

超过 3 万辆的品牌	
新帕萨特	上海大众
迈腾	一汽 - 大众
福克斯	长安福特马自达
高尔夫	一汽 - 大众
速腾	一汽 - 大众
凌渡	上海大众
昂科威	上海通用
传祺 GS4	广州汽车乘用车
奥迪 Q3	一汽 - 大众
比亚迪 S7	比亚迪
索纳塔	北京现代
奔驰 GLA	北京奔驰
MG GS	上海汽车
翼搏	长安福特马自达
CC	一汽 - 大众
朗逸	上海大众
超过 1 万辆的自主品牌	
传祺 GS4	广州汽车
比亚迪 S7	比亚迪
MG GS	上海汽车
比亚迪秦	比亚迪
哈弗 H6 Coupe	长城汽车
T600	湖南江南
比亚迪唐	比亚迪

资料来源：根据相关资料整理

乘用车油耗与排量和整备质量反向变化体现技术进步

我国乘用车（不含新能源乘用车和出口乘用车）从2009年起全面实施第二阶段燃油经济性标准，降耗进程加速。乘用车按产量加权的平均油耗从2009年的7.77 L/100 km降低到2014年的7.12 L/100 km，共降低了8.4%，年均降幅1.7%。与此同时，平均排量和平均整备质量却分别提高了4.8%和9.1%。

我们知道，在同等技术水平下，油耗与排量和车重呈线性正相关关系。排量和车重越大，油耗越高。随着人们对汽车安全性、动力性和舒适性要求的不断提高，汽车排量和车重的增大往往不可避免。在这种情况下，要想满足日益严格的油耗法规要求，就必须采用一系列节能技术，以提高车辆的技术水平。下图所示的油耗、排量和整备质量反向变化的状况，是我国近年来乘用车技术进步的反映。

国产乘用车平均油耗、排量和整备质量的变化

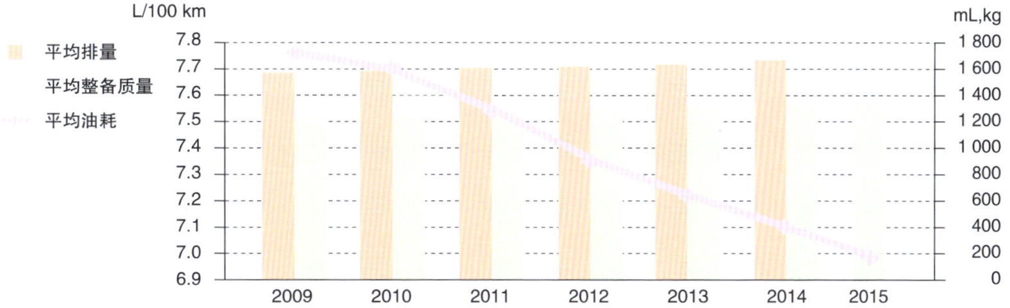

	2009	2010	2011	2012	2013	2014	2015
平均排量	1 569	1 584	1 609	1 622	1 634	1 644	—
平均整备质量	1 227.75	1 252.90	1 274.75	1 294.92	1 334.00	1 340.00	1 364.00
平均油耗	7.77	7.71	7.54	7.38	7.22	7.12	6.98

国产乘用车平均油耗、排量和整备质量相对值的变化

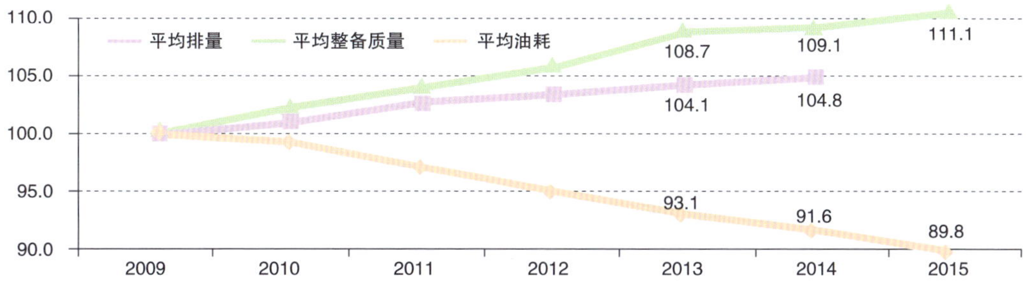

说明：设2009年为100，其他为与2009年相比的相对值。

资料来源：《中国汽车节能战略研究主报告》，UNIDO，工信部公告

主流排量区间为1～1.6L，市场份额逐年增大到67%以上

从我国乘用车（不含 EV）按排量的车型结构看，多年来一直以 1 ～ 1.6 L 为主流排量区间，且该排量区间车型市场份额逐年增大。近年来按排量的车型结构的主要变化：一是 1 L 以下小排量车型市场份额从 2009 年的 15% 左右降低到 2015 年的 2% 左右，特别是 2011 年之后出现持续下降；二是 1 ～ 1.6 L 排量占比从 2009 年的 55.72% 增大到 2015 年的 67.15%；三是 1.6 L 以下排量占比从 2009 年的 70.56% 下降到 2015 年的 69.26%；四是 1.6 ～ 2.5 L 区间车型市场份额基本稳定在 30% 左右。总体而言，主流排量区间车型市场份额的增大是与较小排量区间和较大排量区间市场份额的减少相对应的。

节能技术水平和发动机排量是影响汽车燃油经济性的两项重要因素。技术的发展和普及应用是一个相对漫长且耗资较大的过程，而排量的降低或车型结构的小型化则更易实现。相比日本 1 L 以下排量乘用车占比 30% ～ 40%，尚处于轿车普及阶段，特别是二、三线城市轿车普及阶段的我国，在车型小型化上是有发展空间的。由于这关乎市场选择，适宜的政策导向将是关键。

不同排量范围乘用车占比及当年平均排量

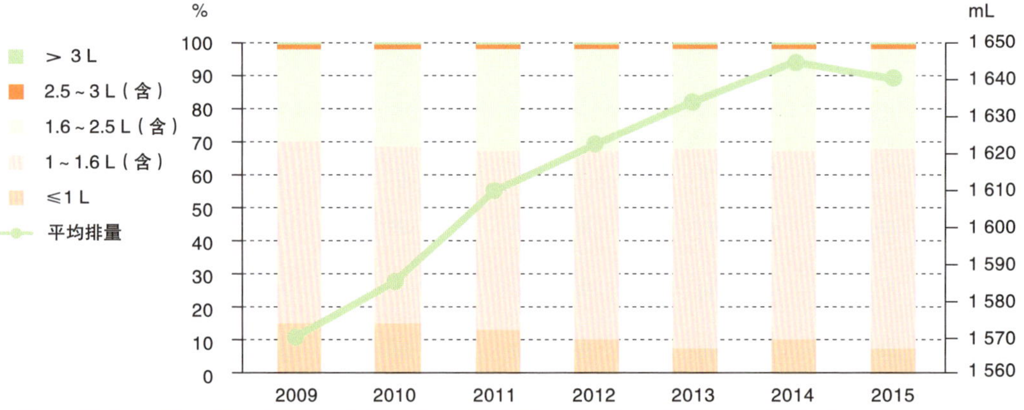

	2009	2010	2011	2012	2013	2014	2015
>3 L	0.25	0.31	0.35	0.23	0.21	0.11	0.06
2.5~3 L（含）	1.19	1.45	1.46	1.38	1.24	0.99	0.38
1.6~2.5 L（含）	27.99	29.32	30.47	30.59	30.35	30.58	30.31
1~1.6 L（含）	55.72	53.83	54.57	57.45	60.83	63.96	67.15
≤1 L	14.84	15.09	13.15	10.35	7.36	4.35	2.11
平均排量	1 569	1 584	1 609	1 622	1 634	1 644	1 639

资料来源：根据相关资料整理

国产乘用车企业CAFC整体达标，但近1/3的单个企业未达标

根据第三阶段油耗国家标准（GB27999—2011），企业平均燃料消耗量（CAFC）实际值与目标值的比值是判断企业是否达到当年燃料消耗量标准的依据。又由于规定了从2012—2015 年该比值每年降低 3 个百分点，从 109% 逐步达到 100% 的达标导入期，2014 年的达标判据为 103%，比值小于等于 103% 为达标，否则为不达标。

根据工信部关于 2014 年中国乘用车企业平均燃料消耗量核算情况的公告，88 家国产乘用车生产企业中，61 家企业达标，27 家企业未达标。88 家企业累计生产乘用车 1 901.30 万辆，其中自主品牌和合资品牌分别占比 28% 和 72%，未达标企业产量占比在 5% 以下。

整体而言，2014 年全部 88 家国产乘用车生产企业的 CAFC 实际值为 7.12 L/100 km（不含新能源汽车），比 2013 年的 7.23 L/100 km 降低了 1.5%，目标值为 7.40 L/100 km，CAFC 实际值与目标值的比值为 96%，低于 103% 的要求。在年产 10 万辆以上的企业中，企业 CAFC 实际值最低的 3 家企业是长安铃木、吉利汽车和比亚迪汽车，分别为 5.77 L/100 km、6.16 L/100 km 和 6.24 L/100 km；CAFC 实际值与目标值比值最低的三家企业是华晨宝马、长安马自达和比亚迪，分别为 82.2%、85.9% 和 88.1%。

2014 年十大最优 CAFC 达标乘用车生产企业

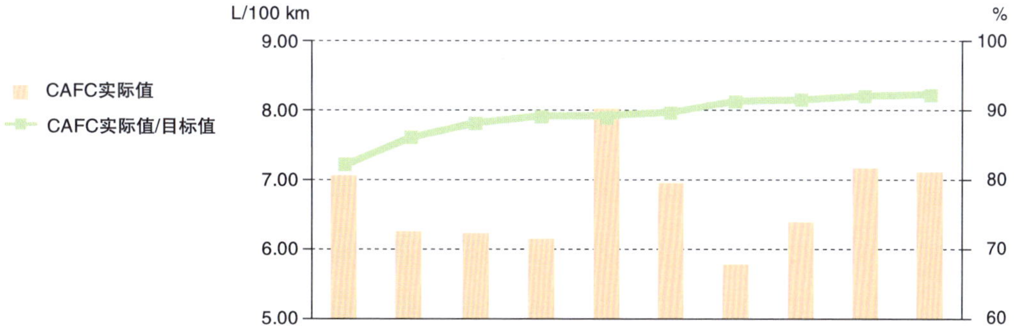

	华晨宝马	长安马自达	比亚迪	浙江吉利	北京奔驰	一汽大众	长安铃木	一汽丰田	长安福特	长城汽车
CAFC实际值	7.06	6.27	6.24	6.16	8.04	6.96	5.77	6.40	7.16	7.11
CAFC实际值/目标值	82.2	85.9	88.1	89.0	89.0	89.7	91.3	91.6	92.1	92.3

资料来源：工信部装备司中国汽车燃料消耗量网站、《中国乘用车燃料消耗量发展年度报告》，*i*CET

乘用车进口经销商企业CAFC整体达标，但近40%的单个企业未达标

根据工信部关于2014年中国乘用车企业平均燃料消耗量核算情况的公告，28家乘用车进口经销商的CAFC实际值为8.76 L/100 km，比国产乘用车企业的CAFC实际值（7.12 L/100 km，不含新能源汽车）高出23%，但比2013年的9.05 L/100 km降低了3.2%，降幅超过国产乘用车企业（1.4%）。

整体而言，2014年全部28家乘用车进口经销商的CAFC目标值为9.20 L/100 km，与2013年的9.12 L/100 km基本持平；CAFC实际值与目标值的比值为95.2%，比2013年的99.3%下降4个百分点，低于103%的要求。但28家企业中，尚有11家企业未达标，未达标比例将近40%。2014年进口量在1万辆以上的进口企业中，CAFC实际值最低的3家企业是沃尔沃、斯巴鲁和宝马，分别为7.74 L/100 km，7.86 L/100 km和7.95 L/100 km；CAFC实际值与目标值比值最低的3家企业是奔驰、宝马和沃尔沃，分别为87.1%、87.9%和89.3%。

2014年十大最优CAFC达标乘用车进口企业

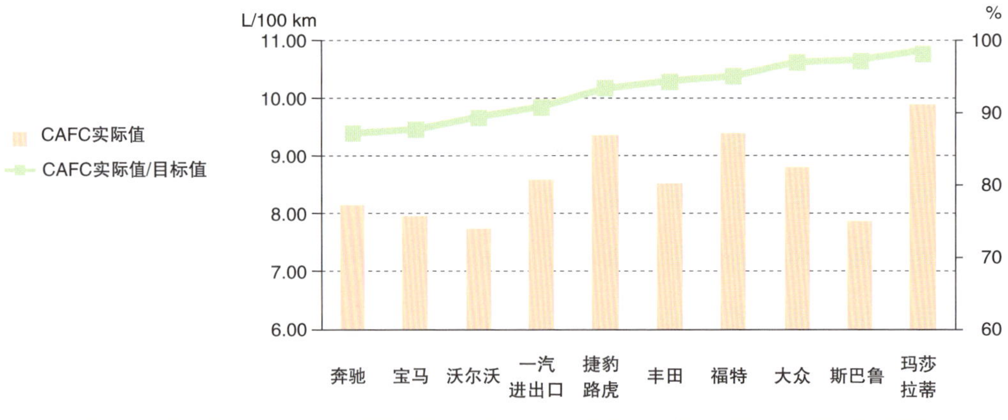

	奔驰	宝马	沃尔沃	一汽进出口	捷豹路虎	丰田	福特	大众	斯巴鲁	玛莎拉蒂
CAFC实际值	8.15	7.95	7.74	8.59	9.38	8.51	9.39	8.82	7.86	9.90
CAFC实际值/目标值	87.1	87.9	89.3	90.7	93.3	94.3	95.0	97.0	97.2	98.2

资料来源：工信部装备司中国汽车燃料消耗量网站、《中国乘用车燃料消耗量发展年度报告》，*i*CET

由企业平均油耗和平均整备质量分布看，4家企业处于低油耗区，7家企业处于高油耗区

2014年产量在1万辆以上的国产乘用车企业的平均燃料消耗量与平均整备质量的分布情况如下图。在图中，我们以全行业平均燃料消耗量（7.12 L/100 km）的水平线和平均整备质量（1 340 kg）的垂直线将图面分为4个部分。其中，右上角企业的平均整备质量和平均油耗均大于行业平均数，称为大整备质量区域；左下角企业的平均整备质量和平均油耗均小于行业平均数，称为小整备质量区域；右下角企业的平均整备质量大于行业平均数，但油耗低于行业平均数，称为低油耗区域；左上角企业的平均整备质量小于行业平均数，但油耗高于行业平均数，称为高油耗区域。

在企业平均燃料消耗量与平均整备质量分布图中，处于低油耗区域的企业有华晨宝马、一汽－大众、一汽海马和长城汽车，而处于高油耗区域的企业有奇瑞汽车、一汽吉林、东风神龙、上汽集团股份、重庆力帆、北汽银翔和昌河汽车。

2014年乘用车产量万辆以上企业平均油耗和平均整备质量分布

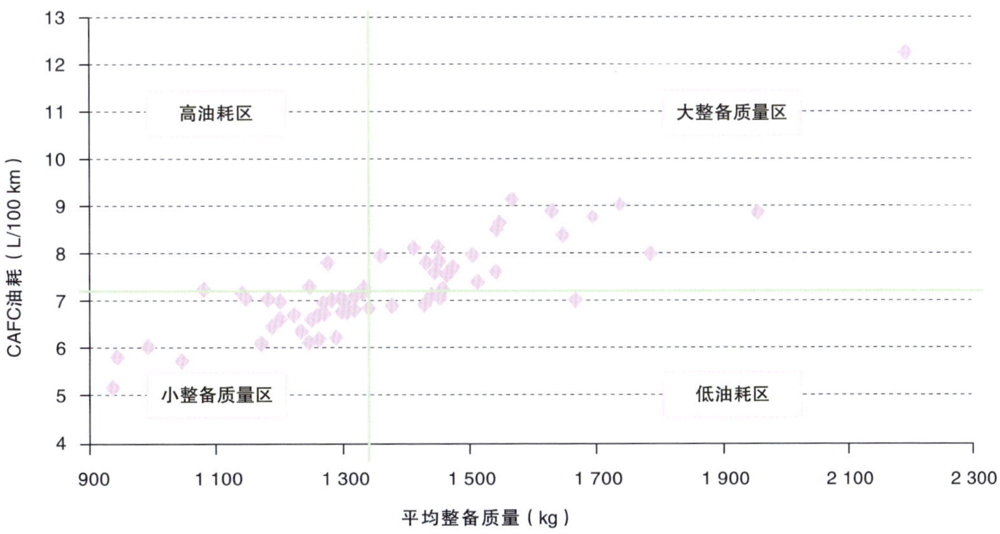

资料来源：工信部装备司中国汽车燃料消耗量网站、《中国乘用车燃料消耗量发展年度报告》，*i*CET

混合动力汽车从示范推广步入产业化阶段，但与国外技术差距仍较大

2015 年，日本和美国的混合动力汽车销量分别为 934 331 辆和 384 392 辆，已实现大规模产业化应用，并进入完全的市场竞争阶段。

“十一五”以来，我国混合动力汽车产业化步伐加速，一汽、东风、奇瑞、长安、北汽、华晨、吉利等轿车企业及东风、一汽、中通、五洲龙等客车企业成功研制多款混合动力产品，并成功为奥运会、世博会、“十城千辆”节能与新能源汽车示范推广试点工程提供产品支撑。“十二五”以来，我国混合动力汽车进入产业化阶段，已累计销售 29 228 辆，但与日本、美国相比，仍有较大差距。

主要国家混合动力汽车历年销量情况

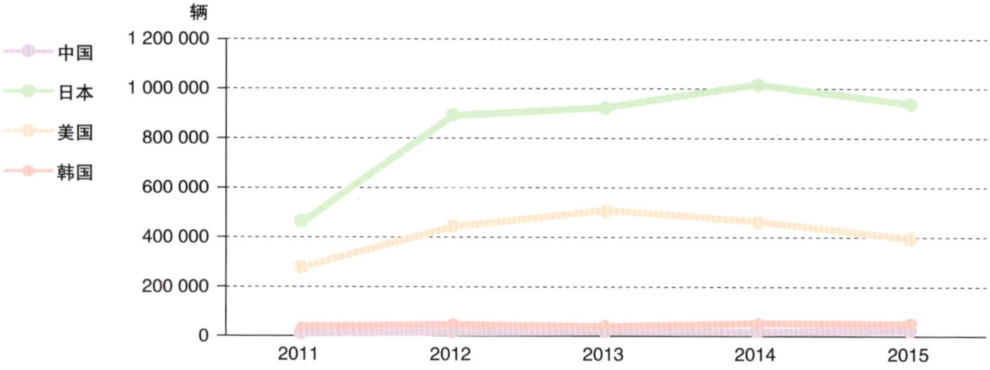

	2011	2012	2013	2014	2015
中国	0	5 101	6 797	7 001	10 329
日本	453 263	889 517	917 596	1 012 179	934 331
美国	268 807	434 504	495 685	452 152	384 392
韩国	20 271	37 030	28 092	35 664	38 473

资料来源：Marklines

混合动力汽车节油率不断提升

混合动力技术逐渐成熟，节油效果显著，已经在欧、美、日等国家和地区得到大规模应用。以丰田 Prius 第四代为例，其发动机排量为 1.8 L，动力性更强，高速时发动机转速大幅下降，燃油经济性达到 2.68 L/100 km；使用永磁交流同步电机，电机功率较大，采用 DC/DC 驱动，电压较高；电池电压 201.6 V，容量 6.5 Ah，纯电行驶里程 2 km。

我国混合动力轿车以中混及以下的混合动力系统为主。吉利、长城、华晨等推出多款产业化微混轿车车型，而上汽的荣威 750HEV 和长安的逸动 HEV 等为轻 / 中混车型。其中，长安逸动 Hybrid 采用发动机、ISG 电机、双质量飞轮和变速器的一体化动力总成设计，配备了先进的解耦式制动能量回收系统、高性能和高可靠性的镍氢动力电池，以及电动助力转向系统等。整车的动力强劲，综合工况油耗仅为 5.4 L/100 km，相比同级别传统轿车节油率达 25%，排放达到国 V 标准。

国内外混合动力乘用车技术参数对比

类别	参数	丰田 Prius 第四代（THS Ⅳ）	荣威 750 混合动力版	长安逸动 HEV
整车	长 / 宽 / 高（mm）	4 540/1 760/1 470	4 865/1 765/1 422	4 620/1 820/1 490
整车	整备质量（kg）	1 370	—	1 390
整车	基于传统车平台	—	荣威 750	逸动
发动机	类型	1.8L VVT-i	1.8L	1.5L D-VVT Bluecore
发动机	发动机循环	阿特金森循环	Kavachi	—
发动机	最大功率（kW）	72/(5 200r/m)	118/(5 500r/m)	86
发动机	最大扭矩（Nm）	142/(3 600r/m)	215/(2 500~4 500r/m)	145
发动机	燃油经济性（L/100km）	2.68	7.5（工信部）	5.4（工信部）
电机	类型	永磁交流同步电机	三相异步电机	—
电机	运行电压（V）	650	—	—
电机	最大功率（kW）	53	20	20.5
电机	最大扭矩（Nm）	163	60	105
电池	类型	镍氢	磷酸铁锂	镍氢
电池	电压（V）	201.6	115	144
电池	容量（Ah）	6.5	4.0	6

资料来源：根据相关网络资料整理

C-NCAP新车评价规程不断升级，汽车碰撞安全性长足进步

C-NCAP 是中国汽车技术研究中心于 2006 年推出的新车评价规程，是在统一试验工况下，对在我国销售的乘用车的碰撞安全性进行量化、规范化考核的评价规程。该评价规程经历了 2006 年、2009 年、2012 年和 2015 年 4 个版本，分别于 2006 年 7 月 1 日、2010 年 1 月 1 日、2012 年 7 月 1 日和 2015 年 7 月 1 日起实施。

4 个版本的评价规程在评价项目和分数算法等方面不断细化和完善，在最初的 50 km/h 正面 100% 重叠刚性壁障碰撞试验，56 km/h 正面 40% 重叠可变形壁障碰撞试验，50 km/h 可变形移动壁障侧面碰撞试验，以及安全带提醒和侧面安全带加分项基础上，逐渐增加或调整了儿童安全座椅固定装置加分项，正面 40% 重叠碰撞速度提高到 64 km/h，增加了低速后碰撞颈部保护试验，增加了对汽车稳定控制系统加分项等，对汽车安全性能的要求不断提高。

截至 2015 年第四季度，共测评车辆 311 辆。从测评成绩看，获 5 星级评价的汽车比例从 2006 年的 8.30% 提高到 2014 年的 92.50%。2015 年全年获 5 星级评价的汽车比例为 83.67%。其中，2015 年下半年由于新规程加严，获 5 星级评价的汽车比例仅为 52.94%，拉低了全年成绩。

2006—2015 年获 C-NCAP 五星的测评车比例

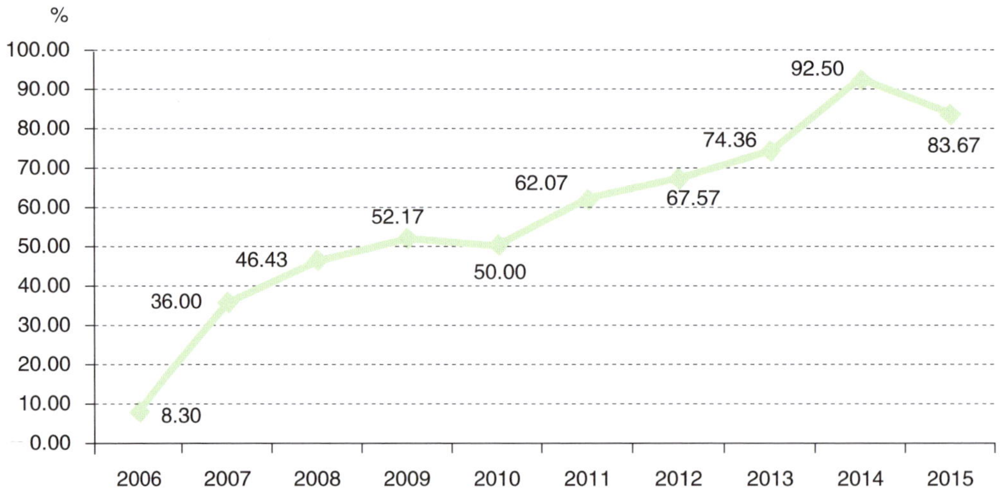

资料来源：《中国汽车安全发展报告》、中国新车评价规程（C-NCAP）官方网站

乘用车安全气囊标配率超过90%，多气囊成发展趋势

汽车安全技术分为被动安全技术和主动安全技术。主动安全技术是指为了避免安全问题发生而采取的安全技术；被动安全技术是指车辆发生安全事故后，为了减少人员和财产损失而采取的安全技术。其中，汽车被动安全技术主要体现在车身结构设计、乘员约束系统、行人保护技术和被动安全零部件设计等方面。安全气囊属于乘员约束系统部件。

汽车安全气囊按照气囊数量可分为单气囊、双气囊和多气囊，按照控制方式可分为电子式和机械式，而按照不同撞车方位和保护乘员的不同部位可分为正面安全气囊、侧面安全气囊、膝部安全气囊、腿部安全气囊和足部安全气囊等。从安全气囊发展趋势看，侧面安全气帘、翻滚气袋及防滑座椅气囊、头胸臂一体式保护侧面安全气囊、一体式正面保护气囊、制动辅助气囊等新型安全气囊使安全气囊的应用形式不断扩展。

下图为我国乘用车安全气囊标配情况（不含选装）。可见，安全气囊的标配率逐年提高，驾驶员正面和前排右侧正面安全气囊的标配率已达 90% 以上，不少车型从单气囊向双气囊、多气囊发展。

2009—2015 年乘用车安全气囊标配率

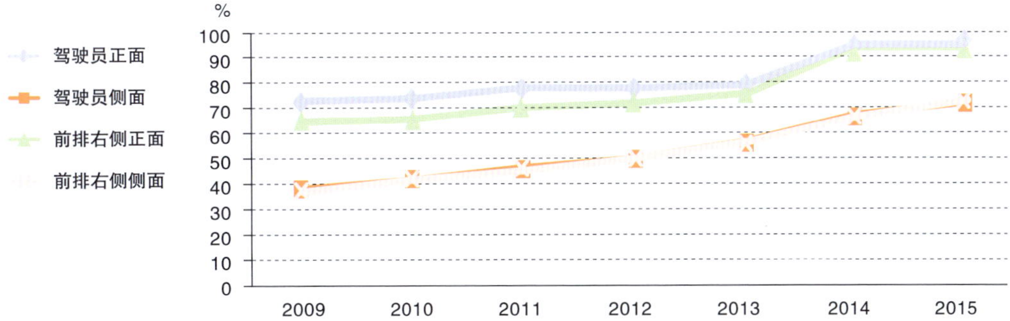

	2009	2010	2011	2012	2013	2014	2015
驾驶员正面	71.3	72.4	76.4	76.2	76.8	92.6	93.9
驾驶员侧面	37.3	40.8	45.4	48.9	55.1	65.3	70.6
前排右侧正面	63.0	63.8	69.1	71.4	74.5	91.4	92.3
前排右侧侧面	37.3	40.6	45.3	48.8	55.0	65.2	70.5

数据来源：根据相关资料整理

乘用车ABS标配率接近90%

主动安全技术是当前及未来一段时间汽车安全发展的重点领域。汽车主动安全技术主要包括底盘主动控制技术、驾驶员辅助控制技术和自动驾驶控制技术三大类。其中，防抱死制动系统 ABS 是应用最早的底盘主动控制技术。

ABS 通过反复减小或增大制动力保证车轮既受到制动，又不完全抱死，使轮胎获得与路面之间的最大纵向附着力，能够有效克服紧急制动时的侧滑、甩尾等情况，防止车身失控，提高车辆的制动稳定性。目前最先进的是四传感器四通道 ABS，即每个车轮都由独立的液压管路和电磁阀控制，从而实现良好的防抱死功能。在欧、美、日，ABS 为标准配置。我国乘用车 ABS 标配率快速增长，2015 年已接近 90%。

随着汽车电子技术和控制技术的发展，底盘一体化控制技术成为底盘主动控制技术的主要发展方向。其中，以电子稳定控制系统集成防抱死制动系统 ABS，并加入电子制动力分配系统、制动辅助系统、牵引力控制系统等多个功能的集成方案为当前的主流技术方案之一。

2009—2015 年乘用车 ABS 标配率

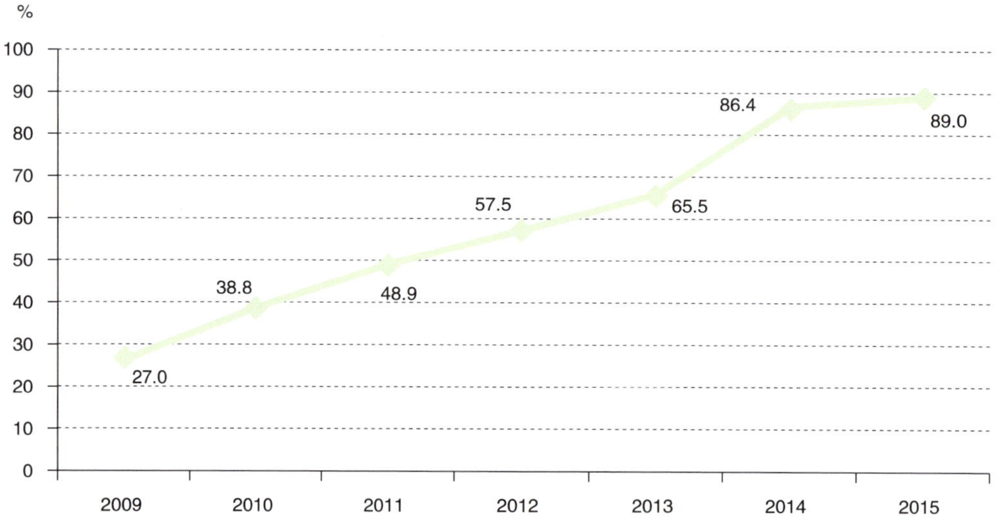

资料来源：根据相关资料整理

2015年新能源汽车销量超过美国成世界第一

新能源汽车

在能源制约、环保压力的大背景下，近年来，全球新能源汽车市场渗透明显加速。2015年，全球新能源汽车销量达到54.9万辆，较2014年同比增长72.8%，在全球汽车销量中的占比由2014年的0.36%上升为2015年的0.66%。

分国别来看，2015年，受益于中央和地方各项扶持政策的协同效应，我国新能源汽车销量为331 092辆，同比增长3.2倍，首次超过美国，成为全球新能源汽车第一大市场。其中，纯电动汽车和插电式混合动力汽车销量分别为247 482辆和83 610辆，比2014年的48 605辆和29 894辆分别增长4.1倍和1.8倍。

2011—2015年中国新能源汽车销量

2015年世界主要国家新能源汽车销量

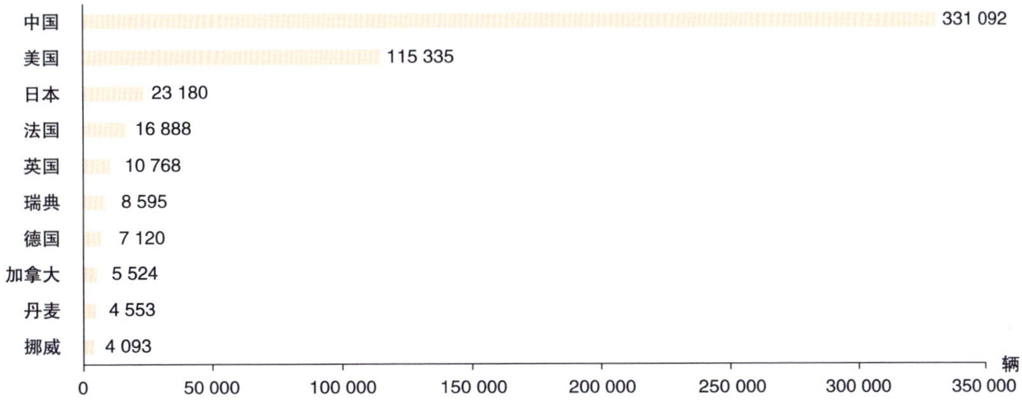

资料来源：中国汽车工业协会、marklines数据库

2015年世界销量最大的20款新能源汽车中中国占9款

2015 年，全球新能源汽车累计销售 54.9 万辆。销量排名前 20 位的车型合计销量为 40.1 万辆，占全球新能源汽车市场份额的 73%。其中，特斯拉 Model S 以 51 390 辆的销量位居第一。比亚迪秦、康迪 K11、比亚迪唐、北汽 E 系列、众泰 Z100、荣威 550PHEV 等 9 款中国车型榜上有名。

2015 年世界销量最大的 20 款新能源汽车车型

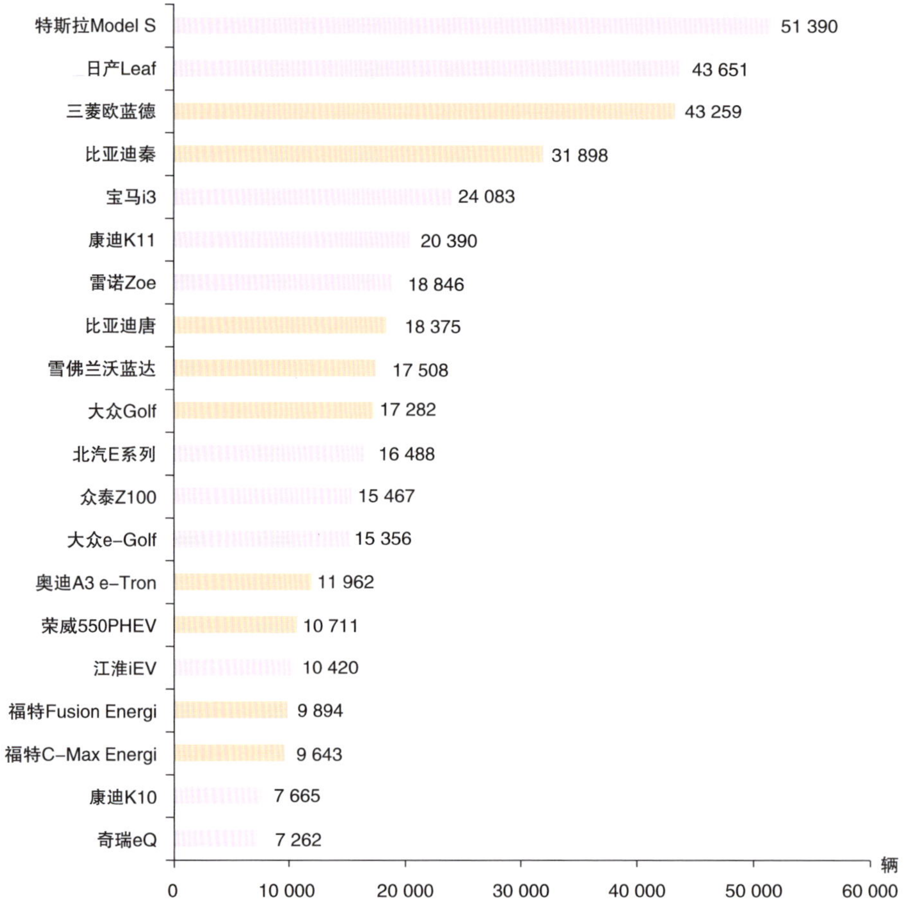

说明：为EV纯电动汽车车型，为PHEV插电式混合动力车型。

资料来源：盖世汽车网

截至2015年年底，我国累计生产新能源汽车49.84万辆

截至 2015 年年底，我国新能源汽车累计生产 49.84 万辆。在中央及地方密集出台多项扶持政策的背景下，2014 年和 2015 年爆发式增长，两年产量合计为 46.38 万辆，占累计产量的 93.1%。2015 年，我国生产新能源汽车 37.9 万辆，同比增长 3 倍，占汽车总产量 2 450.33 万辆的 1.5%。

新能源汽车中，纯电动乘用车占比最大，截至 2015 年年底，纯电动乘用车累计产量为 19.98 万辆，占新能源汽车累计产量的 40.09%。其次是纯电动商用车，累计产量为 17.39 万辆，占新能源汽车累计产量的 34.89%。

2009—2015年新能源汽车累计产量

	项目		产量（辆）			
			2009—2013年	2014年	2015年	累计
车辆类型	纯电动	乘用车	18 151	38 872	142 800	199 823
		客车	5 055	12 717	147 900	173 946
		专用车	4 856	3 418		
	插电式混合动力	乘用车	1 686	16 558	63 600	81 844
		客车	4 774	13 313	24 600	42 687
		专用车	0	0		
	燃料电池	乘用车	90	6	0	96
		客车	6	0	0	6
合计			34 618	84 884	378 900	498 402

各类新能源汽车累计产量占比情况

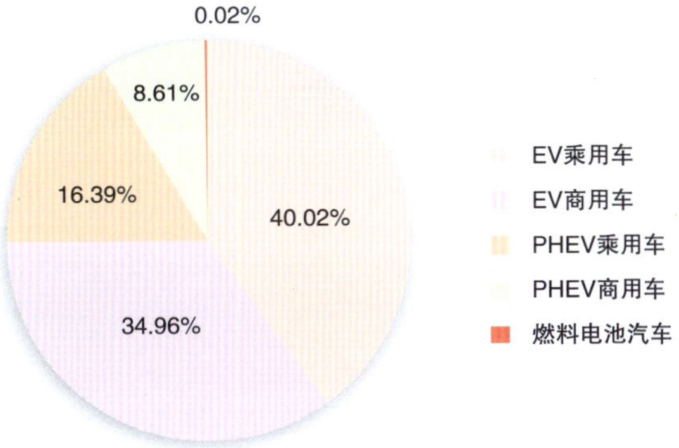

资料来源：根据机动车整车出厂合格证统计

截至2015年年底，新能源汽车累计推广规模383 285辆

据科技部统计，截至2015年年底，全国39个新能源汽车示范推广应用城市（区域）累计推广应用新能源汽车规模达到383 285辆，超额完成计划，计划完成率为114.08%。

其中，上海新能源汽车推广规模为55 712辆，计划完成率为557.12%，主要得益于插电式混合动力汽车比亚迪秦的爆发式增长。湖南、浙江、青岛等城市的计划完成率在200%以上。截至2015年年底，深圳、北京新能源汽车推广规模分别为34 361辆和32 805辆，基本达到计划目标，计划完成率分别为98.17%和93.73%。

截至2015年年底部分城市（区域）新能源汽车累计示范推广规模

序号	城市（区域）	推广目标（辆）	截至2015年年底推广规模（辆）	目标完成率（%）
1	上海	10 000	55 712	557.12
2	深圳	35 000	34 361	98.17
3	北京	35 000	32 805	93.73
4	江苏省城市群	18 085	26 689	147.58
5	浙江城市群	10 100	25 353	251.02
6	河北城市群	15 141	21 323	140.83
7	长株潭	6 100	19 282	316.10
8	广东城市群	10 000	16 662	166.62
9	广州	10 000	14 572	145.72
10	天津	12 000	13 738	114.48
11	青岛	5 200	12 035	231.44
12	武汉	10 500	10 539	100.37
13	合肥	5 720	8 907	155.72
14	成都	5 000	6 658	133.16
15	江西城市群	5 300	6 470	122.08
16	郑州	5 500	6 420	116.73
17	临沂	5 690	6 139	107.89
18	芜湖	5 110	5 470	107.05
19	大连	5 000	5 221	104.42
20	西安	11 000	5 074	46.13

资料来源：科技部

公交车和租赁用车是公共领域新能源汽车主力

截至2015年10月，全国39个推广应用城市（区域）累计推广新能源汽车205 201辆。分领域来看，私人领域新能源汽车推广数量为91 792辆，占新能源汽车推广总量的45%；公共领域新能源汽车推广数量为113 409辆，占新能源汽车推广总量的55%。

公交车和租赁用车是公共领域新能源汽车的两大主力。其中，公交车推广数量为37 553辆，占公共领域推广数量的33%；得益于近年来分时租赁等商业模式的兴起，新能源汽车在租赁领域的推广数量不断增加，占到公共领域新能源汽车推广总量的28%。

新能源汽车示范推广领域分布

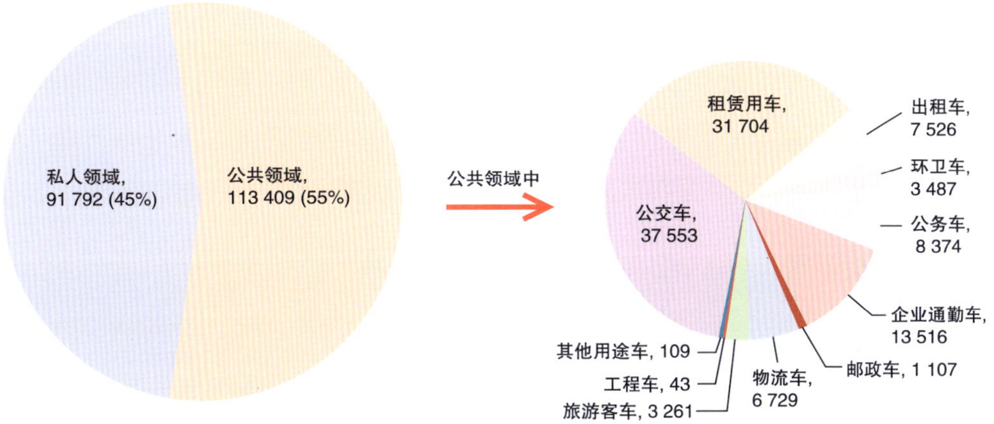

资料来源：节能与新能源汽车网

新能源汽车示范推广成效与相关政策关系密切

从不同区域推广情况来看，新能源汽车推广应用规模在1万辆以上的城市（区域）有6个，依次为上海、北京、浙江、广东、江苏、深圳，占总量的58.74%；推广应用规模在0.3万～1万辆的城市(区域)有14个，依次是合肥、广州、河北、湖南、天津、武汉、临沂、西安、郑州、福建、青岛、大连、江西、重庆，占总量的33.58%；推广规模在0.1万～0.3万辆的城市（区域）有6个，占总量的4.66%；推广规模不足0.1万辆的城市（区域）有13个。

从目标完成情况来看，上海、浙江、广东等城市（区域）超额完成2015年的推广目标。北京、深圳新能源汽车推广量较大，但尚未达到计划目标。总体来讲，一线城市受不限牌、不限行、较高地方补贴等优惠政策及基础设施配套较好等因素影响，新能源汽车示范推广成效显著。

不同推广规模的新能源汽车推广应用城市情况（截至2015年10月）

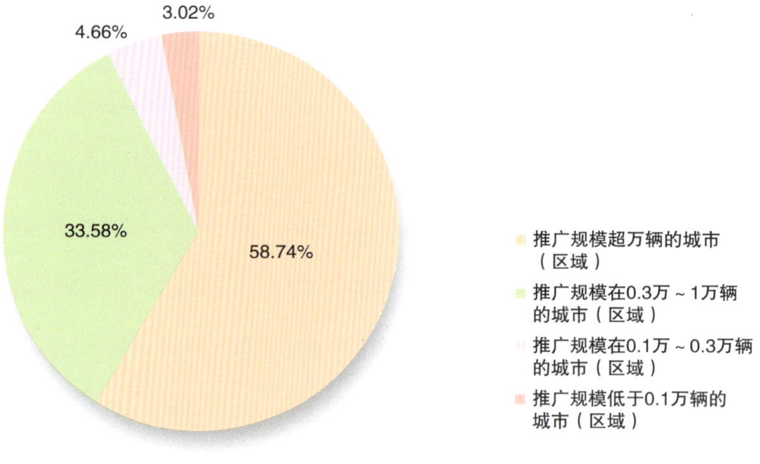

资料来源：节能与新能源汽车网

纯电动乘用车技术进步显著，部分中高端产品达到国际一流水平

近年来，我国在纯电动乘用车产品及技术研发领域取得阶段性成果，部分中高端产品达到国际一流水平，具备了商业化推广条件。代表性产品有腾势电动车、启辰晨风电动车等。由于采用新型的三元锂电池代替磷酸铁锂电池，电动乘用车的续驶里程得到大幅度提高。

以北汽 EV200 为例，相比 E150EV 增加了 80 km，达到 245 km。但与国外产品相比，国内纯电动汽车在电机输出功率、最高车速和加速性能等方面还有不小的差距。

部分国内外纯电动乘用车产品技术参数对比

车型		EV200	逸动 EV	荣威 E50	e6	腾势 EV	启辰晨风	宝马 i3EV 版	Tesla S
	生产企业	北汽	长安	上汽	比亚迪	比亚迪·戴姆勒	东风日产	宝马	特斯拉
整车参数	上市时间	2014.12	2015.2	2012	2012	—	2014.9	2014	2012
	车长（mm）	4 025	4 620	3 569	4 560	4 642	4 467	4 006	4 979
	整备质量（kg）	1 295	1 610	1 080	2 380	2 090	1 494	1 195	2 090
驱动电机	电机类型	永磁同步	永磁同步	永磁同步	永磁同步	永磁同步	永磁同步	永磁同步	异步
	最大功率（kW）	53	90	52	90	86	109	125	225
	最大扭矩（Nm）	180	280	155	450	290	254	250	600
动力电池	电池类型	三元锂电	锂离子	磷酸铁锂	磷酸铁锂	磷酸铁锂	磷酸铁锂	锂离子	锂离子
	电池能量（kWh）	30.4	26	18	63.4	47.5	24	19	70
整车性能	最高车速（km/h）	125	140	130	130	120	145	150	200
	0～100 km/h 加速时间（s）	15	4（0～50 km）	14.6	—	14	—	7.2	6.2
	续驶里程（km）	245	200	120	260	253	175	160	370
参考价格（万元，补贴之后）		22.69	23.49	23.49	30.98	36.9	26.78	41.68	64.11

资料来源：《车辆生产企业级产品公告》，工信部

纯电动乘用车换代产品技术进步显著

江淮同悦电动车作为国内纯电动乘用车的典型产品，几经改进已进入第五代，是国内纯电动乘用车技术进步的代表。

iEV4 相比 iEV3，外形、配套电池能量、电机功率没有太大改变，但通过轻量化技术，使整备质量降低了 4.8%，并通过优化整车能耗，使车辆最大续驶里程提高了 17%。

iEV5 采用的永磁同步电机最大功率 50 kW，三元锂电池 23.3 kWh，最高时速 120 km/h，新车最大续驶里程 200 km，较前几代车型能耗控制水平显著提高。2016 年 4 月 25 日，升级了动力电池系统的 iEV5+ 上市，搭载的三星三元锂电池的容量为 33 kWh，综合工况下续驶里程达 251 km。

江淮iEV系列电动汽车技术参数

车型		iEV3	iEV4	iEV5	iEV5+
	上市时间	2013	2014.2	2015.4	2016.4
整车参数	车辆尺寸（长/宽/高）(mm)	4 155/1 650/1 445	4 190/1 650/1 445	4 320/1 710/1 515	4 320/1 710/1 515
	整备质量（kg）	1 260	1 200	1 250	1 260
驱动电机	电机类型	永磁同步	永磁同步	永磁同步	永磁同步
	额定功率 / 最大功率（kW）	18/42	18/42	25/50	25/50
	最大扭矩（Nm）	170	170	215	215
动力电池	电池类型	磷酸铁锂	磷酸铁锂	三元锂电	三元锂电
	电池组能量（kWh）	19.2	19.2	23.3	33
	电池额定电压（V）	307	307	307	307
整车性能	最高车速（km/h）	100	95	120	102
	0~50 km/h 加速时间（s）	6	6	6	6
	综合工况续驶里程（km）	130	152	200	251
	最大爬坡度（%）	25	25	25	25
	百公里能耗（kWh）	14.6	12.5	14	14

资料来源：江淮汽车官方网站

插电式混合动力乘用车技术达到国际领先水平，换代产品技术进步显著

我国插电式混合动力乘用车产品性能和可靠性明显提升，有的已接近国际先进水平。代表性产品有比亚迪秦、上海荣威550Plug-in等。

秦为比亚迪第二代插电式混合动力车型，与上一代车型F3DM相比，技术水平全面提升。其发动机采用了涡轮增压、燃油直喷等先进技术，最高车速提高超过20%，加速时间缩短42%；以DCT取代了CVT。在车辆整备质量增加的条件下，燃油经济性显著提升。2015款增加了“移动电站”技术，为车辆充电提供了较大便利。

2015款荣威550Plug-in在核心动力、智能配置等方面均有显著提升。纯电续驶里程和百公里油耗均有所改善，并搭载全新升级的inkaNet5.0智能网络行车系统，为消费者带来高效智能的多网互联4G驾驶体验。

部分国内外插电式混合动力乘用车产品技术参数对比

	比亚迪		上汽集团		丰田	通用
	F3DM	秦	荣威 550Plug-in	2015款荣威 550Plug-in	Prius PHEV	Volt
车长（mm）	4 533	4 740	4 648	4 648	4 480	4 498
整备质量（kg）	1 560	1 720	1 670	1 699	1 420	1 700
动力系统	1.0 L汽油机+50 kW电机	1.5 L汽油机+110 kW电机	1.5 L VTi-Tech发动机，永磁电机	1.5 L VTi-Tech发动机，永磁电机	直列4缸/顶置双凸轮轴/电喷/16气门发动机，永磁电机	1.4 L直列四缸发动机，两套日立永磁电机
电池能量（kWh）	16	13	11.8	11.8	8	16.5
纯电续驶里程（km）	80	70	58	60	26.5	80
最高车速（km/h）	150	185	200	200	180	160
0~100 km/h加速时间（s）	10.5	5.9	10.5	9.5	9	9
厂方综合油耗（L/100 km）	2.6	1.6	2.3	1.6	2.6	2.5
混合动力模式油耗（L/100 km）	6.5	6.08	7.6	5.4	—	—

资料来源：各汽车企业官方网站

燃料电池汽车技术取得重大进展，示范运行取得良好社会效益

在国家“863”计划“十五”“十一五”“十二五”的支持下，我国的氢能燃料电池研发取得重大进展。初步掌握了燃料电池关键材料和电堆、动力系统、整车集成和氢能基础设施的核心技术，基本建立了具有自主知识产权的燃料电池汽车动力系统技术平台，实现了百辆级动力系统与整车的生产能力。

产品技术方面，由同济大学、上海燃料电池动力系统有限公司牵头研发的燃料电池轿车最高车速达 122 km/h，续驶里程 220 km，百公里氢燃料消耗 1.12 kg，形成了燃料电池能量源与动力电池功率源电 - 电混合动力系统技术特色。清华大学牵头研发的燃料电池客车最高车速 86 km/h，百公里氢燃料消耗 3.3 kg（40 km/h 匀速）。

应用示范领域，我国先后完成了北京奥运燃料电池汽车规模示范、上海世博燃料电池汽车规模示范、UNDP 燃料电池城市客车示范以及广州亚运会、深圳大运会等的运行，取得了良好的社会效益。

燃料电池客车产品技术进步情况

	同济大学“863”燃料电池轿车项目				清华大学“863”燃料电池客车项目				
时期	“十五”		“十一五”	“十二五”	“十五”		“十一五”		“十二五”
典型车型	S3000	东方之子	样车	—	BK6110 样车	BF6120 样车	示范车	平台车	—
最高车速（km/h）	122	122	152.1	80	85	86	80	82	85
加速度 0~100 km/h（s）	19	18.5	15	—	25.5	30.9	21.7	18.0	＜25（0~50km/h）
爬坡度（%）	≥ 20	≥ 20	≥ 20	—	≥ 20	≥ 18	18	19.2	18
一次充氢续驶里程（km）	220	237	319	≥ 300	250 ～ 300	250	243.5	431.6	≥ 300
氢燃料消耗（kg/100km）	1.12	0.956	1.192	＜1	4 ～ 8	4.8 ～ 9.5	7.75	7.42	≤ 9

资料来源：科技部“863”计划节能与新能源汽车重大项目

充电基础设施总体规模稳步上升，初步构建起城市和城际充电网络

“十二五”以来，我国充电基础设施建设取得显著成就。截至2015年年底，累计建设充换电站3 600座，公共充电桩49 000个。其中：北京、上海、深圳、杭州、合肥等地建成较大规模的城市充电服务网络，初步满足了新能源汽车在试点城市的充电需求；苏沪杭地区初步建成城际充电服务网络；京沪、京港澳、青银等高速公路沿线的省际充电服务网络也已基本建成。充电基础设施建设为下一步电动汽车产业化奠定了坚实基础。

从国际比较看，与日本《下一代汽车战略2010》设立明确的充电基础设施量化目标不同，中国与美国、德国等国家未提出这样的定量目标，但提出了总体上要使充电基础设施的建设适应电动汽车发展需求的基本原则。从充电基础设施发展特点看，中国、美国公共充电基础设施建设规模相对较大，而日本在快速直流充电桩建设规模方面相对领先。

部分国家充电基础设施建设目标和现状

国家	目标	现状
美国	到2020年，工作场所充电设施数量较2015年增长10倍	截至2014年年底，公共Level2充电桩、DC桩和超级充电桩共25 601个。其中，加州数量最多，达到7 321个
日本	2020年充电设施发展目标：AC桩 200万个，DC桩5 000个	截至2014年年底，公共充电桩保有量超过1万个，其中DC桩3 093个；截至2015年5月，DC桩5 000个，提前5年完成2020年建设5 000个DC桩目标
德国	2020年电动汽车保有量100万辆，配备适应需求的充电基础设施	截至2015年年底，电动车充电站共建设2 100座
中国	至2020年，充电设施建设需要与新能源汽车产销规模相适应	截至2015年年底，累计建设充换电站3 600座，公共充电桩49 000个，初步构建起城市和城际充电网络

2011—2015年
我国充电基础设施建设情况

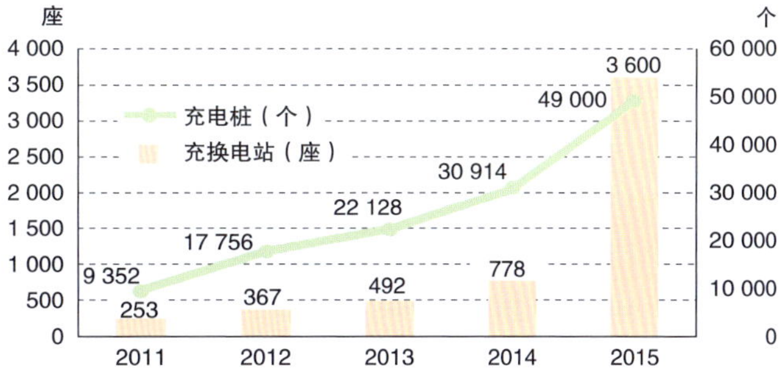

资料来源：国家能源局、EVI、IEA、《Global EV Outlook 2015》

动力电池配套量前三企业市场份额为50%，市场集中度较高

2014 年，世界动力电池生产量大幅增长，达到 10 012.8 MWh（MWh=10^6Wh），比 2013 年增长 109.39%。其中，AESC，LG 和比亚迪为全球三大锂动力电池生产企业，锂动力电池出货量超过 1G Wh（GWh=10^9Wh）。

我国动力锂电池产量 2014 年为 3 997 MWh, 较 2013 年增长 19%。与新能源汽车配套量（Wh）位居前三的厂家（比亚迪、国轩高科、万向）合计市场份额超过 50%，市场集中度较高。其中，比亚迪以 27.5% 的市场份额排名第一。

2014 年世界主要动力电池企业市场份额（%）

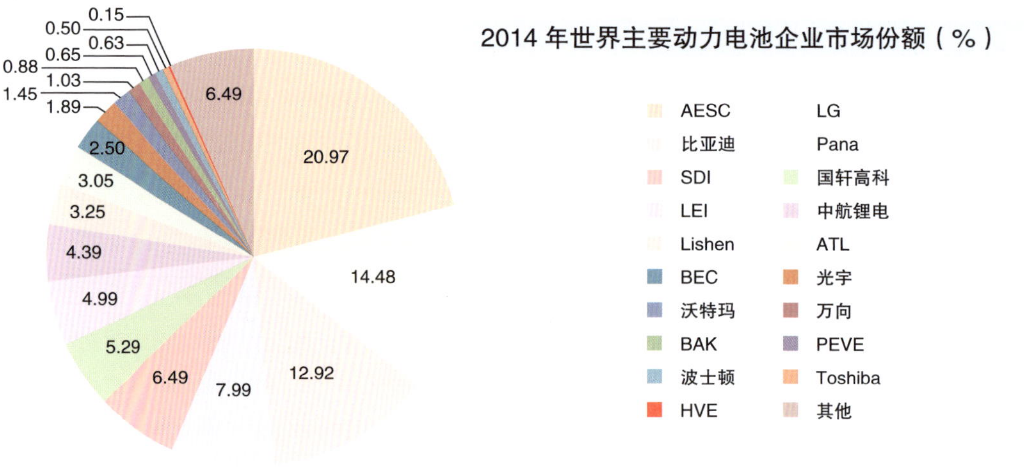

2014年主要企业车用动力电池配套情况

排行	企业	年配套台数	储电量（kWh）	市场份额（%）
1	比亚迪	18 229	1098 693	27.50
2	国轩高科	9 428	648 755	16.20
3	万向	8 364	256 067	6.40
4	沃特玛	2 516	225 825	5.60
5	宁德	223	184 359	4.60
6	中聚（天津）	6 639	142 383	3.60
7	盟固利	3 541	113 292	2.80
8	天津力神	1 747	97 273	2.40
9	北京普莱德	2 339	79 838	2.00
10	哈尔滨光宇	2 481	67 940	1.70

资料来源：EV Tank、节能与新能源汽车网

三元系锂电池技术优势明显，市场份额快速提升

磷酸铁锂电池在电动汽车上的应用受限于其能量密度问题。三元系锂电池与磷酸铁锂电池相比，造价较高，但能量密度高，低温性能好。所采用的陶瓷隔膜，当电池内部短路时，可隔开短路源，所以明显提高了三元系锂电池的安全性能。全球范围内，三元系锂电池的研发生产日益受到重视，材料性能得到不断的提升，应用领域得到不断的拓展。

2014 年以来，北汽新能源、江淮、奇瑞等企业都开始在新车型上应用三元系锂电池，而一直使用磷酸铁锂的比亚迪也计划在新车型上应用这一技术。预计未来一段时间内，中国动力电池领域将由目前的磷酸铁锂电池、三元系锂电池的并行态势逐渐向三元系锂电池倾斜。据高工产研锂电研究所（GGII）的数据，2015 年上半年我国汽车动力锂电池产值为 112 亿元。其中三元系锂电池占比由 2014 年的 10% 大幅上升至 21%。

部分新能源汽车车型及其动力电池情况

车型名称	电池类型	电池容量（kWh）	工况续驶里程（km）
北汽 EV150 二代	三元系	30	200
北汽 EV200	三元系	30.4	245
北汽 ES210	三元系	38	210
奇瑞 eQ	三元系	22.3	200
江淮 iEV4	磷酸铁锂	19.2	152
江淮 iEV5	三元系	23.3	200
上汽 E50	磷酸铁锂	18	120
比亚迪 e6 2015 款	磷酸铁锰锂	63.4	260
腾势 2014 款	磷酸铁锂	47.5	253
吉利知豆	三元系	15.1	150
启辰晨风	锰酸锂	24	175
长安逸动 EV	三元系	26	200
众泰芝麻 E30	三元系	16	150
众泰云 100	三元系	18	155

资料来源：各汽车企业官方网站

车用电机技术进步显著，永磁同步电机占主导

新能源汽车的快速发展，带动车用驱动电机市场规模迅速增长。以上海电驱动、精进电动、上海大郡、南车时代电动汽车为代表的国内主要驱动电机企业，在电机制造工艺、原材料、关键零部件及系统集成技术等方面均有所突破，车用电机及其控制系统产业链基本形成。这些企业在乘用车驱动电机系统和商用车驱动电机系统方面均推出多款驱动电机产品和样机，功率范围在 42 ～ 200 kW。

2015 年永磁同步电机、交流异步电机、无刷直流电机配套占比分别为 69%、25%、6%。永磁同步电机为我国驱动电机的主流技术产品。

2015 年不同类型电机装车数量及市场份额（%）

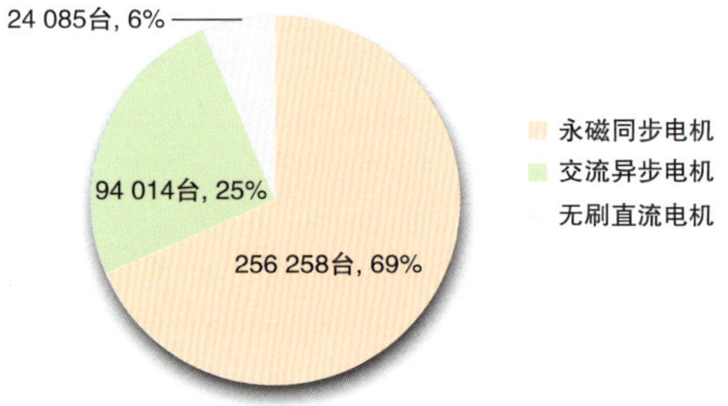

2015年不同类型电机配套车型及占比

车辆类型	电机类型	装车规模（辆）	占比（%）	合计（辆，%）
纯电动乘用车	永磁同步	68 963	18.4	150 528，40.2
	交流异步	59 218	15.8	
	无刷直流	22 347	6.0	
纯电动客车	永磁同步	79 422	21.2	88 248，23.6
	交流异步	8 552	2.3	
	无刷直流	274	0.1	
纯电动专用车	永磁同步	26 469	7.1	47 778，12.8
	交流异步	19 846	5.3	
	无刷直流	1 463	0.4	
插电式混合动力乘用车	永磁同步	63 755	17.0	63 755，17
	交流异步	0	0.0	
	无刷直流	0	0.0	
插电式混合动力客车	永磁同步	17 649	4.7	24 048，6.4
	交流异步	6 398	1.7	
	无刷直流	1	0.0	

资料来源：节能与新能源汽车网

汽车轻量化

汽车轻量化包含设计、材料和制造技术三大研究方向，并非简单的材料替代

汽车轻量化不是简单的材料替代，而是在满足车辆安全性、动力性、经济性和各种功能要求，并考虑成本因素的条件下，通过先进设计技术、先进材料技术、先进制造技术的综合集成应用，使汽车实现减重的过程。汽车轻量化是一个涉及技术、经济、安全、环境等诸多方面的复杂系统工程，需要不同技术领域诸多关键技术的支撑，其中包括材料技术、零部件优化设计和检测技术、先进制造技术、材料回收与再利用技术，以及车辆维修技术等。

目前，汽车轻量化技术的三大研究领域为轻量化设计技术、轻量化材料技术和轻量化制造技术。其中，设计技术是龙头，材料技术是基础，而制造技术是纽带。

轻量化设计技术是汽车轻量化研究的传统方向，包括结构拓扑优化、尺寸优化和形状优化，并且以车身的轻量化为主要研究方向。轻量化材料技术是指对高强度钢，铝、镁、钛合金，塑料，以及复合材料等的开发和在汽车上的应用，是当前汽车轻量化技术的重要研究方向。

在越来越多地采用先进轻量化材料的同时，先进制造技术随之同步发展，在车身制造上，体现为先进的成形和连接工艺，而在零部件制造上，与铝合金、镁合金相关的真空压铸工艺是当前的研究热点。

汽车轻量化技术三大研究领域

资料来源：根据相关资料整理

2015年上市的轿车和SUV平均整备质量为1 512 kg

2015 年新上市轿车和 SUV 车型（含自主、合资、进口）共398个，款型2 331个。其中，374 个车型，2 094 个款型的平均整备质量为1 512 kg（其余数据不完整），比2014年的1 465 kg增加47 kg。按车型尺寸，可将轿车细分为微型、小型、紧凑型、中型、中大型和大型，并可将 SUV 细分为小型、紧凑型、中型、中大型和全尺寸。2015 年按车型尺寸细分的轿车和 SUV 的整备质量情况如下图和下表所示。

2015年新上市轿车和SUV按车型尺寸细分的平均整备质量

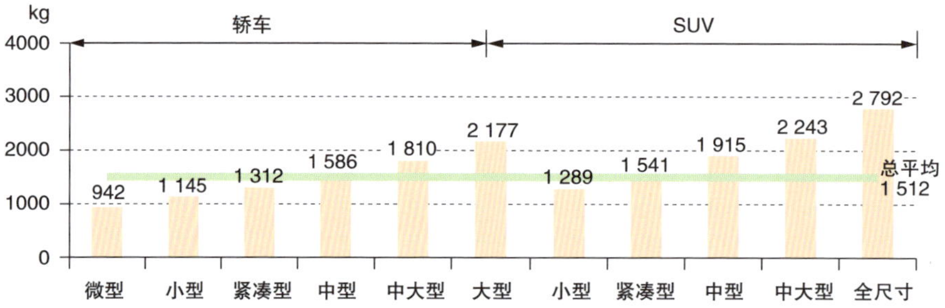

2015年新上市轿车和SUV数量及平均整备质量情况（按车型尺寸细分）

车辆类别	车辆级别	车型数（个）	款型数（个）	平均整备质量（kg）
轿车	微型	14	49	942
	小型	30	109	1 145
	紧凑型	100	619	1 312
	中型	51	293	1 586
	中大型	21	94	1 810
	大型	7	23	2 177
SUV	小型	30	178	1 289
	紧凑型	68	429	1 541
	中型	31	200	1 915
	中大型	20	98	2 243
	全尺寸	2	2	2 792

说明：1. 未包含数据不完整的24个车型和237个款型。
2. 车型指车系，如奔驰C级、大众CC、绅宝D50等。下同。
3. 款型指隶属某一车型的不同款式，如奔驰C级-2015款-C-200-运动型、大众CC-2016款-2.0TSI-DSG-豪华型、绅宝D50-2016款-1.5L-MT-标准版等。下同。
4. 轿车及SUV按车型尺寸的细分标准参见http://baike.pcauto.com.cn/915.html。下同。

资料来源：轻量化联盟秘书处根据《太平洋汽车网》数据分析整理

2015年上市的小型轿车的平均整备质量为1 145 kg

2015 年新上市车中的小型轿车（含自主、合资、进口）车型共 31 个、款型 110 个。其中，30 个车型、109 个款型的小型轿车的平均整备质量为 1 145 kg（其余数据不完整），比 2014 年的 1 092 kg 增加 53 kg。

就自主品牌及欧系品牌、美系品牌、日系品牌、韩系品牌来说，自主品牌、美系品牌、日系品牌和韩系品牌小型轿车的平均整备质量均低于总平均数（1 145 kg），只有欧系品牌的平均整备质量高于总平均数，拉高了整体平均整备质量的水平。

2015 年新上市小型轿车按车系细分的平均整备质量

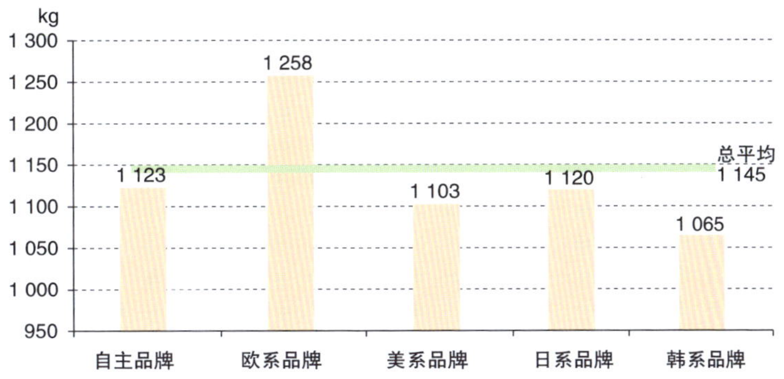

2015年新上市小型轿车款型数及平均整备质量情况（按车系细分）

车辆系别	自主品牌	欧系品牌	美系品牌	日系品牌	韩系品牌
款型数（个）	51	22	9	21	6
平均整备质量（kg）	1 123	1 258	1 103	1 120	1 065
最小整备质量（kg）	945	1 057	1 060	1 035	1 043
最大整备质量（kg）	1 295	1 491	1 145	1 220	1 089

资料来源：轻量化联盟秘书处根据“太平洋汽车网”数据分析整理

2015年上市的紧凑型轿车平均整备质量为1 312 kg

2015 年新上市车中的紧凑型轿车（含自主、合资、进口）车型共 104 个、款型 655 个。其中，100 个车型、619 个款型的紧凑型轿车的平均整备质量为 1 312 kg（其余数据不完整），比 2014 年的 1 300 kg 增加 12 kg。就自主品牌及欧系品牌、美系品牌、日系品牌、韩系品牌来说，日系、韩系品牌紧凑型轿车的平均整备质量较低，分别为 1 266 kg 和 1 270 kg；而美系品牌最高，为 1 349 kg。

2015年新上市紧凑型轿车按车系细分的平均整备质量

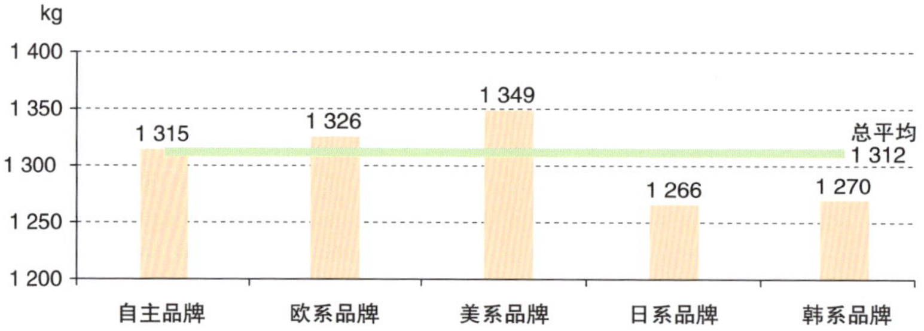

2015年新上市紧凑型轿车款型数及平均整备质量情况（按车系细分）

车辆系别	自主品牌	欧系品牌	美系品牌	日系品牌	韩系品牌
款型数（个）	257	223	33	98	8
平均整备质量（kg）	1 315	1 326	1 349	1 266	1 270
最小整备质量（kg）	1 140	1 100	1 195	1 032	1 198
最大整备质量（kg）	1 720	1 620	1 485	1 508	1 340

资料来源：轻量化联盟秘书处根据“太平洋汽车网”数据分析整理

2015年上市的中型轿车平均整备质量为1 586 kg

2015 年新上市车中的中型轿车（含自主、合资、进口）车型共 52 个、款型 317 个。其中，51 个车型、293 个款型的中型轿车的平均整备质量为 1 586 kg（其余数据不完整），与 2014 年的 1 577 kg 相比基本持平。

就自主品牌及欧系品牌、美系品牌、日系品牌、韩系品牌来说，韩系品牌中型轿车的平均整备质量最低，为 1 517 kg；而欧系品牌最高，为 1 617 kg。

2015 年新上市中型轿车按车系细分的平均整备质量

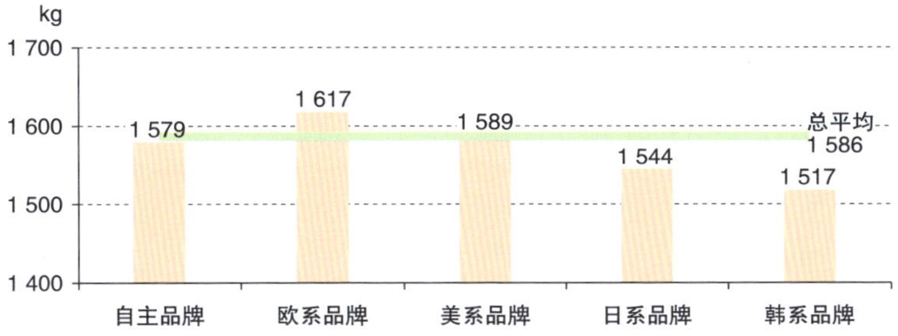

2015年新上市中型轿车款型数及平均整备质量情况（按车系细分）

车辆系别	自主品牌	欧系品牌	美系品牌	日系品牌	韩系品牌
款型数量（个）	52	147	14	48	32
平均整备质量（kg）	1 579	1 617	1 589	1 544	1 517
最小整备质量（kg）	1 433	1 380	1 535	1 386	1 395
最大整备质量（kg）	1 780	2 090	1 769	1 870	1 612

资料来源：轻量化联盟秘书处根据“太平洋汽车网”数据分析整理

2015年上市的小型SUV平均整备质量为1 289 kg

2015 年新上市车中的小型 SUV（含自主、合资、进口）车型共 30 个、款型 192 个。其中，30 个车型、178 个款型的小型 SUV 的平均整备质量为 1 289 kg（其余数据不完整），比 2014 年的 1 297 kg 略有下降。

就自主品牌及欧系品牌、美系品牌、日系品牌、韩系品牌来说，日系品牌小型 SUV 的平均整备质量最低，为 1 183 kg；而美系品牌最高，为 1 420 kg。

2015年新上市小型SUV按车系细分的平均整备质量

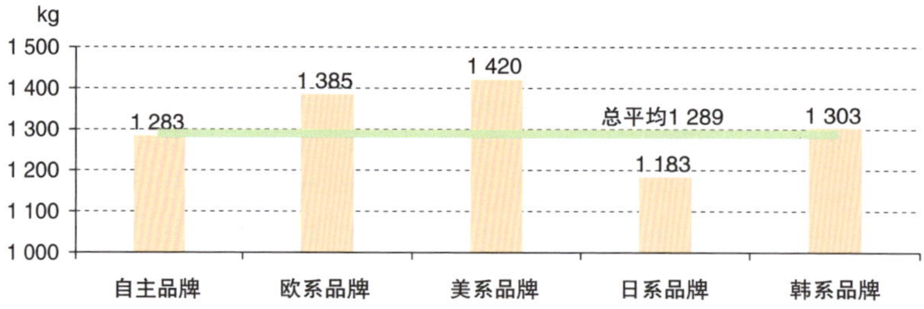

2015年新上市小型SUV款型数及平均整备质量情况（按车系细分）

车辆系别	自主品牌	欧系品牌	美系品牌	日系品牌	韩系品牌
款型数量（个）	135	17	4	14	8
平均整备质量（kg）	1 283	1 385	1 420	1 183	1 303
最小整备质量（kg）	1 106	1 253	1 380	1 120	1 270
最大整备质量（kg）	1 750	1 620	1 480	1 260	1 400

资料来源：轻量化联盟秘书处根据“太平洋汽车网”数据分析整理

2015年上市的紧凑型SUV平均整备质量为1 541 kg

2015 年新上市车中的紧凑型 SUV（含自主、合资、进口）车型共 68 个、款型 431 个。其中，68 个车型、429 个款型的紧凑型 SUV 的平均整备质量为 1 541 kg(其余数据不完整)，比 2014 年的 1 562 kg 降低 21 kg。就自主品牌及欧系品牌、美系品牌、日系品牌、韩系品牌来说，日系品牌紧凑型 SUV 的平均整备质量最低，为 1 476 kg；而欧系品牌最高，为 1 609 kg。

2015 年新上市紧凑型 SUV 按车系细分的平均整备质量

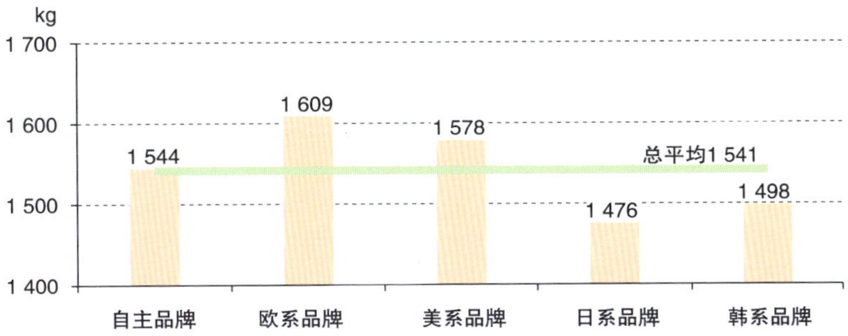

2015年新上市紧凑型SUV款型数及平均整备质量情况（按车系细分）

车辆系别	自主品牌	欧系品牌	美系品牌	日系品牌	韩系品牌
款型数量（个）	283	49	15	60	22
平均整备质量（kg）	1 544	1 609	1 578	1 476	1 498
最小整备质量（kg）	1 222	1 482	1 370	1 197	1 398
最大整备质量（kg）	2 165	1 850	1 847	1 798	1 657

资料来源：轻量化联盟秘书处根据“太平洋汽车网”数据分析整理

2015年上市的中型SUV平均整备质量为1 915 kg

2015 年新上市车中的中型 SUV（含自主、合资、进口）车型共 34 个、款型 290 个。其中，31 个车型、200 个款型的中型 SUV 的平均整备质量为 1 915 kg（其余数据不完整），比 2014 年的 1 801 kg 增大 114 kg。就自主品牌及欧系品牌、美系品牌、日系品牌、韩系品牌来说，韩系品牌中型 SUV 的平均整备质量最低，为 1 753 kg，而美系和日系品牌较高，分别为 1 967 kg 和 1 969 kg。

2015年新上市中型SUV按车系细分的平均整备质量

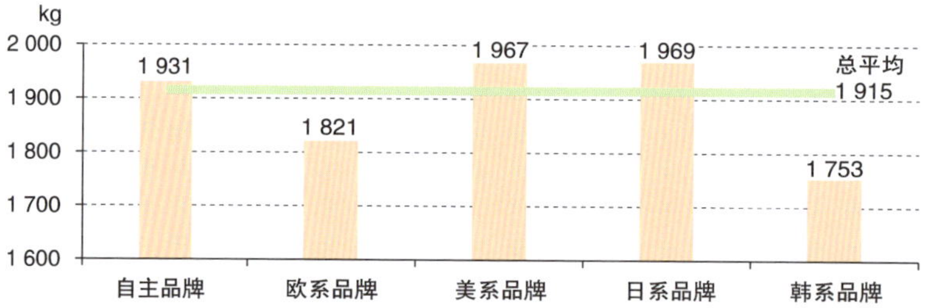

2015年新上市中型SUV款型数及平均整备质量情况（按车系细分）

车辆系别	自主品牌	欧系品牌	美系品牌	日系品牌	韩系品牌
款型数量（个）	57	45	24	65	9
平均整备质量（kg）	1 931	1 821	1 967	1 969	1 753
最小整备质量（kg）	1 541	1 575	1 750	1 610	1 625
最大整备质量（kg）	2 325	1 995	2 150	2 290	1 883

资料来源：轻量化联盟秘书处根据“太平洋汽车网”数据分析整理

2015年免征购置税新能源轿车平均整备质量1 187 kg，动力电池组平均总质量241 kg

根据工业和信息化部2015年发布的《免征车辆购置税的新能源汽车车型目录》（第4～6批），2015年共有66个款型的轿车（含微型车、小型车、紧凑型车、中型车）被纳入目录，平均整备质量（不含动力电池）为1 187 kg，比2014年的1 322 kg降低135 kg；动力电池组平均总质量为241 kg，比2014年的272 kg降低31 kg。与新上市的相应级别轿车（含传统汽车和新能源汽车）的平均整备质量相比，新能源汽车的平均整备质量一般高于全部新上市轿车的水平。

2015年进入免征购置税目录的新能源轿车按车型尺寸细分的平均整备质量

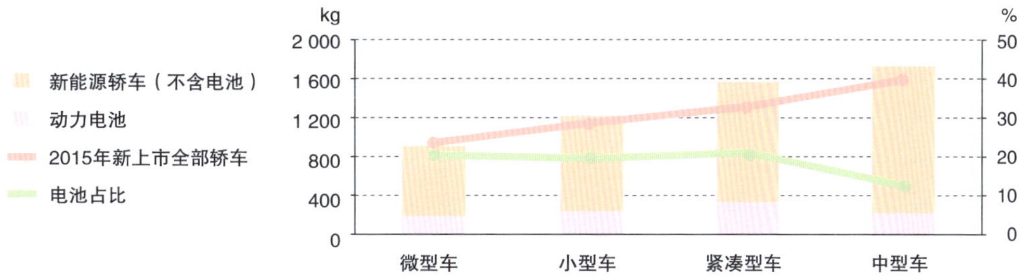

	微型车	小型车	紧凑型车	中型车
新能源轿车（不含电池）	724	981	1 237	1 514
动力电池	185	238	329	216
2015年新上市全部轿车	942	1 145	1 312	1 586
电池占比	20.36	19.54	21.01	12.49

2015年进入免征购置税目录的新能源轿车按车型尺寸细分的平均整备质量情况

车辆级别	微型车	小型车	紧凑型车	中型车
款型数（个）	32	12	21	1
平均整备质量（含动力电池）(kg)	909	1 220	1 566	1 730
最小整备质量（含动力电池）(kg)	670	945	1 210	1 730
最大整备质量（含动力电池）(kg)	1 180	1 340	1 900	1 730
动力蓄电池平均总质量（kg）	185	238	329	216
动力蓄电池最小总质量（kg）	148	94	160	216
动力蓄电池最大总质量（kg）	251	315	494	216

资料来源：轻量化联盟秘书处根据工信部《免征车辆购置税的新能源汽车车型目录》（第4～6批）数据分析整理

自主品牌乘用车白车身用钢量在90%以上

对于乘用车来说，白车身重量占整车重量的 1/3 左右，是乘用车轻量化的主要对象。根据 2013 年和 2014 年中国轻量化车身会议资料，钢仍然是我国乘用车白车身的主要用材。以 12 个自主品牌乘用车车型为例，其中 6 个为全钢车身，其余 6 个车型的用钢量均在 90% 以上。在 6 个非全钢车身车型中，有 4 个车型使用了铝合金，用量分别为 2.0%、3.6%、3.6%、1.8%；有 1 个车型使用了镁合金，用量为 0.9%；有 3 个车型使用了非金属材料，用量分别为 2.0%、1.3%、0.5%。

2014年12个自主品牌乘用车白车身用材情况

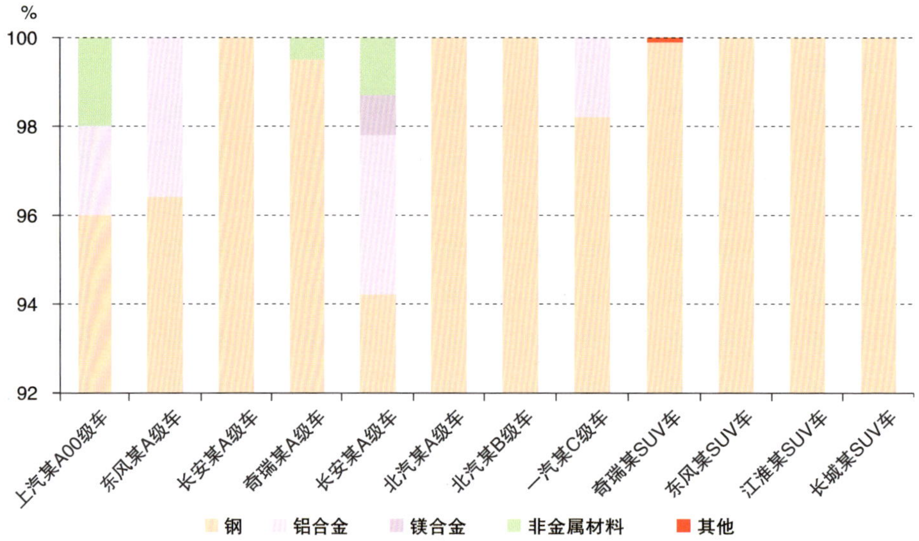

说明：白车身重量是指在未喷漆且未装玻璃情况下的重量，为白车身骨架、4个车门、发动机罩盖、行李厢盖或掀背门等封闭件和前端、保险杠等安装件的重量之和。

资料来源：2013年和2014年中国轻量化车身会议资料

自主品牌乘用车白车身高强度钢平均用量约为56%

根据2013年和2014年中国轻量化车身会议资料，12个自主品牌乘用车车型白车身高强度钢（含传统高强钢、先进高强钢、超高强钢、热成形钢）的平均用量约为56%（最低为36%，而最高为69%）。

其中，传统高强钢的平均用量约为36%（最低为14%，而最高为52%），先进高强钢的平均用量约为18%（最高为35%），超高强钢的平均用量约为4%（最高为10%），而热成形钢的平均用量约为3%（最高为7%）。

2014年12个自主品牌乘用车白车身用钢情况

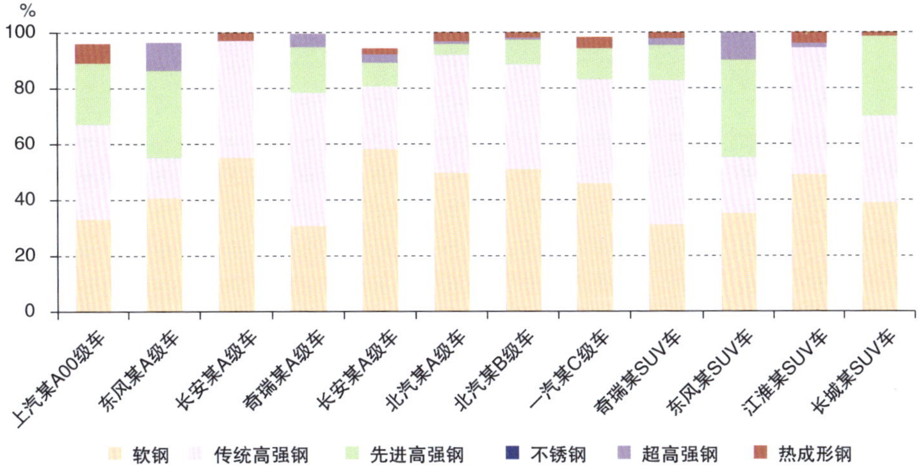

说明：1. 传统高强钢指HSIF钢、BH钢、HSLA钢，先进高强钢指DP钢、Trip钢，超高强钢指CP钢、MS钢，而热成形钢即PHS钢。2. 图中不足100%的部分为非钢材料。

资料来源：2013年和2014年中国轻量化车身会议资料

自主品牌乘用车白车身铝合金用量小，主要为6系铝板和挤压铝型材

根据2013年和2014年中国轻量化车身会议资料，我国自主品牌乘用车白车身铝合金用量非常小。12个自主品牌乘用车车型中，仅4个车型使用了铝合金，用量分别为2.0%、3.6%、3.6%、1.8%，且主要为6系铝板和挤压铝型材。4个车型均在防撞梁上使用了铝合金，其中1个车型还使用了铝合金发动机罩盖。

2014年12个自主品牌乘用车白车身用铝情况

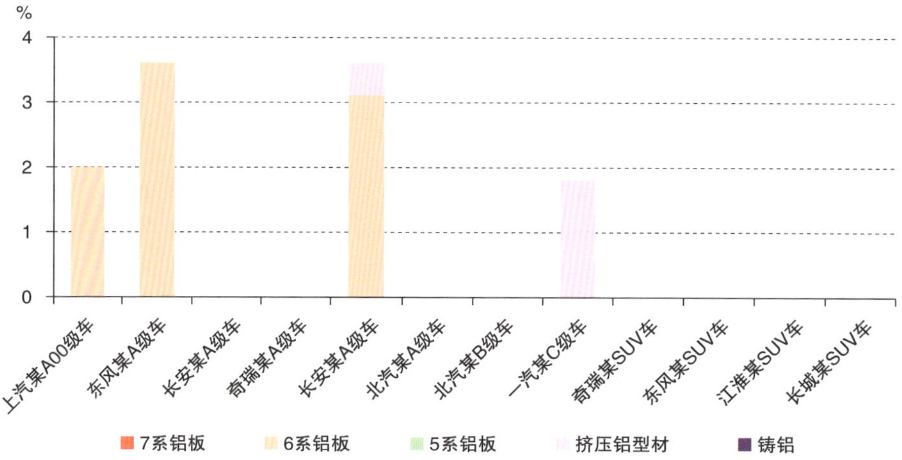

说明：按照加工方法可将铝合金分为形变铝合金和铸造铝合金两大类。形变铝合金是通过冲压、弯曲、轧制、挤压等工艺使其组织、形状发生变化的铝合金，一般以板、型、带、棒、管、条等形式供应；铸造铝合金是可用金属铸造成形工艺直接获得零件的铝合金，一般以合金铸锭供应。根据合金元素的不同，可把铝板分为9个系列，分别是1系（工业纯铝）、2系（铝铜系合金）、3系（铝锰系合金）、4系（铝硅系合金）、5系（铝镁系合金）、6系（铝镁硅系合金）、7系（铝锌镁铜系合金）、8系（其他合金）、9系（备用合金）。汽车用铝板可被大致分为覆盖件用铝和结构件用铝。覆盖件可分为外板和内板。覆盖件外板用铝多是以6016、6022、6111合金为代表的烤漆硬化型6系铝板；覆盖件内板用铝既可以是6系，也可以是5系铝板，结构件用铝多为以5182、5754合金为代表的成形性良好的5系铝板。

资料来源：2013年和2014年中国轻量化车身会议资料，以及2014年和2015年欧洲车身会议资料

自主品牌乘用车白车身非金属材料用量小，主要为纤维增强复合材料

根据2013年和2014年中国轻量化车身会议资料，我国自主品牌乘用车白车身的非金属材料用量较小。以12个车型为例，仅3个车型使用了非金属材料，用量分别为2.0%、0.5%、1.3%。这些非金属材料主要为纤维增强复合材料。应用纤维增强复合材料的部件包括前端模块、后防撞梁、蓄电池托盘、尾门、充电口及小门、三角窗、衣帽架和行李厢盖板等。

2014年12个自主品牌乘用车白车身非金属材料使用情况

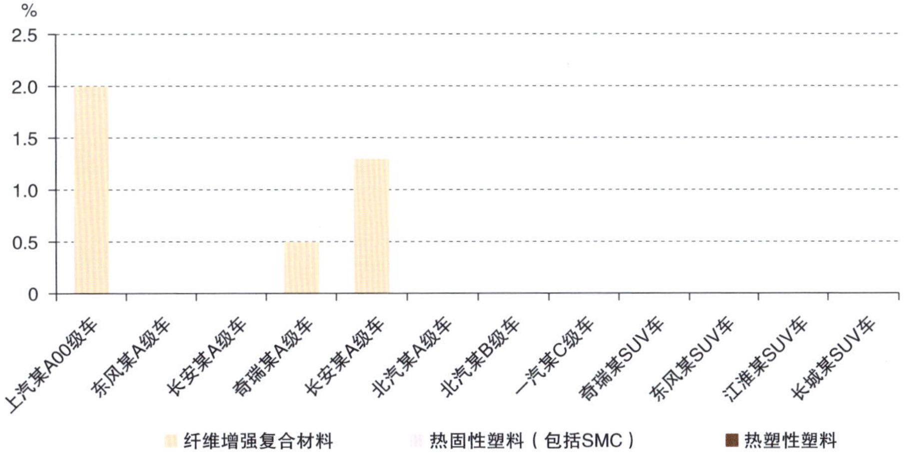

说明：热塑性塑料是指加热后熔化，流动至模具冷却后成型，再加热后又熔化的塑料，如聚乙烯、聚氯乙烯、聚丙烯等；热固性塑料是指在受热或其他条件下能固化或具有不溶（熔）特性的塑料，如酚醛塑料、环氧塑料等；纤维增强复合材料是由增强纤维材料，如玻璃纤维、碳纤维、芳纶纤维等，与基体材料经过缠绕、模压或拉挤等成型工艺而形成的复合材料，如玻纤增强复合材料、碳纤维增强复合材料等。这类复合材料习惯上也被称为纤维增强塑料。其中，纤维增强复合材料，特别是碳纤维增强复合材料由于具有强度高、比重小、耐热性出色等优点而成为国内外汽车行业关注度最高的轻量化材料。

资料来源：2013年和2014年中国轻量化车身会议资料，以及2014年和2015年欧洲车身会议资料

热成形技术在自主品牌乘用车中得到普遍应用

热冲压成形技术是生产抗拉强度为 1 500 MPa 以上级别超高强度汽车零部件的一种制造工艺，可以有效解决超高强度钢强度与成形性能的矛盾。其优点在于具有超高强度、成形精确、可避免高强度钢冷冲压成形回弹问题等。

根据 2013 年和 2014 年中国轻量化车身会议资料，热成形技术已经在我国自主品牌乘用车型中得到较为普遍的应用。

在 12 个自主品牌车型白车身中，热成形零件数一般为 2～3 个，有的达到 7 个。其中，在 B 柱加强板上的应用最为普遍，有 6 个车型应用了热成形 B 柱加强板。使用热成形技术的部件还有 A 柱加强板、门槛加强板、门内防撞梁、前门防撞板、前挡板加强横梁、前围挡板下板、中通道等，能够实现减重 10 kg 以上。

2014年12个自主品牌乘用车白车身应用热成形技术的部件数

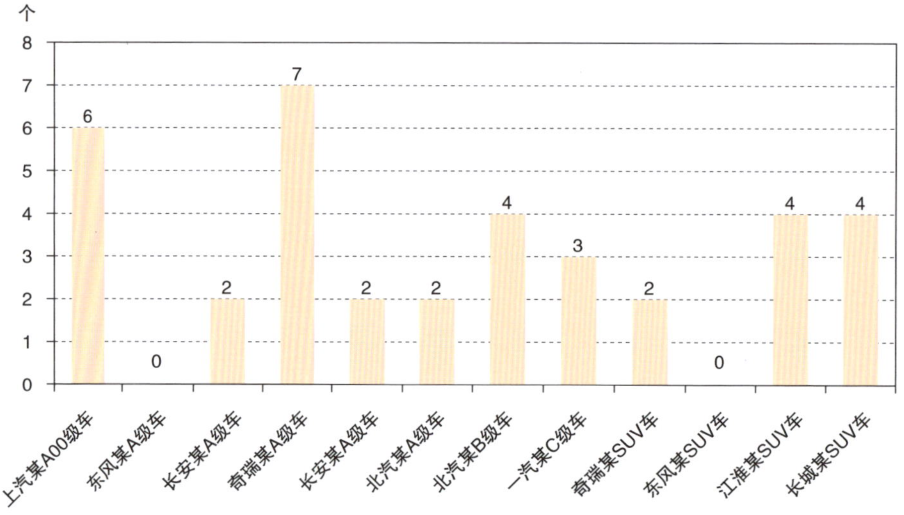

资料来源：2013年和2014年中国轻量化车身会议资料

激光拼焊板技术在自主品牌乘用车中有较多应用

激光拼焊板技术是采用激光能源，将若干不同材质、不同厚度、不同涂层的钢材、不锈钢材、铝合金材等进行自动拼合和焊接而形成一块整体板材、型材、夹芯板等的技术。根据 2013 年和 2014 年中国轻量化车身会议资料，激光拼焊板技术在我国自主品牌乘用车中有较多的应用。在 12 个自主品牌车型白车身中，有 3 个车型应用激光拼焊板的部件数在 10 个以上。其中，应用最多的部件是门内板，有 7 个车型应用了激光拼焊板前、后门内板。使用激光拼焊板技术的部件还有前纵梁、B 柱内板、门窗框加强板、门槛加强板等，能够实现减重 6 kg 以上。

2014 年 12 个自主品牌乘用车白车身应用激光拼焊板技术的部件数

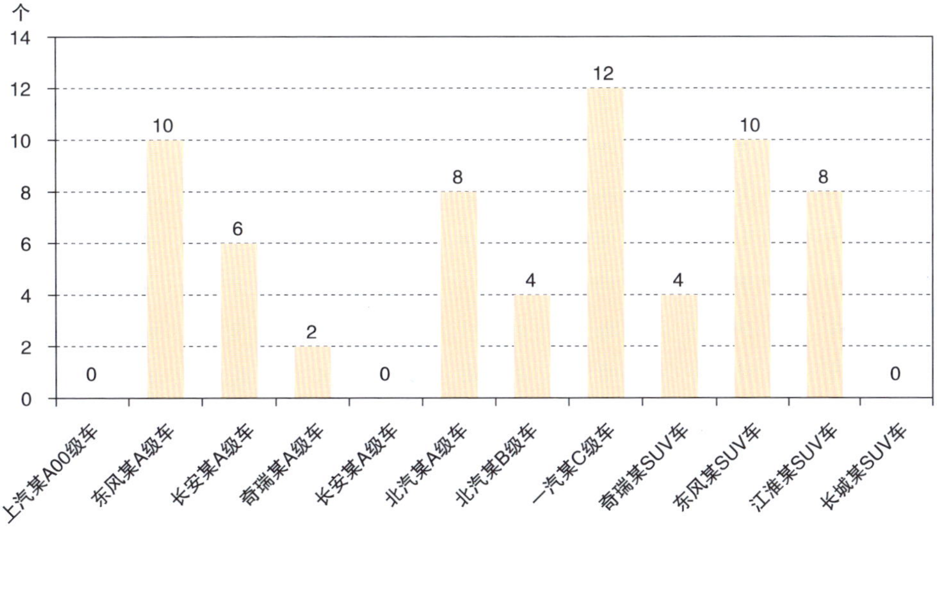

资料来源：2013年和2014年中国轻量化车身会议资料

自主品牌乘用车白车身平均等效点焊个数为5 326个

根据2013年和2014年中国轻量化车身会议资料，11个自主品牌乘用车车型白车身的平均等效点焊数为5 326个（最少为4 291个，最多为5 752个）。除都采用了点焊外，11个车型中有8个采用了弧焊，6个采用了粘接，4个采用了激光焊，1个采用了铆接，1个采用了传统钎焊。此外，还有车型采用了螺栓连接等连接工艺。

2014年11个自主品牌乘用车白车身连接技术应用情况

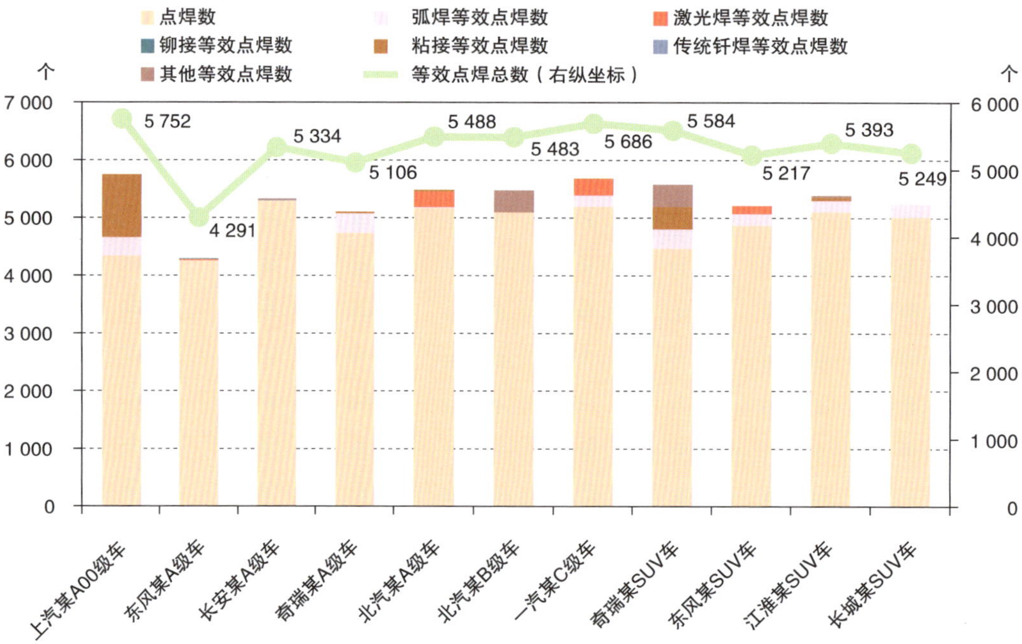

说明：1. 弧焊、激光焊、铆接、粘接、传统钎焊和螺栓连接与等效电焊数的换算关系：1个点焊数＝20 mm弧焊＝15mm激光焊＝1个铆接＝50mm粘接＝20mm传统钎焊＝1个螺栓连接。

2. 其他连接方式主要指螺栓连接。

3. 车身用材基本为钢时，等效点焊数少意味着车身一体化程度更高，车身强度更高；但近年来随着车身用材不断多样化，连接方式随之多样化，等效点焊数呈现增多趋势。

资料来源：2013年和2014年中国轻量化车身会议资料

智能网联汽车的定义及内涵

智能网联汽车

智能网联汽车指搭载先进的车载传感器、控制器、执行器等装置，并融合现代通信与网络技术，实现车与 X（人、车、路、云等）智能信息交换、共享，具备复杂环境感知、智能决策、协同控制等功能，可实现“安全、高效、舒适、节能”行驶，并可最终实现替代人操作的新一代汽车。

从宏观层面看，智能网联汽车的意义不仅在于产品结构的改变或产品技术的升级，更重要的是将带来汽车及相关产业业态和价值链体系的重塑。

从技术及产业体系层面看，智能网联汽车集中运用了计算机、现代传感、通信、人工智能及自动控制等技术，是一个集环境感知、规划决策和集成控制等于一体的高新技术综合体。其拥有自身相互依存的技术链和产业链体系。其技术体系主要包括传感、决策、控制、通信、定位及数据平台等关键技术。产业链主要包括先进的传感器供应商、汽车电子系统供应商、整车企业及车联网相关供应商等。

智能网联汽车示意图

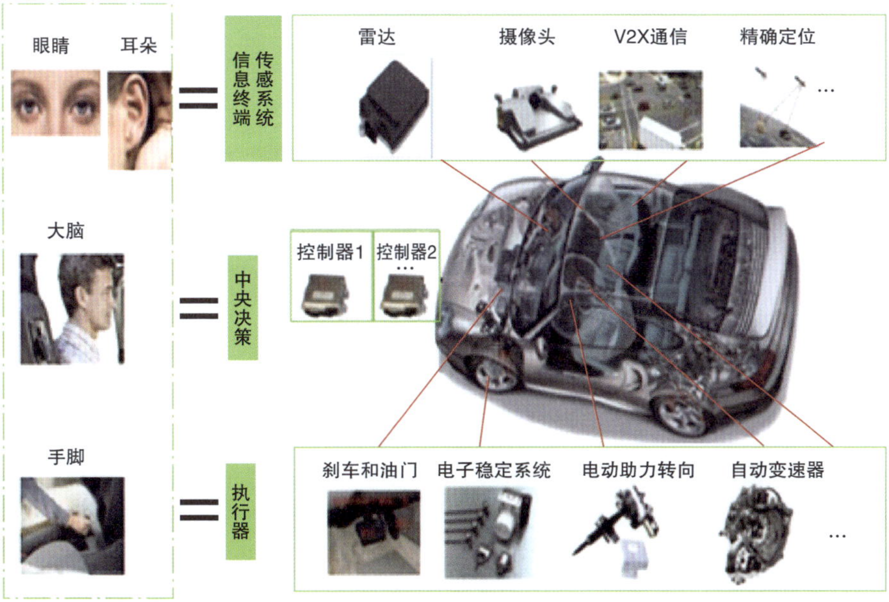

资料来源：根据相关资料整理

智能网联汽车“三横两纵”技术架构

智能网联汽车涉及汽车、通信、交通等多种技术的交叉融合。其整体技术架构可被描述为“三横两纵”。“三横”指车辆关键技术、信息交互关键技术和基础支撑技术。智能网联汽车将以高精度地图、高精度定位等技术为基础，在保证信息安全的前提下，运用V2X通信、云平台与大数据等信息交互技术，丰富车辆的感知、决策、控制与执行能力，实现网联车辆的智能驾驶。“两纵”指支撑智能网联汽车发展的车载平台和基础设施条件。其核心是实现能够支撑车辆感知、决策、控制与执行的物理架构，以及实现能够支撑智能车辆行驶及车路信息交互的道路基础设施。

智能网联汽车“三横两纵”技术架构

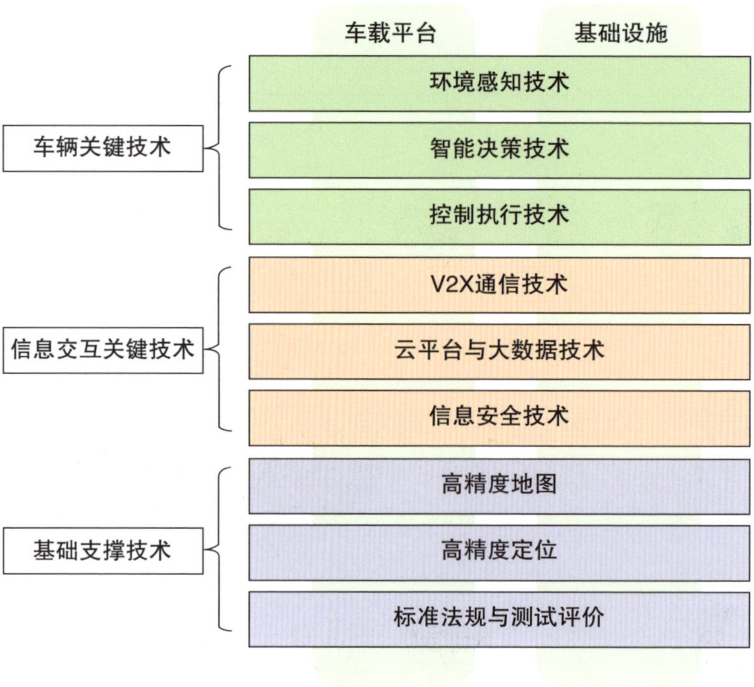

资料来源：根据相关资料整理

三层次智能网联汽车技术体系

在智能网联汽车“三横两纵”技术架构中，车辆关键技术、信息交互关键技术和基础支撑技术等三大横向关键技术具有丰富的内涵。将这些关键技术按照 3 个层次予以细分，则构成完整的智能网联汽车技术体系。

三层次智能网联汽车技术体系

第一层	第二层	第三层
车辆关键技术	环境感知技术	①雷达探测技术 ②机器视觉技术 ③车辆姿态感知技术 ④乘员状态感知技术 ⑤协同感知技术 ⑥信息融合技术
	智能决策技术	①行为预测技术 ②态势分析技术 ③任务决策技术 ④轨迹规划技术 ⑤行为决策技术
	控制执行技术	①关键执行机构（驱动 / 制动 / 转向 / 悬架） ②车辆纵向 / 横向 / 垂向运动控制技术 ③车间协同控制技术 ④车路协同控制技术 ⑤智能电子电器架构
信息交互关键技术	专用通信与网络技术	① DSRC 技术 ② RFID 技术 ③ LTE-V 技术 ④移动自组织网络技术 ⑤ 4G/5G 车联网技术
	大数据技术	①非关系型数据库技术 ②数据高效存储和检索技术 ③数据关联分析与挖掘技术 ④驾驶员行为数据分析与 UBI 技术
	平台技术	①信息服务平台 ②安全决策平台
	信息安全技术	①车载终端信息安全技术 ②手持终端信息安全技术 ③路侧终端信息安全技术 ④网络信息安全技术 ⑤数据平台信息安全技术
基础支撑技术	高精度地图	三维动态高精度地图
	高精度定位	①卫星定位技术 ②惯导定位技术 ③通信基站定位技术 ④协作定位技术
	基础设施	路侧设施与交通信息网络建设
	车载硬件平台	通用处理平台 / 专用处理芯片
	车载软件平台	①交互终端操作系统 ②车辆控制器操作系统 / 共用软件基础平台
	人因工程	①人机交互技术 ②人机共驾技术
	整车安全架构	①整车网络安全架构 ②整车功能安全架构
	标准法规	标准体系与关键标准
	测试评价	①测试场地规划与建设 ②测试评价方法
	示范应用	示范应用与推广

资料来源：根据相关资料整理

智能网联汽车的智能化分级

关于智能网联汽车智能化程度的分级，美国汽车工程学会SAE、美国高速公路安全管理局NHTSA、德国汽车工业协会VDA等各有说法。

在我国《智能网联汽车技术路线图》中，参考美国SAE分级定义，并综合考虑我国道路交通情况，将智能网联汽车的智能化程度分为5级，并列出各级别的智能系统所能够适应的典型工况。其中：1～2级智能化程度较低，由人监控驾驶环境；3～5级智能化程度较高，由"系统"监控驾驶环境。

智能网联汽车的智能化分级

智能化等级	等级名称	等级定义	控制	监视	失效应对	典型工况
人监控驾驶环境						
1（DA）	驾驶辅助	通过环境信息对方向和加、减速中的一项操作提供支援，而其他驾驶操作由人进行	人/系统	人	人	车道内正常行驶/高速公路无车道干涉路段/泊车
2（PA）	部分自动驾驶	通过环境信息对方向和加、减速中的多项操作提供支援，而其他驾驶操作由人进行	人/系统	人	人	高速公路及市区无车道干涉路段/换道、环岛绕行/拥堵跟车
自动驾驶系统（"系统"）监控驾驶环境						
3（CA）	有条件自动驾驶	由自动驾驶系统完成所有驾驶操作，根据系统请求，驾驶员需要提供适当的干预	系统	系统	人	高速公路正常行驶工况/市区无车道干涉路段
4（HA）	高度自动驾驶	由自动驾驶系统完成所有驾驶操作；特定环境下系统会向驾驶员提出响应请求，但驾驶员可以对系统请求不进行响应	系统	系统	系统	高速公路全部工况及市区有车道干涉路段
5（FA）	完全自动驾驶	自动驾驶系统可完成驾驶员能够完成的所有道路环境下的操作，不需要驾驶员介入	系统	系统	系统	所有行驶工况

说明："车道干涉"是指交叉路口、匝道驶出、匝道驶入等多车道会合工况。

资料来源：根据相关资料整理

智能网联汽车的网联化分级

按照网联通信内容的不同，智能网联汽车的网联化程度可分为3个等级：网联辅助信息交互、网联协同感知，以及网联协同决策与控制。

网联辅助信息交互级，指其控制和监视的主体为人，而传递的典型信息为地图、交通流量等确定型辅助信息，对传输实时性与可靠性要求较低。网联协同感知级，指控制与监视的主体为人与系统，而传递的典型信息为行人、车辆等不确定型感知信息，对传输实时性、可靠性要求较高。网联协同决策与控制级，指控制与监视的主体为人与系统，而传递的典型信息为车—车/车—路间决策与控制等不确定型信息，对传输实时性、可靠性要求很高。

智能网联汽车的网联化分级

网联化等级	等级名称	等级定义	控制	典型信息	传输要求
1	网联辅助信息交互	基于车—路、车—后台通信，实现导航等辅助信息的获取，以及车辆行驶数据与驾驶员操作数据的上传	人	地图、交通流量、交通标志、油耗、里程、驾驶习惯等信息	对传输实时性、可靠性要求较低
2	网联协同感知	基于车—车、车—路、车—人、车—后台通信，在共享自车感知信息的同时，实时获取车辆周边交通环境信息，作为自车决策与控制系统的输入	人/系统	周边车辆、行人、非机动车位置、速度、信号灯相位、道路预警等信息	对传输实时性、可靠性要求较高
3	网联协同决策与控制	基于车—车、车—路、车—人、车—后台通信，实时并可靠获取车辆周边交通环境信息及车辆决策信息；车—车、车—路等各交通参与者之间信息进行交互融合，形成车—车、车—路等各交通参与者之间的协同决策与控制	人/自车系统/外部系统	车—车、车—路间的协同决策与控制信息	对传输实时性、可靠性要求很高

资料来源：根据相关资料整理

智能网联汽车的综合分级

在以智能网联汽车的5个智能化分级为横坐标，3个网联化分级为纵坐标所形成的平面中，可大致将智能网联汽车分为4个等级：自主驾驶辅助、网联驾驶辅助、自主自动驾驶和网联自动驾驶。

由此可推断智能网联汽车的3种发展趋势：①在无网联通信条件下，随着智能化等级的提高，智能网联汽车将由自主驾驶辅助发展至自主自动驾驶；②在低智能化等级下，随着网联化等级的提高，车辆将由自主驾驶辅助发展至网联驾驶辅助；③最高级的车辆智能化与网联化，可有机结合为智能网联汽车的最高形态，即网联自动驾驶汽车。

智能网联汽车的综合分级

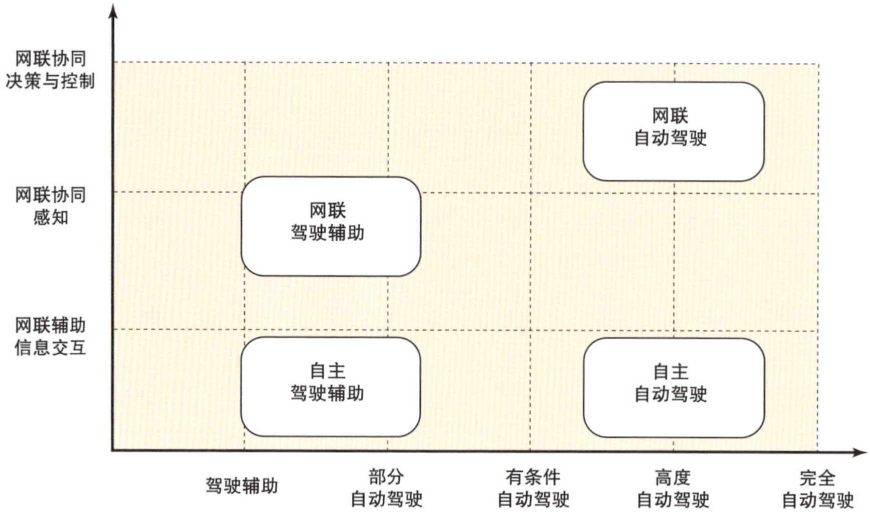

资料来源：根据相关资料整理

智能网联乘用车阶段发展目标与里程碑

根据智能网联汽车的智能化分级和网联化分级，我国智能网联乘用车阶段发展目标如下：

（1）2016 年左右，实现 DA 级智能化。通过自主环境感知实现单项的驾驶辅助功能。其中，典型系统包括自动紧急制动（AEB）、车道保持辅助（LKA）、自适应巡航（ACC）、辅助泊车（PA）等。

（2）2018 年左右，实现 PA 级智能化。以自主环境感知为主，并能提供基于网联的智能化信息引导。其中，典型的系统包括车道内自动驾驶、全自动泊车（AP）、换道辅助（LCA）等。

（3）2022 年左右，实现 CA 级智能化。具备网联式环境感知能力，可适应较为复杂工况下的自动驾驶环境。其中，典型系统包括高速公路自动驾驶（Highway Pilot）、城郊公路自动驾驶（Urban Pilot）、协同式队列行驶（CACC）、交叉口通行辅助等。

（4）2025 年以后，实现 HA/FA 级智能化。具备车与其他交通参与者间的网联协同控制能力，实现高速公路、城郊公路和市区道路的自动驾驶，在此基础上，进一步实现全路况条件下的自动驾驶。

智能网联乘用车发展目标与里程碑

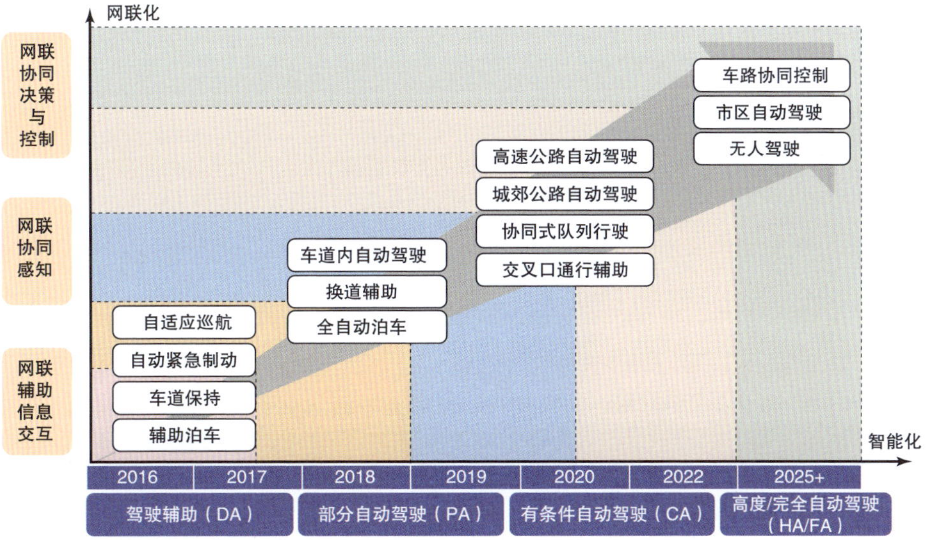

资料来源：根据相关资料整理

智能网联商用车阶段发展目标与里程碑

根据智能网联汽车的智能化分级和网联化分级，我国智能网联商用车阶段发展目标如下：

（1）2016 年左右，实现 DA 级智能化。通过自主环境感知实现单项的驾驶辅助功能。其中，典型系统包括自动紧急制动（AEB）、车道保持辅助（LKA）、自适应巡航（ACC）等。

（2）2018 年左右，实现 PA 级智能化。以自主环境感知为主，并能提供基于网联的智能化信息引导。其中，典型系统包括车道内自动驾驶、换道辅助、盲区监测等。

（3）2022 年左右，实现 CA 级智能化。具备网联式环境感知能力，可适应较为复杂工况下的自动驾驶环境。其中，典型系统包括高速公路自动驾驶、城郊公路自动驾驶、自动泊车、协同式卡车队列行驶、园区无人驾驶公交、无人驾驶专用车等。

（4）2025 年以后，实现 HA/FA 级智能化。具备车与其他交通参与者间的网联协同控制能力，实现高速公路、城郊公路和市区道路的自动驾驶，在此基础上，进一步实现全路况条件的自动驾驶。

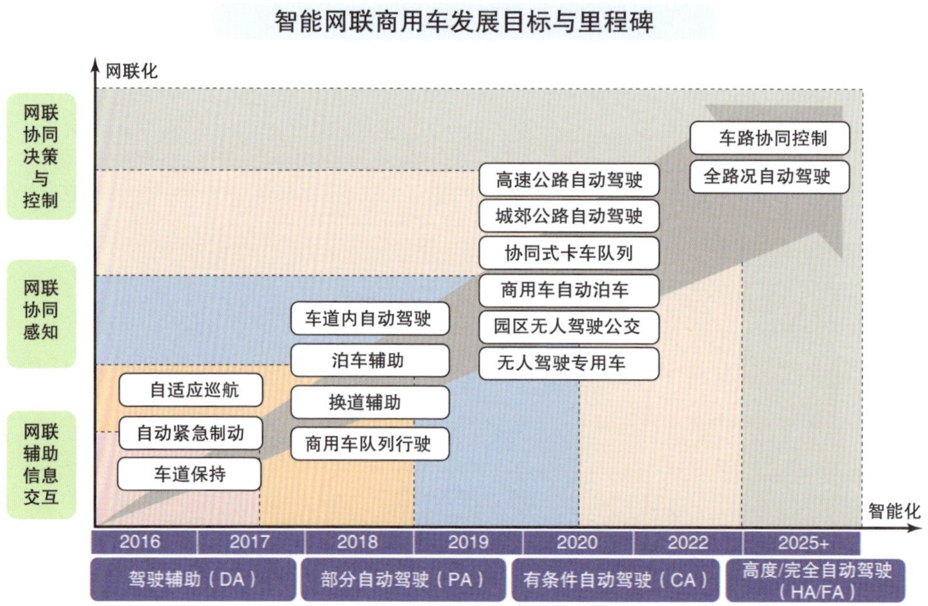

资料来源：根据相关资料整理

5 研发能力基础

技术能力指数

技术能力指数（1）：汽车产业技术能力进步明显，但差距仍大

汽车产业技术能力定量评价体系及“汽车产业技术能力指数”是本书2014—2015版首次构建和发布的，旨在对我国汽车产业技术能力作出高度概括而又简单明了的判断（详见《中国汽车技术发展报告（2014—2015）》第2~50页）。

所构建的定量评价体系架构包括综合指标（汽车产业技术能力指数）、评价要素（资源投入、数量产出绩效、质量产出绩效）和评价指标（反映和表征评价要素的具体指标）3个层次。其中，评价指标包括研发投入强度、研发人员强度、产业地位、劳动生产率、出口销售率、质量情况、油耗情况、人均发明专利共8项（8项指标情况见本书第125~132页）。评价中采用了主成分分析法和相对评价概念。

从技术能力指数看，与自身相比，技术能力指数从2001年的20.75%提升至2014年的55.15%，是2001年的2.66倍，进步显著；但2014年也仅为2001年世界先进水平的55.15%，差距巨大；与此同时，从2001年相对于当年世界先进水平的20.75%提升至2014年的39.07%（相对于2013年世界先进水平），与世界先进水平的差距逐渐缩小，正在不断提升中实现赶超。

汽车产业技术能力评价指标

综合指标	要素指标	评价指标	评价指标含义
汽车产业技术能力指数	资源投入	研发投入强度	研发投入占营业收入比例
		研发人员强度	研发人员占全部从业人员比例
	数量产出绩效	产业地位	汽车工业增加值占全国GDP比例
		劳动生产率	汽车工业增加值 / 汽车工业从业人数
		出口销售率	汽车出口量占汽车总产量的比例
	质量产出绩效	质量情况	J. D. Power 新车质量综合得分
		能耗情况	乘用车按产量加权的平均油耗
		人均发明专利数	发明专利公开数量 / 汽车产业研发人员数量

汽车产业技术能力定量评价模型

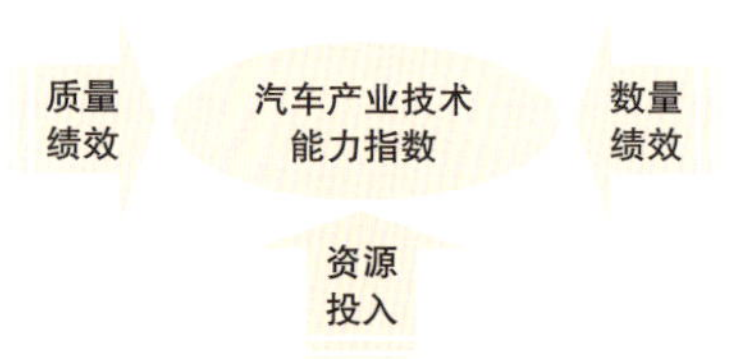

2001—2014年我国汽车产业技术能力指数

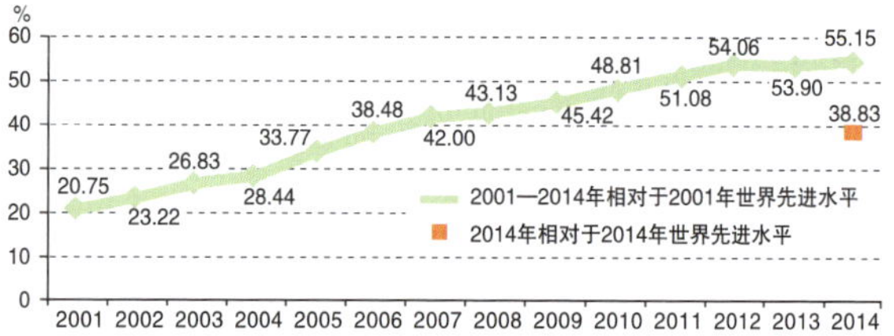

资料来源：中国汽车工程学会

技术能力指数（2）：研发投入强度呈上升趋势，但仍属中低水平

研发投入强度（研发投入 / 营业收入）是国际上通用的反映企业科技投入水平和在提高技术能力方面所做努力的核心指标，高水平的研发投入强度是提高创新能力的重要保障。一般认为，研发投入强度在 5% 以上称为高研发强度，在 2% ~ 5% 称为中高研发强度，在 1% ~ 2% 称为中低研发强度，不足 1% 的称为低研发强度。汽车产业属于高研发投入产业，以 2014 年为例，全球汽车产业研发投入总金额仅低于制药及生物技术行业，位列第二，研发投入金额排名世界前十的汽车企业的研发投入强度均在 4% 以上，博世更高达 10.3%。大众汽车 2014 年的研发投入金额为 131.2 亿欧元，位列世界各行业企业第一。从我国 2001—2014 年研发投入金额看，研发投入金额的年均复合增长率为 22.20%，高于营业收入的 18.80%，技术研发日益受到重视。但从研发投入强度来看，虽然呈现上升趋势，但行业总体水平较低，属于中低研发强度。

2006—2014年我国汽车产业研发投入情况

年份	研发投入（万元）	营业收入（亿元）	研发投入 / 营业收入（%）
2006	2 448 680	13 818.9	1.77
2007	3 087 791	17 201.4	1.80
2008	3 887 149	18 767	2.07
2009	4 606 361	23 817.5	1.93
2010	4 987 948	30 762.9	1.62
2011	5 480 093	33 617.3	1.63
2012	5 913 021	36 373.1	1.63
2013	7 278 050	37 155.3	1.96
2014	7 943 845	39 941.9	1.99

2001—2014 年我国汽车产业研发投入强度

资料来源：《中国汽车工业年鉴》

技术能力指数（3）：研发人员强度提升至8%左右，研发活动增多增强

研发人员是研发资源投入的一项重要内容。2001—2014 年我国汽车产业研发人员的年均复合增长率为 14.67%，高于全部从业人员的 6.72%，研发人员强度（研发人员数 / 全部从业人员数）大幅提高，从 2001 年的 3% 提高到 2012 年以来的 8% 左右；再结合前述研发投入金额，研发人员人均占有的研发投入从 2001 年的 13 万元增大到 2014 年的 29.9 万元，体现了汽车产业研发活动不断增多增强。

2001—2014年我国汽车产业研发人员情况

年份	研发人员数量（人）	全部从业人员数（人）	研发人员数 / 全部从业人员数（%）
2001	44 836	1 505 507	2.98
2002	53 074	1 570 540	3.38
2003	61 587	1 604 558	3.84
2004	71 061	1 693 126	4.19
2005	89 830	1 668 541	5.38
2006	91 282	1 855 096	4.92
2007	109 482	2 040 619	5.37
2008	124 118	2 094 159	5.93
2009	162 899	2 165 490	7.52
2010	169 336	2 202 733	7.69
2011	186 792	2 416 699	7.73
2012	201 549	2 507 618	8.04
2013	262 267	3 399 819	7.71
2014	265 676	3 505 213	7.58

2001—2014 年我国汽车产业研发人员强度

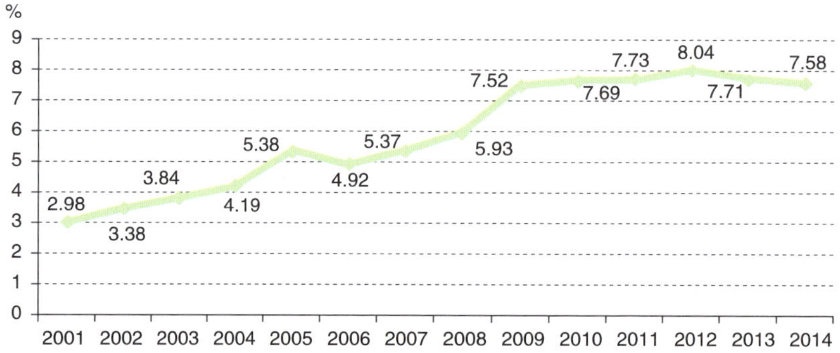

资料来源：《中国汽车工业年鉴》

技术能力指数（4）：产业规模迅速扩大，但支柱产业地位有待提升

“把汽车制造业作为重要的支柱产业”，是1986年“七五”计划首次明确提出的。对于何谓支柱性产业，国家发改委政策研究室曾提出九条考察指标（国家发改委经济研究所薛燕，2013），涉及发展规模、发展前景和产业关联度等方面。总体来说，支柱产业指在国民经济中发展速度较快、对整个经济起引导和推动作用的先导性产业。就发展规模而言，支柱产业的增加值在国民生产总值（GNP）中所占比重应达5%左右（GNP=GDP+国外净要素收入，目前中国GNP比GDP略小，但正逐渐接近）。

十多年来，我国汽车产销规模年均增长20%左右，但汽车工业增加值占GDP的比重一直未有较大的提高，距离支柱产业5%左右的水平差距很大。

2001—2014年我国汽车产业国民经济地位

资料来源：《中国汽车工业年鉴》

技术能力指数（5）：劳动生产率提升明显，但近年来呈现徘徊局面

生产率一般指资源（包括人力、物力、财力资源）利用的效率，按“人时产出量”计算的生产率就是劳动生产率。劳动生产率的高低既能够反映资本和劳动力投入的效率，也能够反映物化在这些投入中的新技术对产出的影响。根据经济学理论，在一定的生产条件下，产出价格是投入价格和技术水平的函数，因此将劳动生产率作为汽车产业技术能力的一项评价指标很有必要。

从我国汽车产业劳动生产率的变化情况看，按 2001 年不变价计算的劳动生产率从 2001 年的 6.93 万元 / 人年提高到 2014 年的 24.62 万元 / 人年，为 2001 年的 3.55 倍，年均复合增长率为 10.24%，新技术采用和技术能力提升的贡献不言而喻。我们看到，在劳动生产率不断提升的总趋势下，个别年份出现降低或徘徊不前情况，如 2004 年、2008 年及 2010 年以来。

2001—2014 年我国汽车产业劳动生产率

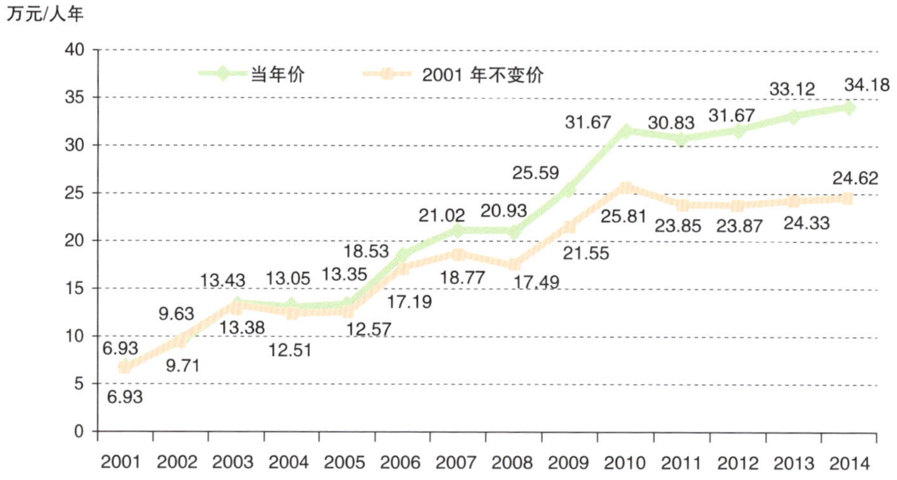

资料来源：《中国汽车工业年鉴》

技术能力指数（6）：国际化发展处起步阶段，出口销售率需大幅提升

在汽车产业全球化背景下，汽车产业的竞争力很重要地体现为其在全球市场上的总的竞争力，即国际竞争力。出口销售率（汽车出口占汽车总产量的比例）是说明这一竞争力的最明显的指标，也是描述处于产业竞争力核心地位的产业技术能力的明显指标。从我国汽车整车出口情况看，历史最高水平的2008年也仅为7.29%，不仅远低于欧洲、美国、日本、韩国等汽车发达国家50% ~ 75%的水平，甚至低于巴西20%、印度13%的水平。尽管我国汽车产业“走出去”初见成效，2012年出口量超过100万辆，但国际化发展的程度还很低，应该说刚刚起步。

2006—2015年我国汽车产量及出口量情况

年份	汽车产量（辆）	汽车出口量（辆）	汽车出口 / 汽车产量（%）
2006	7 279 726	343 379	4.72
2007	8 882 456	614 412	6.92
2008	9 345 101	681 008	7.29
2009	13 790 994	370 030	2.68
2010	18 264 667	566 653	3.10
2011	18 418 876	849 808	4.61
2012	19 271 808	1 015 729	5.27
2013	22 116 825	948 549	4.29
2014	23 722 890	947 909	3.99
2015	24 503 326	755 467	3.08

2001—2015 年我国汽车出口销售率

资料来源:《中国汽车工业年鉴》《汽车工业产销快讯》

技术能力指数（7）：自主品牌汽车质量提升至与国际品牌基本相当的水平

质量是设计和制造出来的，汽车产品的质量水平反映了汽车企业的设计能力和制造能力，因而是汽车产业技术能力直观的外在表征。

J. D. Power 亚太公司《中国新车质量研究 SM（IQS）报告》的新车质量研究基于“用户之声”，衡量新车车主在购车后的 2~6 个月内遇到的质量问题。新车质量的综合得分以每百辆车的问题数（PP100）来衡量，分值越低表明问题发生率越低，质量越高。新车质量研究把新车车主可能遭遇到的质量问题分为八个大类：车身外观、驾车经历、配置 / 操控 / 仪表板 /、音响 / 娱乐设备 / 导航系统、座椅、空调系统、车身内装、发动机 / 变速系统。在这些大类之下，共包含 300 多个具体的细节问题（如风噪声大、刹车震动、空调不制冷等）。

从我国历年新车质量综合得分情况看，十几年来，我国汽车产品质量大幅提升，行业平均综合得分从 2000 年的 514 降到 2015 年的 105。其中自主品牌汽车的综合得分从 2000 年的 834 降到 2015 年的 120，与我国市场上国际品牌的差距从 396 减小到 22。可以说，目前我国自主品牌质量已经达到与我国市场上国际品牌质量基本相当的水平。

2000—2015 年我国新车质量综合得分情况

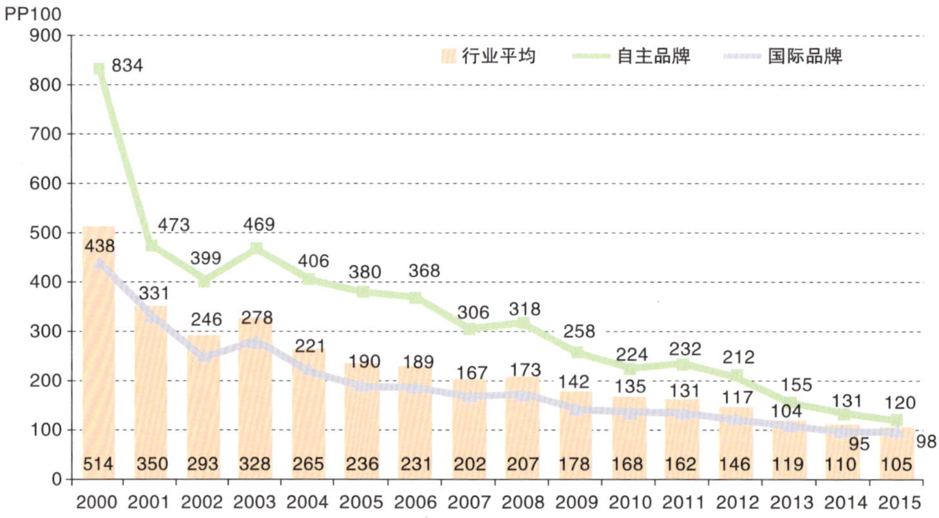

资料来源：J. D. Power亚太公司历年《中国新车质量研究SM（IQS）报告》

技术能力指数（8）：2015年乘用车按产量加权平均油耗降至7.12 L/100km

汽车的性能非常复杂，但从使用者的角度看，节能、环保、安全和舒适是汽车产品的核心性能。通过技术进步推动汽车产品性能水平的提升，是汽车企业始终不渝的努力方向，汽车的能耗水平是汽车企业技术能力的重要标志之一。

我国分别从2005年和2008年开始实施乘用车燃料消耗量第一、二阶段限值标准，从2012年开始实施第三阶段限值标准。从我国乘用车按产量加权平均油耗情况看，十几年来，我国新生产乘用车的平均油耗持续降低，从2001年的9.34 L/100 km降低到2014年的7.12 L/100 km。如果考虑到在此期间平均排量和平均整备质量的增长，平均油耗的降低则体现了企业和产业的技术进步。

2001—2014年我国乘用车按产量加权的平均油耗

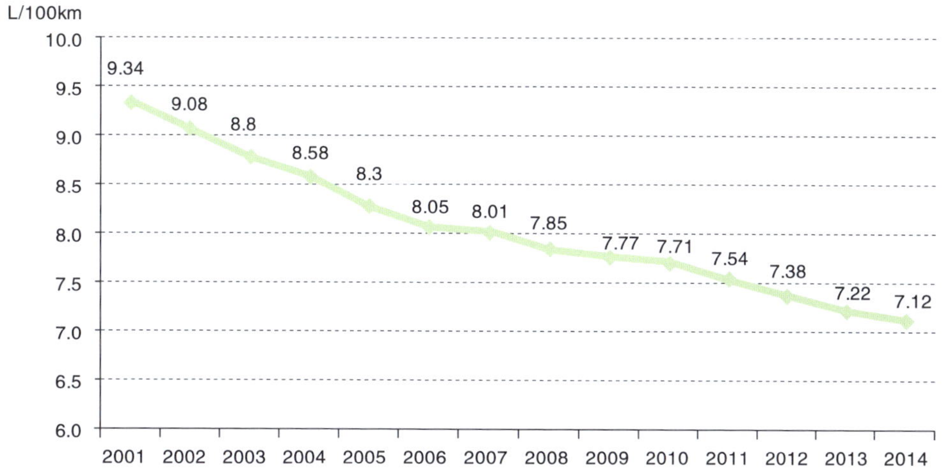

资料来源：工信部装备司，《中国汽车节能战略研究主报告》，UNIDO

技术能力指数（9）：人均发明专利大幅提升，是技术能力提升的重要因素

国内外有不少关于能力的研究是以专利作为原始数据进行测度的。因为专利数量特别是发明专利数量，往往能够反映技术创新活动的活跃程度和技术创新能力的强弱程度。国际上所讲的专利多为发明专利。

我国汽车产业发明专利公开数量从 2001 年的 2 023 件增长到 2012 年的 23 875 件，增长了 11.8 倍，年均复合增长率为 25.2%。我国是世界最大的汽车生产国和消费国，对外开放程度最高，市场竞争最激烈。在这一背景下，汽车企业的创新热情不断高涨，创新活动蓬勃发展。前已述及，2001—2014 年我国汽车产业研发投入金额年均增长 22.20%，研发人员数量年均增长 14.67%，研发资金投入和人员投入的不断加大，是产生大量发明创造的物质基础。从发明专利公开量的人均占有数量来看，每百名研发人员的发明专利从 2001 年的 4.51 件增长到 2014 年的 15.08 件，增长到 3.34 倍，汽车产业技术创新成果数量增长迅速。

2006—2014年我国汽车产业发明专利公开量

年份	发明专利公开量（件）	研发人员数量（人）	发明专利公开量/研发人员数量(件/100人)
2006	8 253	91 282	9.04
2007	8 978	109 482	8.20
2008	11 037	124 118	8.89
2009	13 555	162 899	8.32
2010	14 303	169 336	8.45
2011	18 758	186 792	10.04
2012	23 875	201 549	11.85
2013	31 161	262 267	11.88
2014	40 077	265 676	15.08

2001—2014 年我国汽车产业研发人员人均发明专利数

资料来源：国家专利局

2014年全行业研发经费近800亿元

研发资源

从汽车工业研发经费支出数据来看，近10年汽车工业研发经费逐年增加。2014年的R&D经费支出达到794.4亿元，是2005年的4.7倍。汽车工业的R&D经费支出占汽车工业销售额的比例在1%~2%。2008年这一比例最高，达到2.07%；2010—2012年在1.60%左右；2014年为1.99%。

2005—2014年汽车工业研发经费支出情况

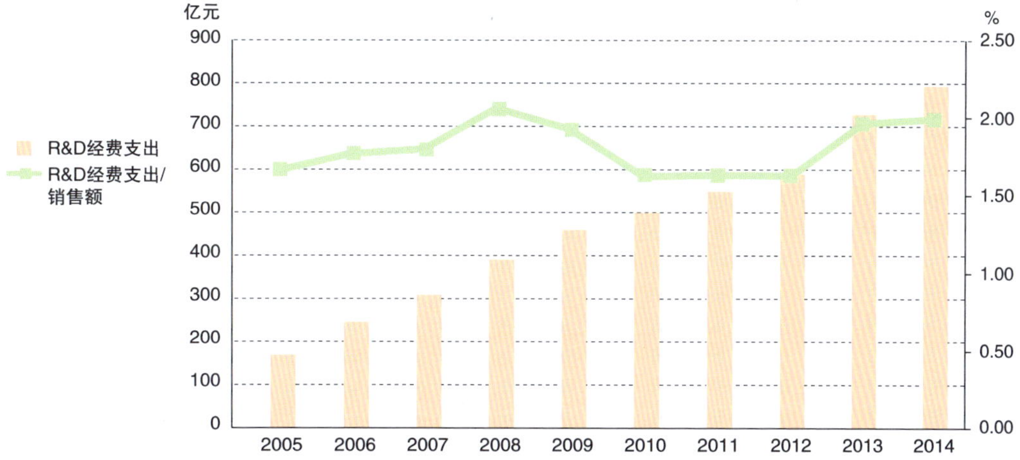

	2005	2006	2007	2008	2009	2010	2011	2012	2013	2014
R&D经费支出	167.8	244.9	308.8	388.7	460.6	498.8	548	591.3	727.8	794.4
R&D经费支出/销售额	1.66	1.77	1.80	2.07	1.93	1.62	1.63	1.63	1.96	1.99

资料来源：《中国汽车工业年鉴》

万名从业人员中研发人员的数量远高于全国平均水平

从汽车工业研发人员总量变化及与全国比较的数据来看，近 10 年汽车工业 R&D 人员数量及每万名从业人员中 R&D 人员的数量呈整体上升趋势。

2014 年全行业 R&D 人员数量为 26.6 万人，约为 2005 年的 3 倍。汽车工业每万名从业人员中 R&D 人员数远高于全国平均水平。2014 年汽车工业每万名从业人员中 R&D 人员数为 757.95 人，为全国平均水平（2013 年）的 16.5 倍。

2005—2014 年汽车工业研发人员数量情况

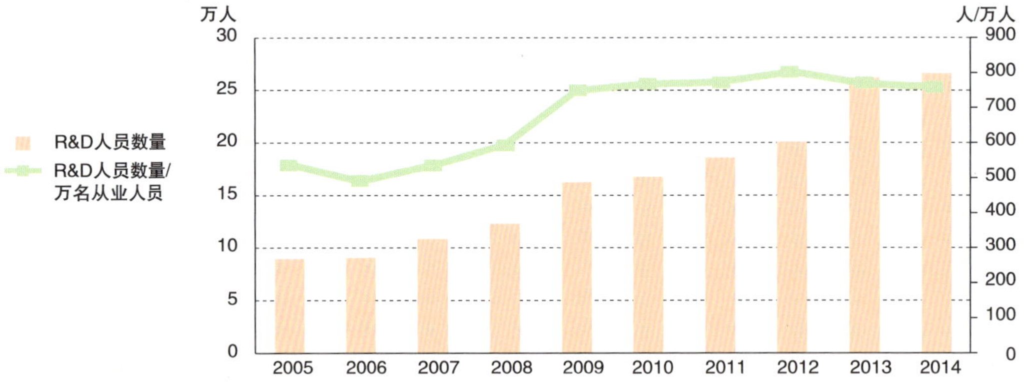

	2005	2006	2007	2008	2009	2010	2011	2012	2013	2014
R&D人员数量	9	9.1	10.9	12.4	16.3	16.9	18.7	20.2	26.2	26.6
R&D人员数量/万名从业人员	538.37	492.06	536.51	592.69	752.25	768.75	772.92	803.75	771.41	757.95

2005—2014年汽车工业研发人员数量及与全国的比较

年份	汽车工业		全国	
	R&D 人员数量（万人）	每万名从业人员中 R&D 人数（人/万人）	R&D 人员数量（万人）	每万名从业人员中 R&D 人数（人/万人）
2005	9.0	538.37	136.5	18.28
2007	10.9	536.51	173.6	23.05
2009	16.3	752.25	229.1	30.22
2011	18.7	772.92	288.3	35.28
2012	20.2	803.75	324.7	38.40
2013	26.2	771.41	353.3	45.90
2014	26.6	757.95	—	—

资料来源：《中国汽车工业年鉴》《中国科技统计数据》

2014年汽车行业国家重点实验室科研工作成果一览

2014年汽车行业国家重点实验室科研工作成果一览

实验室名称	科研项目	科研成果
汽车安全与节能国家重点实验室	共承担科研项目303项。其中"973"课题7项，"863"课题16项	国家科技进步二等奖1项，中国汽车工业科学技术二等奖1项，发表论文326篇，授权国家发明专利37项，实用新型专利9项，计算机软件著作权8项
内燃机燃烧学国家重点实验室	共承担科研项目188项。其中"973"项目10项，"863"项目12项	机械工业联合会科技进步一等奖1项，发表论文258篇，授权国家发明专利17项
汽车仿真与控制国家重点实验室	共承担科研项目195项。其中"973"项目5项，"863"项目12项	中国汽车工业科学技术一等奖1项，二等奖1项；中国汽车工业优秀科技人才奖1项；吉林省科技进步三等奖1项；FISITA荣誉奖1项；发表论文359篇；出版专著2部；获得授权发明专利14项；获得授权软件著作权1项
国家车身先进设计制造国家重点实验室	共承担国家"973"项目、"863"项目、国家科技重大专项、国家科技支撑计划项目、国家杰出青年科学基金项目等200余项	国家科技进步一等奖1项，二等奖1项；省部级科技进步一等奖6项，二等奖11项；发表论文1 300余篇；主编学术专著9部；获发明专利68件（其中国际专利1件）
汽车噪声振动和安全技术国家重点实验室	承担14项国家级课题，4项省部级课题，7项自设科研课题	发表论文52篇；获得授权发明专利2项，实用新型专利8项

资料来源:《中国汽车工业年鉴2015》

部分汽车类国家工程实验室情况

部分汽车类国家工程实验室情况

序号	实验室简况
1	**名称：汽车节能环保国家工程实验室** **依托单位：奇瑞汽车有限公司** 以检测整车及零部件的基本性能为基础，以研究整车的动力性、经济性、环境适应性、环保性能为主题，从事汽车节能环保新技术、新材料、新能源的研究、开发。主要从事汽车噪声和振动研究、汽车材料研究、汽车发动机燃烧、排放研究、汽车新能源研究、汽车空气动力学研究。 将致力于不断提高整车的舒适性和噪声研究；致力于动力总成关键基础技术的产业化验证，整车及电子设备电磁兼容研究，汽车工程交叉学科基础理论应用性研究，以及汽车领域宏观发展课题的研究开发；致力于内流测量（发动机舱 / 驾驶舱）、组合模型、车轮旋转试验装置、噪声测量技术与降噪研究等
2	**名称：新能源汽车及动力系统国家工程实验室** **依托单位：同济大学** 发展方向是在已经具备的开发平台、人才队伍、核心技术的基础上，构筑面向全国汽车行业的新能源汽车及动力系统技术研发公共服务平台，积聚并培养汽车行业高级人才，通过承担国家重大科研项目，掌握新能源汽车及动力系统关键共性技术，形成可持续的技术创新能力，并向整车和零部件企业转移技术，提供服务，从而引领我国汽车产业的发展，支撑我国汽车企业自主研发，促进我国汽车工业可持续发展。 以新能源汽车及动力系统集成与匹配技术、控制技术、试验技术、燃料供应技术为主要研发方向，实现技术突破，形成新能源汽车动力系统成套技术，推动新能源汽车相关标准、法规的制定，引领我国汽车行业的发展
3	**名称：汽车电子控制技术国家工程实验室** **依托单位：上海交通大学** 实验室定位为：围绕国家节能减排和汽车产业升级的重大需求，突破汽车电子控制技术“瓶颈”，在汽车电子核心技术原始创新方面，为行业技术进步、企业产品创新提供有力支撑。 发展的方向是：形成一个以公共平台为支撑，面向整车与关键零部件企业服务的“三纵三横”（三纵为动力与传动、底盘与安全和汽车总线电子，而三横为基础核心技术、共性关键技术和工程应用技术）研发布局，近期重点围绕汽车动力总成相关电控技术展开攻关。 主要功能有：紧密联合企业，构建汽车行业公共研发平台；进行汽车电子核心技术攻关；促进成果转化；研究并制定我国汽车电子技术产品标准；检测并评估汽车电子产品和技术；培养汽车电子行业发展所需的高级人才；起到作为我国汽车电子行业资讯交流及国际合作交流的枢纽作用。 主要任务是：建成设备先进、功能合理、管理科学的实验平台，形成一支具有国际水平的研发创新团队；通过产学研合作，突破一些汽车电子行业亟须解决的共性关键技术和基础核心技术，承担一批重大工程应用项目，开发一批自主知识产权的汽车电控产品，并推广应用；同时为行业提供技术支撑与服务，培训高级工程技术人员。

资料来源：根据相关网络资料整理

汽车行业部分企业技术中心一览

截止到2015年年底，国家认定的企业技术中心共发布22批，1 187所。其中，与汽车行业相关的有44所，占总数的3.7%。

汽车行业部分企业技术中心一览

序号	企业名称	企业技术中心名称
1	北汽福田汽车股份有限公司	北汽福田汽车股份有限公司技术中心
2	北京汽车股份有限公司	北京汽车股份有限公司技术中心
3	天津市松正电动汽车技术股份有限公司	天津市松正电动汽车技术股份有限公司技术中心
4	长城汽车股份有限公司	长城汽车股份有限公司技术中心
5	辽宁曙光汽车集团股份有限公司	辽宁曙光汽车集团股份有限公司技术中心
6	沈阳华晨金杯汽车有限公司	沈阳华晨金杯汽车有限公司技术中心
7	中国第一汽车股份有限公司	中国第一汽车股份有限公司技术中心
	（分中心）天津一汽夏利汽车股份有限公司	天津一汽夏利汽车股份有限公司技术中心
8	哈尔滨安东汽车发动机制造有限公司	哈尔滨安东汽车发动机制造有限公司技术中心
9	上海汽车集团股份有限公司	上海汽车集团股份有限公司技术中心
	（分中心）上海汽车变速器有限公司	上海汽车变速器有限公司技术中心
	（分中心）上海通用五菱汽车股份有限公司	上海通用五菱汽车股份有限公司技术中心
	（分中心）上海柴油机股份有限公司	上海柴油机股份有限公司技术中心
	（分中心）泛亚汽车技术中心有限公司	泛亚汽车技术中心有限公司技术中心
	（分中心）上海大众汽车有限公司	上海大众汽车有限公司技术中心
10	上海福尔德汽车空调系统有限公司	上海福尔德汽车空调系统有限公司技术中心
11	南京汽车集团有限公司	南京汽车集团有限公司技术中心
12	常柴股份有限公司	常柴股份有限公司技术中心
13	常州星宇车灯股份有限公司	常州星宇车灯股份有限公司技术中心
14	亚普汽车部件股份有限公司	亚普汽车部件股份有限公司技术中心
15	万向集团公司	万向集团公司技术中心
16	浙江亚太机电股份有限公司	浙江亚太机电股份有限公司技术中心
17	浙江吉利控股集团有限公司	浙江吉利控股集团有限公司技术中心
18	浙江万安科技股份有限公司	浙江万安科技股份有限公司技术中心

续表

序号	企业名称	企业技术中心名称
19	奇瑞汽车股份有限公司	奇瑞汽车股份有限公司技术中心
20	安徽江淮汽车集团有限公司	安徽江淮汽车集团有限公司技术中心
21	安徽安凯汽车股份有限公司	安徽安凯汽车股份有限公司技术中心
22	安徽华菱汽车有限公司	安徽华菱汽车有限公司技术中心
23	厦门金龙汽车集团股份有限公司	厦门金龙汽车集团股份有限公司技术中心
24	江铃汽车股份有限公司	江铃汽车股份有限公司技术中心
25	中国重型汽车集团有限公司	中国重型汽车集团有限公司技术中心
26	山东时风（集团）有限责任公司	山东时风（集团）有限责任公司技术中心
27	潍柴动力股份有限公司	潍柴动力股份有限公司技术中心
28	福田雷沃国际重工股份有限公司	福田雷沃国际重工股份有限公司技术中心
29	中通客车控股股份有限公司	中通客车控股股份有限公司技术中心
30	山东五征集团有限公司	山东五征集团有限公司技术中心
31	山东玲珑轮胎股份有限公司	山东玲珑轮胎股份有限公司技术中心
32	盛瑞传动股份有限公司	盛瑞传动股份有限公司技术中心
33	郑州宇通客车股份有限公司	郑州宇通客车股份有限公司技术中心
34	河南省西峡汽车水泵股份有限公司	河南省西峡汽车水泵股份有限公司技术中心
35	东风汽车公司	东风汽车公司技术中心
	（分中心）郑州日产汽车有限公司	郑州日产汽车有限公司技术中心
	（分中心）东风朝阳朝柴动力有限公司	东风朝阳朝柴动力有限公司技术中心
	（分中心）东风汽车股份有限公司	东风汽车股份有限公司技术中心
36	襄阳汽车轴承股份有限公司	襄阳汽车轴承股份有限公司技术中心
37	广州汽车集团股份有限公司	广州汽车集团股份有限公司技术中心
38	比亚迪汽车工业有限公司	比亚迪汽车工业有限公司技术中心
39	重庆长安汽车股份有限公司	重庆长安汽车股份有限公司技术中心
40	重庆青山工业有限责任公司	重庆青山工业有限责任公司技术中心
41	陕西汽车集团有限责任公司	陕西汽车集团有限责任公司技术中心
42	阜新德尔汽车部件股份有限公司	阜新德尔汽车部件股份有限公司技术中心
43	浙江万里扬变速器股份有限公司	浙江万里扬变速器股份有限公司技术中心
44	芜湖伯特利汽车安全系统股份有限公司	芜湖伯特利汽车安全系统股份有限公司技术中心

资料来源：国家发改委网站

6 技术研发趋势

技术标准

中国汽车工程学会标准（CSAE）开展团体标准项目96项

中国汽车工程学会技术规范工作始于2006年，服务于行业技术进步需要是其基本宗旨；策划、组织编写“国家标准或行业标准尚未涉及但在我国汽车技术研究和产品开发、生产等活动中急需的规范性技术文件”是其主要工作内容；借助汽车轻量化、电动车和车联网三大行业技术创新联盟，充分体会、理解企业技术创新需求是其工作特点。

作为国家标准委员会团体标准试点单位，中国汽车工程学会已发布技术标准42项，在研54项。

中国汽车工程学会标准（CSAE）项目开展情况一览（截至2016年8月）

序号	项目名称
1	商用车润滑导则：第1部分：发动机润滑油的选用
2	商用车润滑导则：第2部分：变速器和驱动桥润滑油的选用
3	商用车润滑导则：第3部分：润滑脂的选用
4	商用车润滑导则：第4部分：特种液的选用
5	汽车液压制动主缸带真空助力器总成性能要求及台架试验规范
6	汽车液压制动主缸带真空助力器总成性能试验装置技术规范
7	乘用车驻车制动操纵装置性能要求及台架试验规范
8	车用尿素溶液技术规范
9	乘用车排气系统用冷轧铁素体不锈钢钢板及钢带
10	汽车用电镀锌冷轧钢板及钢带
11	汽车用冷轧钢板和钢带
12	汽车用热镀锌 / 锌铁合金钢板和钢带
13	汽车用热轧钢板和钢带
14	普通乘用车白车身扭转刚度试验方法
15	普通乘用车白车身弯曲刚度试验方法
16	汽车覆盖件板材抗凹性能试验方法
17	汽车金属材料和零件高周疲劳快速试验方法
18	乘用车润滑导则：发动机润滑油的选用

续表

序号	项目名称
19	乘用车润滑导则：传动系统润滑油的选用
20	乘用车润滑导则：特种液的选用
21	轿车白车身轻量化设计规范
22	液压成形用钢板和钢带制品技术规范
23	汽车热冲压成形用超高强度钢板及钢带技术规范
24	汽车用激光拼焊板焊缝质量测试方法和规范
25	汽车板典型构件的压溃吸能试验规范
26	轻量化车身评价方法技术规范
27	热成形 B 柱设计技术规范
28	内高压成形前副车架设计技术规范
29	前端模块设计技术规范
30	前端模块测试技术规范
31	电动汽车的电磁场发射强度（9 kHz~30 MHz）测试规范
32	电动汽车 CAN 总线故障诊断服务规范
33	电动汽车整车控制器测试评价规范
34	电动汽车 CAN 总线测试规范
35	纯电动乘用车再生制动能量回收率的评价及试验方法
36	汽车用合金渗碳钢
37	汽车用非调质机械结构钢
38	汽车用薄钢板表面波纹度试验方法
39	汽车板材成形性能（FLD）测试规范
40	汽车用可热处理碳素钢板和钢带技术规范
41	汽车外覆盖件抗凹痕性能测试方法
42	金属板材在高应变速率下的力学性能测试方法
43	汽车用热浸镀铝钢板和钢带技术规范
44	汽车轻量化防弹板用钢板和钢带技术规范
45	汽车用弹簧钢技术规范
46	汽车冷轧钢板表面粗糙度和表面形貌的测试规范
47	汽车用非调质钢硫化物形态测试及评价方法
48	齿轮钢带状偏析组织检验规则及评价方法
49	汽车非调质钢制品晶粒度评价方法
50	汽车弹簧钢的松弛抗力测试评价方法
51	齿轮钢弯冲试验评价方法
52	汽车排气系统用不锈钢板耐蚀性测试方法
53	汽车用差厚板通用技术规范
54	电池模块规格化规范
55	电池模块测试规范
56	电池系统测试规范
57	电动汽车整车控制器功能定义及接口规范
58	车联网标准体系
59	车载 OBD 终端标准研究

续表

序号	项目名称
60	汽车零部件及材料实验室循环腐蚀试验方法
61	汽车耐老化 整车大气暴露试验及评价方法
62	汽车耐老化 整车实验室暴露试验方法
63	乘用车整车强化腐蚀试验评价方法
64	乘用车车身加速腐蚀试验方法
65	乘用车白车身防腐设计规范
66	汽车整车结构及零部件腐蚀老化评定方法
67	紧固件摩擦系数试验方法
68	电泳漆泳透力测定方法
69	汽车零部件贮存和运输防锈包装规范和术语
70	特殊过程汽车零部件电镀生产系统评估规范
71	汽车涂料耐紫外线穿透性能检测方法
72	汽车零部件表面处理选型技术规范
73	汽车耐老化 涂层实验室暴露试验方法：Right Light 氙弧灯
74	汽车耐老化 内外饰件大气暴露试验及评价方法
75	汽车耐老化 术语和汽车耐老化整车环境
76	EABS 和 EESP 系统性能台架测试评价规范
77	EABS 系统可靠性和耐久性台架测试规范
78	EABS 和 EESP 系统整车安全性、制动驾驶舒适性和能量回收效率测试规范
79	EESP 系统操稳性测试规范
80	电动车 2 挡变速器测试规范
81	电动空调系统性能测试规范
82	电动乘用车无线快充技术规范
83	电动乘用车无线慢充技术规范
84	电池系统 SOC 测试评价规范
85	电池系统热失控安全测试评价规范
86	分布式四驱整车控制器软件测试技术规范
87	电动汽车识别标志
88	电动客车应急出口设置规范
89	电动客车灭火装置配置要求
90	电动汽车事故后车辆处置规范
91	电动汽车产品使用说明技术文件规范
92	电动汽车电线电缆阻燃要求
93	应急救援指示标志技术规范
94	电动汽车交通事故救援规程
95	电动汽车火灾事故救援规程
96	汽车转向节总成性能要求及台架试验规范

注：1~42项为已发布，其余为在研

资料来源：中国汽车工程学会

2002—2015年共38个汽车项目获国家科学技术奖

研发成果

《国家科学技术奖励条例》于1999年发布，国家科学技术奖设立五个奖项：①国家最高科学技术奖；②国家自然科学奖；③国家技术发明奖；④国家科学技术进步奖；⑤中华人民共和国国际科学技术合作奖。其中，国家自然科学奖、国家技术发明奖、国家科学技术进步奖均分一等奖、二等奖2个等级；国家技术发明奖针对运用科学技术知识做出产品、工艺、材料及其系统等重大技术发明的项目；国家科学技术进步奖针对在应用推广先进科学技术成果，完成重大科学技术工程、计划、项目等方面的项目。

2002—2015年获得国家科学技术奖的汽车项目（含国家技术发明奖和国家科学技术进步奖）共计43项，涉及研发技术、产品技术、制造技术、材料技术、管理技术等诸多方面，获奖数量不断增多，并有多个项目跻身一等奖之列，汽车产业技术活动日益活跃，技术水平日益提高。

2002—2015年获得国家科学技术奖的汽车项目

序号	获奖年份	奖项及获奖等级	获奖项目名称	第一完成人（单位）
1	2015	科学技术进步奖一等奖	汽车制造中的高质高效激光焊接、切割关键工艺及成套装备	邵新宇（华中科技大学）
2	2015	科学技术进步奖二等奖	满足国家第四阶段汽车排放标准的清洁汽油生产成套技术开发与应用	蔺爱国（中国石油天然气股份有限公司）
3	2015	科学技术进步奖二等奖	柴油机低噪声设计关键技术及应用	舒歌群（天津大学）
4	2015	科学技术进步奖二等奖	节能与新能源客车关键技术研发及产业化	李高鹏（郑州宇通客车股份有限公司）
5	2015	科学技术进步奖二等奖	车辆联网感知与智能驾驶服务关键技术及应用	王云鹏（北京航空航天大学）
6	2014	技术发明奖二等奖	汽车电子嵌入式平台技术及应用	吴朝晖（浙江大学）
7	2014	科学技术进步奖二等奖	长安汽车全球协同自主创新工程	重庆长安汽车股份有限公司
8	2014	科学技术进步奖二等奖	汽车制动与ABS多工况整车智能检测技术及装备开发	马建（长安大学）
9	2014	科学技术进步奖二等奖	微通道管材与换热器制造技术及其应用	彭颖红（上海交通大学）
10	2014	科学技术进步奖二等奖	基于路感跟踪的高性能电动助力转向系统关键技术及应用	季学武（清华大学）

续表

序号	获奖年份	奖项及获奖等级	获奖项目名称	第一完成人（单位）
11	2014	科学技术进步奖二等奖	重型柴油车污染排放控制高效SCR技术研发及产业化	贺泓（中国科学院生态环境研究中心）
12	2013	技术发明奖二等奖	基于行驶环境感知与控制协同的汽车智能安全新技术及应用	李克强（清华大学）
13	2012	技术发明奖二等奖	汽车玻璃深加工的关键制造技术及应用	陈文哲（福建工程学院）
14	2012	科学技术进步奖二等奖	汽车用高性能环保聚丙烯材料关键技术的开发与应用	黄险波（金发科技股份有限公司）
15	2012	科学技术进步奖二等奖	全工况高精度轮胎动力学体系创建及应用	郭孔辉（吉林大学）
16	2011	科学技术进步奖二等奖	电阻点焊工艺质量自动监控技术	齐嵩宇（一汽集团）
17	2011	科学技术进步奖二等奖	万向基于汽车零部件及系统的“三位一体”创新体系建设	万向集团公司
18	2011	科学技术进步奖二等奖	高品质镁合金集成与循环应用技术	潘复生（重庆大学）
19	2011	科学技术进步奖二等奖	大批量混流生产工艺过程优化平台及其在汽车等行业的应用	邵新宇（华中科技大学）
20	2011	科学技术进步奖二等奖	汽车装配线摩擦输送关键技术及成套设备	杨雷（南京航空航天大学）
21	2011	科学技术进步奖二等奖	基于中级轿车平台的荣威550车型自主开发	高卫民（上汽集团）
22	2011	科学技术进步奖二等奖	复杂薄板产品装配的数字化工艺设计与装备技术	林忠钦（上海交通大学）
23	2010	技术发明奖二等奖	运动汽车噪声综合识别及控制技术	连小珉（清华大学）
24	2010	科学技术进步奖二等奖	高品质J6重型车及重型柴油机自主研发与技术创新	李骏（一汽集团）
25	2008	科学技术进步奖一等奖	奇瑞节能环保汽车技术平台建设	奇瑞汽车股份有限公司
26	2008	科学技术进步奖一等奖	东风1.5吨级高机动性越野汽车的研制	黄松（东风汽车公司）
27	2008	科学技术进步奖二等奖	轿车整车自主开发系统的关键技术研究及其工程应用	尹同耀（奇瑞汽车有限公司）
28	2008	科学技术进步奖二等奖	燃料电池轿车动力平台关键技术	万钢（同济大学）
29	2007	技术发明奖二等奖	车用柴油发动机新型电控系统及其应用	欧阳明高（清华大学）

续表

序号	获奖年份	奖项及获奖等级	获奖项目名称	第一完成人（单位）
30	2007	科学技术进步奖二等奖	支持生产设备集成运行的网络化制造系统及支撑技术	刘飞（重庆大学）
31	2007	科学技术进步奖二等奖	超大容积高端汽车灯具镀膜系列装备与工艺研发及产业化	范多旺（兰州交通大学）
32	2007	科学技术进步奖二等奖	汽车综合性能检测关键技术研究、系列产品开发及其产业化	马建（长安大学）
33	2007	科学技术进步奖二等奖	一汽解放第五代奥威重型系列商用车及其重型柴油机自主开发	刘蕴博（一汽集团）
34	2006	科学技术进步奖二等奖	车身结构及部件快速精细设计、制造分析KMAS软件系统	胡平（吉林大学）
35	2005	科学技术进步奖一等奖	宝钢高等级汽车板品种、生产及使用技术的研究	谢企华（宝山钢铁股份公司）
36	2005	科学技术进步奖二等奖	汽车摩托车齿轮类零件冷摆辗精密成形技术及其应用	华林（武汉理工大学）
37	2005	科学技术进步奖二等奖	轿车覆盖件精密成形技术及其应用	林忠钦（上海交通大学）
38	2004	科学技术进步奖二等奖	汽车碰撞安全性设计与改进理论、方法及关键技术	钟志华（湖南大学）
39	2003	科学技术进步奖二等奖	轿车用高性能水雾化粉末材料的规模化生产技术	崔建民（山东莱芜粉末冶金厂）
40	2002	科学技术进步奖一等奖	薄板冲压工艺与模具设计理论、计算方法和关键技术及在车身制造中的应用	钟志华（湖南大学）
41	2002	科学技术进步奖二等奖	轿车车身制造质量控制技术及其应用	林忠钦（上海交通大学）
42	2002	科学技术进步奖二等奖	轿车液力变矩器	葛安林（上海离合器总厂）
43	2002	科学技术进步奖二等奖	汽车尾气催化净化器的关键技术研究及产业化	黄荣光（昆明贵金属研究所）

资料来源：科技部网站

2001—2015年共41个项目获汽车科技进步奖特、一等奖

汽车科学技术奖设立“中国汽车工业科学技术进步奖”“中国汽车工业优秀科技人才奖”“中国汽车工业优秀青年科技人才奖”三个奖项。其中，“科学技术进步奖”分为“技术开发项目”“社会公益项目”“重大工程项目”三个类别。2001—2015 年共有 41 个项目获得中国汽车工业科学技术进步奖特等奖或一等奖。年度获奖数量和水平逐年提高，产、学、研联合创新的趋势和优势日益凸显。

2001—2015年获汽车科学技术进步奖特、一等奖项目

序号	获奖年份	获奖项目名称（除标注外均为一等奖）	完成单位
1	2015	前置前驱8挡自动变速器（8AT）	盛瑞传动股份有限公司 北京航空航天大学
2	2015	电动汽车制动能量回收系统节能安全关键技术及多车型应用	清华大学 中国科学院电工研究所
3	2015	全新SUV平台哈弗H6开发与产业化	长城汽车股份有限公司
4	2015	C30平台纯电动乘用车关键技术集成开发与应用	北京新能源汽车股份有限公司 北汽大洋电机科技有限公司 北京普莱德新能源电池科技公司
5	2015	基于机器人的汽车焊接自动化生产线	一汽模具制造有限公司 一汽轿车股份有限公司 上海交通大学 北京机械工业自动化研究所
6	2015	电动汽车充电基础设施关键技术与工程应用	北京理工大学 北京交通大学 北京华商三优新能源科技有限公司
7	2014	红旗高级轿车系列产品自主研发与技术创新（特等奖）	一汽集团
8	2014	汽车运动品质开发关键理论和技术及其应用	吉林大学
9	2014	长安P3乘用车平台研发及产业化应用	重庆长安汽车公司
10	2014	基于跨平台模块化架构的汽车正向开发技术研究与应用	广汽集团
11	2014	电动汽车整车控制方法	重庆长安新能源汽车公司 重庆长安汽车公司
12	2014	新型复杂武器系统高机动轮式车辆开发及模块化、系列化	东风汽车技术中心 武汉理工大学
13	2013	金杯大海狮H2L轻型客车的开发	华晨汽车

续表

序号	获奖年份	获奖项目名称（除标注外均为一等奖）	完成单位
14	2013	无级自动变速器研发	奇瑞汽车公司 重庆理工大学 北京理工大学
15	2013	精密喷射成形快速制模技术研究	东风商用车技术中心 东风锻造公司
16	2013	汽车NVH控制技术的研发及产业化应用	重庆长安汽车公司 重庆大学
17	2012	新一代军车关键技术及应用	东风汽车集团技术中心 东风越野车公司 东风特种车公司
18	2012	哈弗H3/H5系列SUV及高性能乘用车柴油机自主研发	长城汽车公司
19	2012	吉利轿车安全技术的研发与产业化	吉利汽车集团 吉利汽车研究院
20	2011	全工况高精度轮胎动力学理论、关键技术及应用（特等奖）	吉林大学
21	2011	陆风X8全领域SUV自主研发及产业化	江铃控股有限公司
22	2011	中国一汽奔腾深混式和插电式混合动力轿车自主创新与产品开发	一汽集团技术中心 吉林大学
23	2011	新赛欧架构平台创建及系列车型的自主开发	上海通用汽车公司 泛亚汽车技术中心
24	2010	中级轿车荣威550的自主开发（特等奖）	上海汽车集团公司
25	2010	长安中混合动力轿车技术平台开发及其产业化应用	重庆长安汽车公司 清华大学 重庆大学 重庆长安新能源汽车公司
26	2010	东风天锦中型载货汽车的开发和自主创新	东风商用车技术中心
27	2009	一汽解放第六代J6重型系列商用车及其重型柴油机自主开发（特等奖）	一汽集团
28	2009	第二代0.5/0.7t级军用越野汽车开发研制	北京汽车工业公司 解放军总装备部汽车试验场 解放军总装备部车船军事代表局驻北京地区军事代表室
29	2009	自主电控单体泵喷油系统与一汽国III排放标准系列柴油机产品平台开发	一汽集团技术中心 亚新科南岳（衡阳）公司 长春启明车载电子公司
30	2009	低噪声汽车的理论方法、关键技术及工程应用	清华大学汽车安全与节能国家重点实验室
31	2008	燃气汽车发动机及关键零部件开发及产业化	中汽研究院 北京玻璃钢研究院 重庆鼎辉燃气汽车系统公司

续表

序号	获奖年份	获奖项目名称（除标注外均为一等奖）	完成单位
32	2008	东风混合动力电动城市客车的开发	东风汽车公司 北京中纺锐力机电公司 湖南神舟科技公司
33	2007	东风1.5吨高机动性越野汽车的开发	东风汽车公司 中国人民解放军总装备部汽车试验场 中国人民解放军驻东风汽车公司军事代表室
34	2006	Z系列AT自动变速器产品研发与产业化	吉利变速器公司 吉利汽车研究院 吉利汽车有限公司等
35	2005	汽车防抱制动系统研究开发及其产业化	清华大学汽车安全与节能国家重点实验室 浙江亚太机电公司 北京吉普汽车公司
36	2005	汽车车身结构及部件快速设计、制造分析KMAS软件系统	吉林大学动态模拟国家重点实验室 吉林大学车身与模具研究所
37	2004	别克君威系列轿车	上海通用汽车公司 泛亚汽车技术中心
38	2003	东风-雪铁龙爱丽舍车型的开发及工业化投产	神龙汽车公司 东风汽车研究院
39	2003	在用车辆智能化检测系统新技术研究	吉林大学交通学院
40	2001	别克轿车液力变矩器	上海离合器总厂 吉林大学
41	2001	汽车工业用机器人开发与应用	一汽集团中科院 沈阳自动化所 哈工大机器人研究院

资料来源：中国汽车工程学会科技奖励工作委员会

2015年中国汽车工业科学技术进步奖6个一等奖项目成果简介

2015年中国汽车工业科学技术进步奖6个一等奖项目成果简介

前置前驱8挡自动变速器（8AT）

该项目成果采用4自由度行星变速机构，创造性地将行星齿轮传动与定轴齿轮传动相融合，利用3个行星排、3对定轴齿轮、5个换挡元件布置在两根轴系的结构方案，属原始创新，科学合理，为世界首款实现量产的前置前驱8AT。8AT方案设计精巧，通过简单换挡逻辑，可实现灵活的单步或多步换挡，传动效率高。可基于同一平台，实现5AT~13AT系列化产品和混合动力自动变速器的开发，特别适合中国汽车市场多层次的整车匹配需求。

该项目的主要创新点如下：①基于图论和拓扑理论，提出了基于遗传算法的4自由度行星齿轮机构传动方案综合和优化方法，并建立了包括本项目前置前驱8挡自动变速器传动方案在内的4自由行星齿轮传动机构8AT~13AT方案数据库。②发明了4自由度行星齿轮机构，采用二平行轴布置的前置前驱8挡自动变速器方案，创造性地将行星齿轮传动与定轴齿轮传动相结合，利用3个行星排、3对定轴齿轮、5个换挡元件布置在两根轴系的布置方案，采用简单换挡逻辑，实现了8个前进挡和1个倒挡。③提出了平台化的设计方案，基于同一平台实现系列产品的研发。实现8挡两驱、四驱、混合动力及9~13挡的系列化产品设计开发，覆盖了从120NM到2000NM的传统5AT~13AT和插电式混合动力自动变速器。④自主开发了适应8挡换挡逻辑的电子控制系统、液压控制系统、机械传动系统，建立了完善的自动变速器正向开发方法、开发流程以及匹配流程，掌握了自动变速器机械、液压、电子控制系统关键技术。⑤制订了完善的自动变速器试验测试规范，自主开发了多个自动变速器试验设备，建立了完善的自动变速器试验验证体系。

项目集成应用了国际先进的8挡换挡控制理论、工程化及产业化、应用软件开发、整车匹配标定、生产制造和试验测试等技术，通过集成创新，实现了8AT与七款整车的匹配，并已搭载整车批量投放市场。该项目成果与陆风X5两驱、陆风X5四驱、陆风X7、海马骑士S7、奇瑞凯翼XD41、长丰CS10、长城嘉誉等七款整车实现匹配。2013年建成了年产10万台8AT自动装配线和自动测试线，形成了批量生产能力。2011年，8AT发明专利“可动力换挡多挡变速器”被国家知识产权局和世界知识产权组织联合评为第十三届“中国专利金奖”。2013年，8AT搭载陆风X5开始试销售；2014年9月9日，搭载8AT的两驱陆风X5汽车正式面向全国上市销售；目前已累计完成8AT产销10 668台和8 275台；同时形成了“三国五地”的研发布局，实现了由项目合作向长期战略合作的转变；与此同时，培养了一支掌握自动变速器核心技术的人才队伍，具备了可持续创新的能力，具有良好的社会经济效益。

电动汽车制动能量回收系统节能安全关键技术及多车型应用

发展电动汽车是节能减排的战略举措，城区运行的汽车制动过程消耗的能量约占直接驱动汽车运行能量的40%~50%，能够回收制动能量的回馈式制动系统是决定多种形式电动汽车能效和制动安全的关键部件和核心技术。该项目解决了该系统涉及的制动力耦合装置设计、安全性能控制、动态实验装备等国际性难题，获授权发明专利30项，形成具有自主知识产权的系列核心技术。

该项目的主要技术发明点包括：①发明了具有轮缸压力调节和制动踏板感觉模拟双重功能的制动能量回收装置和协调式能量回收方法，大幅改善了多种形式电动汽车的能量经济性。系统降低电动客车驱动能耗23.56%，降低电动轿车能耗23.74%，优于国际纯电动汽车标杆日产LEAF 20.53%的水平。②提出回馈制动与摩擦制动动态协调ABS控制方法和系统失效保护控制方法，提高了附着系数利用率和应急状态切换速度，保证了系统安全可靠运行。在电机回馈制动失效时，摩擦制动

续表

恢复时间为 120 ms，优于国际同行德国 Continental 公司产品 150 ms 的技术水平。③研制出回馈制动系统动态负载模拟实验装备，提出动态负载模拟控制与滑移率控制的解耦方法，解决了回馈制动过程动态负载模拟控制与滑移率控制的耦合难题，实现车辆极端行驶状态下地面纵向力的高精度模拟，地面纵向力随滑移率变化率的模拟误差≤ 0.1%，优于国际主流实验装备日本 HORIBA 模拟误差 0.7% 的技术水平。 该项目成果解决了制动能量回收系统能量回收效率与制动舒适性难以兼顾的行业难题，使我国制动能量回收系统研究水平走在世界前列，对推动我国电动汽车整车产业升级意义重大。在支撑系统研制的关键实验装置方面，解决了电机动态负载模拟控制与车轮滑移率控制的耦合难题，改变了国际上现有实验装备不能精准模拟回馈制动动态负载的局面。同时项目成果在宇通、中通、福田、奇瑞、北汽等多家企业的混合动力、插电式、纯电动等 30 多种车型累计 1.4 万余辆电动汽车上实现了规模化应用，大幅降低了汽车能耗，年节电近 2.2 亿度。国内市场占有率超过国外同类产品，新增利润达 6 亿元。为解决环境污染与能源安全问题、增强我国新能源汽车市场竞争力提供了关键技术支撑，经济和社会效益显著。
全新 SUV 平台哈弗 H6 开发与产业化
进入 21 世纪以来，中国汽车产业飞速发展，汽车产业已成为中国重要的支柱产业。其中安全指数高、承载能力强、动力性优越的 SUV 日渐得到消费者的认可，成为乘用车市场新的增长点。在此背景下，长城汽车坚持以顾客为导向，坚持自主创新，以“品质领先”为契机，开展了都市型多功能 SUV 整车及发动机的研发及产业化工作。瞄准绿色环保型材料应用、高效清洁动力总成、安全、NVH 性能、时尚造型、智能配置集成等核心与关键技术进行重点攻关，并取得了突破性的进展。该项目开发出的哈弗 H6 SUV 整车在研制过程中获得国家专利授权 95 项（发明专利 33 项），制定国家标准 4 项。 该项目的主要技术创新点如下：①长城汽车在国内率先建立了汽车回收利用技术体系，开展汽车有害物质使用和可回收利用率管理。建立可回收性设计与评价相关技术标准 7 项，采用国际先进设备组建了重金属、石棉、溴系阻燃剂等有害物质检测分析实验室。在此基础上，对 H6 车型从绿色材料的应用、可回收及易拆解结构设计、有害物质符合性管控等方面完成了全生命周期的绿色环保可回收技术开发，使哈弗 H6 可再利用率达到 93.6%，可回收利用率达到 96.4%。②该项目设定了 3 年无锈蚀、10 年无锈穿的整车防腐性能目标。车身板材 58% 以上采用 50/50（单位 g/㎡）规格的连续热镀纯锌钢板，与合资品牌同类产品相比处于领先地位。③长城汽车技术中心在行业内率先提出了“3DP（Three Dimension Protection）”的车辆结构耐撞性设计技术，即“乘员、行人、车辆全面保护”的三维安全设计技术。④高功率小排量发动机开发。 该项目成果自 2011 年 8 月上市至 2014 年 12 月底，累计销售 67.76 万台，实现销售收入 645.62 亿元。哈弗 H6 在取得经济效益的同时，也受到了各行业、媒体的好评和认可，先后赢得汽车族评选的“2012 中国年度车型”、中国汽车工程学会越野车技术分会颁发的“中国越野车最佳安全技术奖”等多项大奖，并于 2013 年 1 月、10 月分别获中央电视台财经频道评选的“CCTV 中国年度多功能车”及国家知识产权局颁发的“中国外观设计金奖”，并取得了良好的社会效益。哈弗 H6 整车与发动机的产业化带动了长城公司所在地区上万人的就业及经济发展，促进了配套企业的发展及配套企业所在区域的就业，提升了民族汽车工业自主研发、掌握核心技术的能力，具有显著的社会经济效益。
C30 平台纯电动乘用车关键技术集成开发与应用
从新能源汽车发展趋势看，纯电动汽车未来将呈现高速增长，车型级别将向小型化发展，主要集中在 A 级车型以下。通过对一、二线城市潜在电动汽车消费群体的市场调研得出，电动汽车的主要消费群体集中在年龄 20~40 岁的年轻群体，学历较高。通过大量的市场调研与用户测试，以及车型对比分析，锁定 A0 级纯电动车型，无论从车型级别、产品价格角度，都更加符合潜在用户

续表

对电动车的使用需求。C30纯电动汽车平台为北汽新能源公司自主研发面向产业化的纯电动汽车技术平台，目前具有EV150和EV200两个轿车车型，以及M307EV物流运输车型。研发总投资约5.8亿元，其中得到政府项目支持20余项，累计资金支持2.5亿元，项目参加人员350人。

该项目的主要创新点有：①前机舱上下两层布置，结构简单、维修方便。电池包居中布置，保证优异的整车安全性和操稳性。②多维度轻量化技术开发，在保障安全性能的前提下，以降低电耗为核心目标，从新材料、新结构、新工艺、系统集成、能量管理精细化等多个维度进行轻量化技术开发，与基础燃油车相比，最新一代C30整备质量增幅仅为12.2%，显著低于日产LEAF(23.4%)和雪佛兰SPRINGO（33.2%）的整备质量增幅；C30NEDC工况百公里电耗为14.5kWh，也低于日产LEAF(14.6 kWh)和雪佛兰SPRINGO（15kWh）。③基于电动部件能耗特性和整车工况的整车能量精细化设计和管理。基于系统效率进行整车性能开发，根据系统效率最优进行动力系统设计及控制；提出电机与变速箱高效匹配、变速箱油品油量综合分析、整车多模式驱动控制、高效制动能量回收策略等多个系统效率优化设计和控制方法，经过试验测试可有效提高系统效率5%~10%。④集成控制器自主研发，整车协同管理及远程智能控制系统。⑤高效永磁同步电机开发，最高效率可达95.5%。实现国际最领先的功率密度3.4kW/kg（有效重量不含壳体转轴）。

该项目在研制过程中共获得授权发明专利21项，并获得两项国际发明奖。发表论文33篇，其中SCI检索2篇，EI检索6篇。形成企业标准133项，参与北京市标准制定3项，并将核心知识产权参与北京现代、北京奔驰的电动汽车合作项目。该平台车型的投产已形成每年2万辆产能，自投放市场以来，已累计销售超过6 748辆。其中2013年和2014年都为国内纯电动汽车销售冠军。产品车型涉及对私车型及出租车型，覆盖私人市场、分时租赁、出租汽车、微公交、驾校用车、政府机关单位以及物流用车多个领域。累计出租车运营1 750辆，载客量1 400万人，行驶5 000万公里，出租车推广应用为世界第一；同时建设了电动汽车监控中心。推出智·惠·管家无忧服务，让用户购车无忧、出行无忧、保养无忧，实现全流程服务，具有显著的社会效益和经济效益。

基于机器人的汽车焊接自动化生产线

该项目通过自主开发基于机器人的汽车焊接自动化生产智能成套设备，形成焊装线开发和产品质量控制的智能成套技术，提升国内焊装线技术水平，推动国内焊装及配套行业的发展。研发的主要智能功能部件包括：焊装线主拼焊台及智能车型切换装置、智能高速输送设备、白车身分布式检测与智能诊断系统、国产节能伺服焊钳与机器人集成应用系统、基于工业总线技术的智能生产控制系统。项目成果在一汽轿车生产线得到示范应用。

该项目研发的自动化生产线具有自动根据订单安排生产计划，多种车型随机混流生产模式，生产过程控制的程序化、数字化、远程遥控化，生产中自动车型识别和传送、焊装设备运行状况智能故障诊断及报警等特征。可实现年纲领20万辆以上、3个以上车身产品平台、6种以上车型的柔性生产，车型切换时间8 s。工位间采用高速自动化输送设备，采用闭环伺服位置传感装置实现传输时间5 ~ 6 s。应用自主研发的在线检测系统实现对白车身尺寸精度的实施检测跟踪，应用国产智能机器人及软硬件系统，全线采用基于工业总线技术的智能生产控制系统。

该项目主要创新点如下：①焊装线主拼焊台智能车型切换装置：自主研制和开发面向多车型混流生产线的侧围夹具智能切换系统，可根据主拼工位的车型及生产节拍要求，实现不同车型的快速识别和相对应车型侧围夹具的准确切换。②研发汽车生产线高速滚床输送装置控制系统，可实现针对不同节拍改变输送速度，实现生产过程控制的程序化、数字化、远程遥控化，生产中车型的传送、设备运行状况智能故障诊断及报警等功能。③建成了汽车车身制造过程激光在线检测、数据处理与智能诊断系统平台，形成大批量、高节拍生产条件下的车身制造过程尺寸精度综合监控技术，通过工程示范应用显著提高汽车车身制造过程尺寸检测效率和故障诊断能力。④自主研发机器人专用次高频点焊机，实现点焊机与机器人之间的实时通信与监控。⑤基于工业总线技术的智能生产控制系

续表

统：智能生产控制系统可实现三个平台六种车型随机连续式混流生产，并根据生产需要具备手动调整上线车序功能。

该项目成果在一汽轿车焊装生产线上得到示范应用，主要用于生产 J61、J71、J31、J44、D009、D021 等 6 种车型，具有车型种类多、产量大、柔性混流生产、自动化程度高等特点，累计年产量 25 万辆，2013 年 3 月投入生产使用，12 月通过工程验收。示范工程项目已累计生产白车身约 1.65 万辆，创经济效益约 1.65 亿元；累计生产车身下部总成约 1.67 万辆，创经济效益约 1.34 亿元；示范项目生产系统未发生重大的影响生产线整体运行的故障，满足了用户生产质量要求，具有良好的经济效益和社会效益。

电动汽车充电基础设施关键技术与工程应用

该项目以理论创新、技术发明、关键技术突破、集成创新与应用为主线，在国际上率先研究了充电站规划布局理论和设计方法，提出了充电站总体逻辑拓扑结构；构建了动力电池自动快换技术体系，开发了多种适用于快换的电池包产品，开发了系列化、可靠、高效的充电设备和动力电池更换设备；研究电池成组寿命和安全理论，提出了充电站分箱充电的设计方法与控制策略；建立了充电站安全体系并开发了充电安全技术；研发了智能充电服务系统，构建了车电隶属分离、租赁应用、专业维护和全寿命梯次应用的电池运营管理模式；在国内率先构建了充电基础设施标准体系，共制定地方标准 19 项，12 项已立项升级为国标或行标，或主要技术内容被国标或行标引用采纳。

该项目的主要创新点有：①在国际上率先建立了基于不同类型车辆能耗等效原则的充电站规划布局理论和设计方法；提出了充电站总体逻辑拓扑结构，确定了各功能区之间的通信、电气及机械接口逻辑关系；建立了基于车辆返站荷电状态概率分布的充电设备、备用电池包、快换设备等核心装备的匹配方法，并构建了充电基础设施服务能力模型体系。②建立了基于层次分析法的充电设备参数评价指标体系及测试方法，开发了系列化、可靠、高效的充电设备；在国际上首次提出了电动客车电池快换设备在车辆两侧对称布置、独立控制、分箱组合式快换的原则，构建了动力电池自动快换技术体系，开发了多种类型动力电池快换设备；建立了动力电池包跌落安全防护控制方法、性能评估模型和维护方法，开发了多种适用于快换的电池包产品；建立了充电设备和动力电池系统等核心装备的测试与检验平台。③建立了动力电池成组寿命模型，提出了基于单体极端参数的充电安全控制策略，已被国内外广泛应用；提出了分箱充电方法及其控制策略，提高了充电效率和系统安全性；开发了充电监控平台，建立了基于实时数据跟踪和历史数据对标的多级动力电池充电过程监控与安全预报警体系；提出并建立了充电基础设施防火灭火、烟雾报警等安全方法及多重冗余安全防护体系。④研发了智能充电服务系统，实现了充电基础设施的高效调度、智能运行与可靠应用，构建了车电隶属分离、租赁应用、专业维护和全寿命梯次应用的动力电池运营管理模式。

该项目成果在北京奥运、上海世博、广州亚运等国际盛会的充电站设计、建设与运营中成功应用，开创性地建造了国际上首座兼容整车充电和电池自动快换的北京奥运电动客车充电站，项目组至今累计设计和建设了各类充电站 441 座，相关技术和产品实现了北京、深圳、上海、合肥、大连等多个城市在电动公交客车、出租车、环卫车、私人用车等领域的规模推广应用。同时在项目研制过程中获授权发明专利 16 项，实用新型专利 34 项，软件著作权 11 项，发表 SCI 论文 17 篇，EI 论文 81 篇，出版著作 2 部。近三年，累计新增直接销售额 4.17 亿元，具有良好的社会经济效益。

资料来源：中国汽车工程学会科技奖励工作委员会

2015年中国汽车行业专利授权总量超过8万件

技术专利

在中国，专利包括发明专利、实用新型专利和外观设计专利 3 种类型。2005 年，3 种类型专利授权总量为 8 441 件。到 2015 年授权总量达到了 84 205 件，增长了近 9 倍，年均增长率为 25.9%。其中：发明专利增长了 13.0 倍，年均增长 30.2%；实用新型专利增长了 7.9 倍，年均增长 24.4%；外观专利增长了 9.2 倍，年均增长 26.2%。“十二五”期间（2011—2015 年）国内汽车行业专利授权总量年均增长率为 18.2%。近年来，我国专利审查评价体系标准日趋严格，授权量增长速度放缓。2015 年，中国汽车行业专利授权总量为 84 205 件，比 2014 年的 64 483 件增长了 30.6%。2015 年的授权总量中，发明专利授权 15 782 件，占总量的 19%；实用新型专利授权 43 067 件，占总量的 51%；外观设计专利授权 25 366 件，占总量的 30%。

2005—2015 年 3 种类型汽车专利授权数量及增长情况

	2005	2006	2007	2008	2009	2010	2011	2012	2013	2014	2015
外观设计专利	2 477	3 391	4 147	4 137	6 213	11 425	14 402	16 690	17 676	18 111	25 366
实用新型专利	4 837	5 717	8 067	9 798	11 562	17 344	22 222	27 867	38 722	37 602	43 067
发明专利	1 127	1 780	2 562	4 214	5 337	5 367	6 543	9 000	9 294	8 770	15 782
总量同比增长	—	29.0	35.7	22.8	27.3	47.7	26.5	24.1	22.7	−1.8	30.6

2015 年 3 种类型汽车专利授权数量所占比例

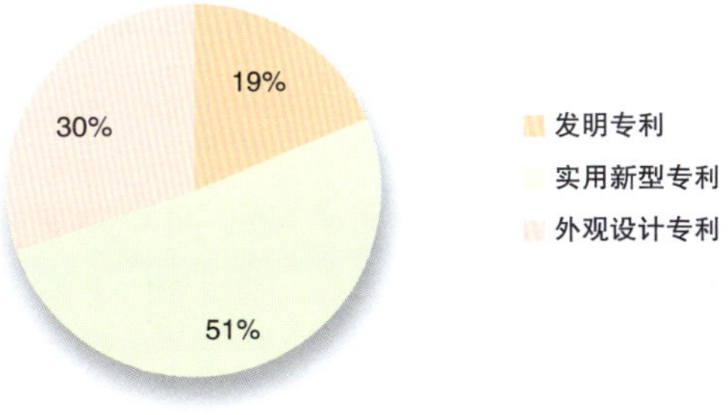

资料来源：http://www.pss-system.gov.cn/sipopublicsearch/search/searchHomeIndex.shtml

2005—2015年汽车发动机专利授权数量增长9倍

按照技术构成分类，将汽车分为发动机、底盘、车身和车用电气 4 个主要类别。2015 年，发动机专利授权数量为 10 227 件，比 2005 年的 1 027 件增长了 9.0 倍。2005—2015 年的年均增长率为 25.8%。其中：供给系统相关专利增长了 9.8 倍，年均增长 26.8%；润滑系统相关专利增长了 11.0 倍，年均增长 28.2%；冷却系统相关专利增长了 11.9 倍，年均增长 29.2%；起动系统相关专利增长了 6.5 倍，年均增长 22.3%；点火系统相关专利增长了 3.5 倍，年均增长 16.3%；其他相关专利增长了 8.9 倍，年均增长 25.8%。2015 年，供给系统授权 3 375 件，占整个发动机系统的 33%；润滑系统授权 902 件，所占比重为 9%；冷却系统授权 1 721 件，所占比重为 17%；起动系统授权 912 件，所占比重为 9%；点火系统授权 415 件，所占比重为 4%；其他部分授权 2 902 件，所占比重为 28%。

2005—2015 年汽车发动机系统专利授权数量

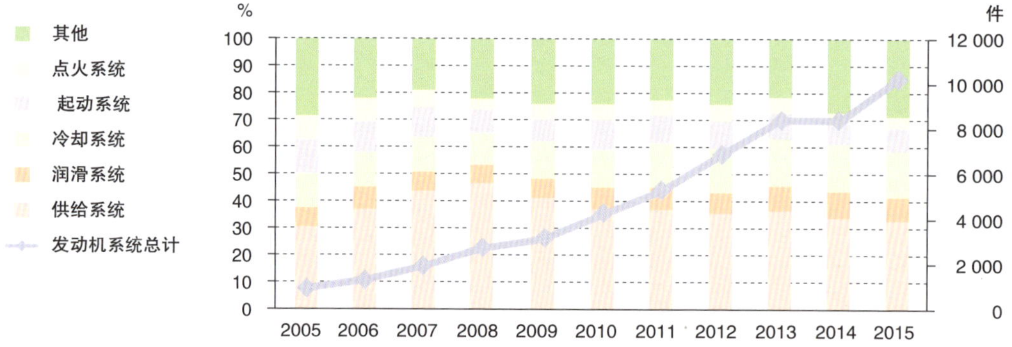

	2005	2006	2007	2008	2009	2010	2011	2012	2013	2014	2015
其他	292	296	383	612	753	1 000	1 193	1 658	1 837	2 271	2 902
点火系统	92	116	117	118	180	257	279	388	453	281	415
起动系统	122	151	226	242	265	467	542	721	834	728	912
冷却系统	133	166	258	331	437	600	849	1 113	1 463	1 494	1 721
润滑系统	75	110	151	177	226	340	439	528	796	784	902
供给系统	313	499	883	1 322	1 301	1 576	1 962	2 445	3 106	2 915	3 375
发动机系统总计	1 027	1 338	2 018	2 802	3 162	4 240	5 264	6 853	8 489	8 473	10 227

资料来源：http://www.pss-system.gov.cn/sipopublicsearch/search/searchHomeIndex.shtml

2015年发动机授权专利国内外申请人申请数量之比为3:1

2015年授权的发动机技术相关专利中，发明专利共3 524件，比2014年的2 047件增长了72.2%，占发动机专利总量的34%；实用新型专利共6 185件，比2014年的5 917件增长了4.5%，占61%；外观设计专利共518件，比2014年的509件增长了1.8%，占5%。

2015年，在10 227件发动机相关授权专利中，国内申请人申请7 642件，而国外申请人申请2 585件。二者之比接近3:1。在3 524件发明专利中，国内申请人申请1 222件，而国外申请人申请2 302件。二者之比接近1:2。在6 185件实用新型专利中，国内申请人申请5 955件，而国外申请人申请230件。二者之比接近26:1。在518件外观设计专利中，国内申请人申请465件，而国外申请人申请53件。二者之比接近9:1。从技术含量最高的发明专利授权情况可见，国内申请人的总体技术实力和国外申请人尚有不小差距。

2005—2015年汽车发动机3种类型专利授权数量

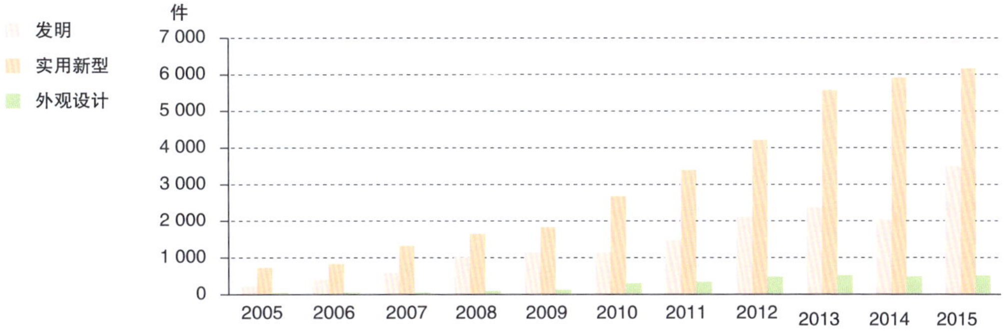

	2005	2006	2007	2008	2009	2010	2011	2012	2013	2014	2015
发明	258	421	591	1 048	1 182	1 188	1 476	2 116	2 374	2 047	3 524
实用新型	729	848	1 353	1 661	1 847	2 718	3 417	4 230	5 592	5 917	6 185
外观设计	40	69	74	93	133	334	371	507	523	509	518

2005—2015年汽车发动机专利国内外申请人授权数量（件）

年份			2005	2006	2007	2008	2009	2010	2011	2012	2013	2014	2015
发动机系统	发明	国内申请人	51	69	105	180	250	293	404	577	680	559	1 222
		国外申请人	207	352	486	868	932	895	1 072	1 539	1 694	1 488	2 302
	实用新型	国内申请人	717	838	1 329	1 646	1 836	2 653	3 328	4 150	5 459	5 695	5 955
		国外申请人	12	10	24	15	11	65	89	80	133	222	230
	外观设计	国内申请人	28	45	61	81	108	301	338	477	491	462	465
		国外申请人	12	24	13	12	25	33	33	30	32	47	53

资料来源：http://www.pss-system.gov.cn/sipopublicsearch/search/searchHomeIndex.shtml

2015年发动机领域专利江淮公司授权量最多

2015 年中国汽车发动机专利授权数量前 10 位的国内外机构排名情况如下图所示。在国内机构中，安徽江淮汽车股份有限公司以 344 件的授权量排名第一；在国外机构中，丰田自动车株式会社授权量最多，为 299 件。

2015 年汽车发动机专利授权数量前10位国内机构

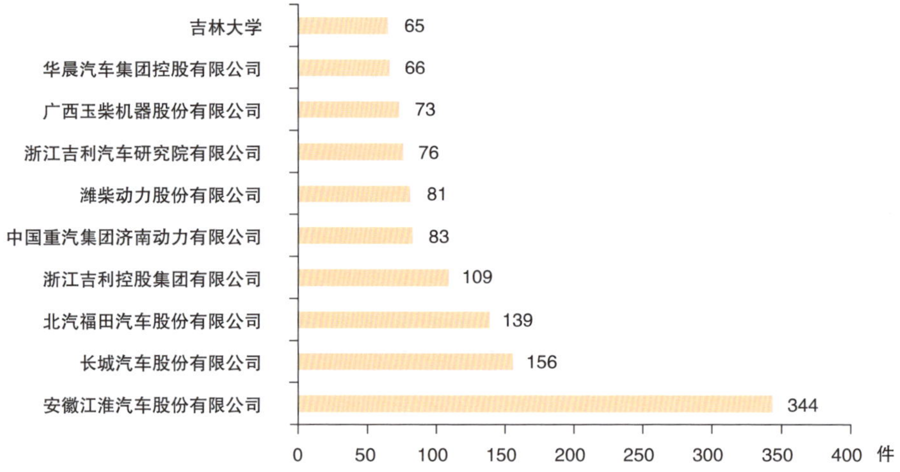

2015 年汽车发动机专利授权数量前10位国外机构

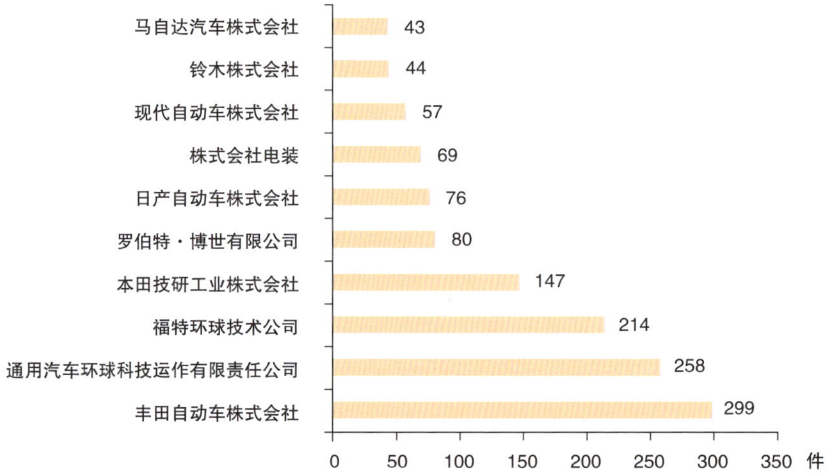

资料来源：http://www.pss-system.gov.cn/sipopublicsearch/search/searchHomeIndex.shtml

2005—2015年汽车底盘专利授权数量年均增长25.8%

2015年，汽车底盘专利授权数量为24 126件，比2005年的2 435件增长了8.9倍，年均增长率为25.8%。其中：制动系统相关专利增长了8.9倍，年均增长25.8%；转向系统相关专利增长了11.2倍，年均增长28.4%；行驶系统相关专利增长了9.1倍，年均增长26.0%；传动系统相关专利增长了7.3倍，年均增长23.6%。2015年，制动系统授权数量为4 137件，占整个汽车底盘系统的17%；转向系统授权4 432件，所占比重为18%；行驶系统授权10 310件，所占比重为43%；传动系统授权5 247件，所占比重为22%。

2005—2015 年汽车底盘系统专利授权数量

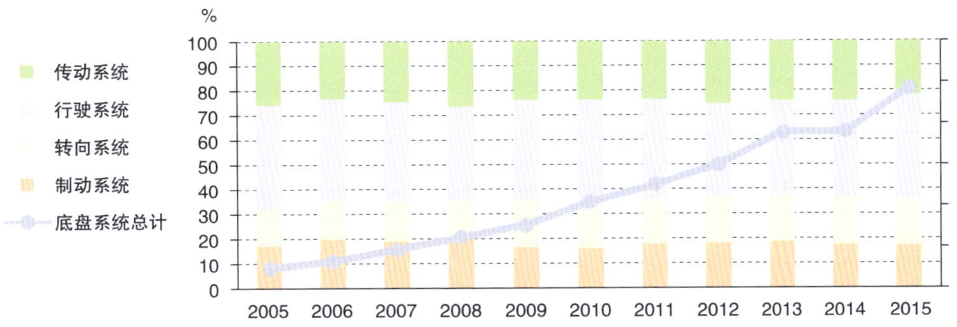

	2005	2006	2007	2008	2009	2010	2011	2012	2013	2014	2015
传动系统	629	784	1 173	1 621	1 801	2 473	2 974	3 808	4 548	4 583	5 247
行驶系统	1 025	1 382	1 907	2 342	3 060	4 259	5 086	5 626	7 225	7 417	10 310
转向系统	364	516	748	931	1 450	1 935	2 208	2 807	3 547	3 558	4 432
制动系统	417	663	897	1 225	1 242	1 654	2 220	2 708	3 481	3 316	4 137
底盘系统总计	2 435	3 345	4 725	6 119	7 553	10 321	12 488	14 949	18 801	18 874	24 126

资料来源：http://www.pss-system.gov.cn/sipopublicsearch/search/searchHomeIndex.shtml

2015年汽车底盘授权专利实用新型占62%

2015 年授权的底盘技术相关专利中，发明专利共 5 369 件，比 2014 年的 3 006 件增长了 78.6%，占底盘相关专利的 22%；实用新型专利共 14 917 件，比 2014 年的 13 587 件增长了 9.8%，占 62%；外观设计专利共 3 840 件，比 2014 年的 2 281 件增长了 68.3%，占 16%。

2015 年，在 24 126 件授权的底盘相关专利中，国内申请人申请 20 641 件，而国外申请人申请 3 485 件，二者之比接近 6:1。在 5 369 件发明专利中，国内申请人申请 2 563 件，而国外申请人申请 2 806 件。二者基本持平。在 14 917 件实用新型专利中，国内申请人申请 14 671 件，而国外申请人申请 246 件。二者之比接近 60:1。在 3 840 件外观设计专利中，国内申请人申请 3 407 件，而国外申请人申请 433 件。二者之比接近 8:1。国内申请人所获授权专利主要集中在实用新型领域。

2005—2015 年汽车底盘系统专利授权数量

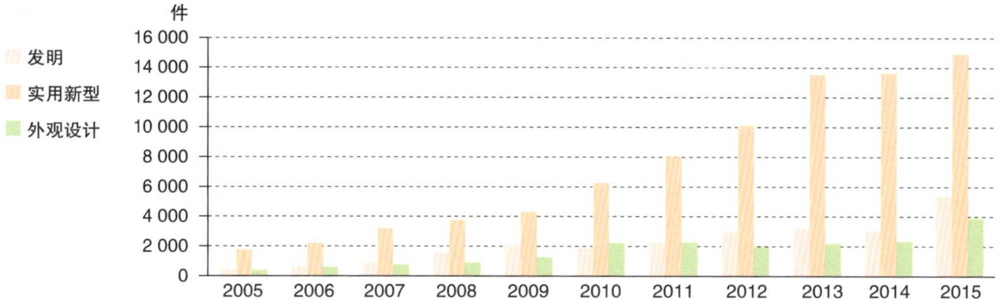

	2005	2006	2007	2008	2009	2010	2011	2012	2013	2014	2015
发明	356	613	870	1 548	2 046	1 877	2 232	2 924	3 159	3 006	5 369
实用新型	1 725	2 178	3 141	3 704	4 278	6 252	8 013	10 089	13 492	13 587	14 917
外观设计	354	554	714	867	1 229	2 192	2 243	1 936	2 150	2 281	3 840

2005—2015年汽车底盘专利国内外申请人授权数量（件）

年份			2005	2006	2007	2008	2009	2010	2011	2012	2013	2014	2015
底盘系统	发明	国内申请人	71	142	215	404	555	647	888	1 288	1 369	1 175	2 563
		国外申请人	285	471	655	1 144	1 491	1 230	1 344	1 636	1 790	1 831	2 806
	实用新型	国内申请人	1 707	2 159	3 122	3 683	4 235	6 194	7 932	10 011	13 352	13 327	14 671
		国外申请人	18	19	19	21	43	58	81	78	140	260	246
	外观设计	国内申请人	239	435	593	713	1 021	1 936	2 056	1 711	1 859	1 994	3 407
		国外申请人	115	119	121	154	208	256	187	225	291	287	433

资料来源：http://www.pss-system.gov.cn/sipopublicsearch/search/searchHomeIndex.shtml

2015年汽车底盘领域国内企业专利授权量远高于国外企业

2015 年中国汽车底盘专利授权数量前 10 位的国内外机构排名情况如下图所示。在国内机构中，中信戴卡股份有限公司以 1 116 件的授权量排名第一；在国外机构中，丰田自动车株式会社授权量最多，为 194 件。

2015 年汽车底盘专利授权数量前 10 位国内机构

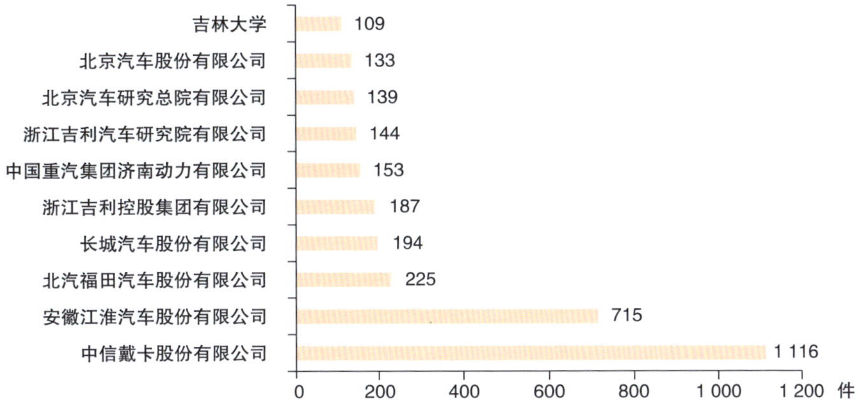

2015 年汽车底盘专利授权数量前 10 位国外机构

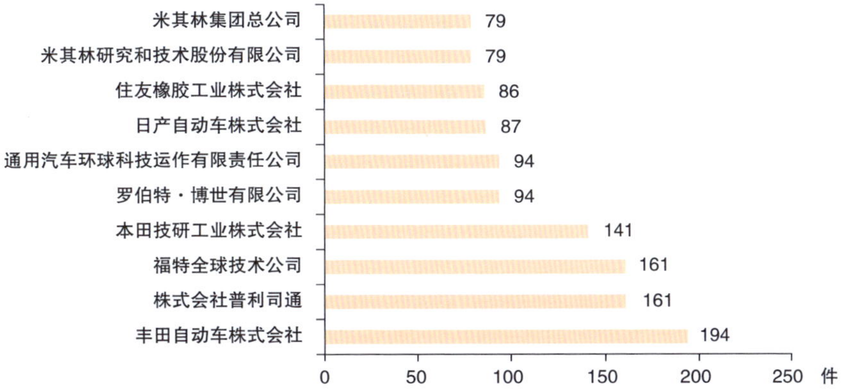

资料来源：http://www.pss-system.gov.cn/sipopublicsearch/search/searchHomeIndex.shtml

汽车车身专利中壳体及附件系统授权量最多

2015 年，汽车车身专利授权数量为 27 608 件，比 2005 年的 3 223 件增长了 7.6 倍，年均增长 24.0%。其中：安全防护系统相关专利增长了 5.6 倍，年均增长 20.8%；车门系统相关专利增长了 6.9 倍，年均增长 22.9%；车窗系统相关专利增长了 12.5 倍，年均增长 29.7%；壳体及附件系统相关专利增长了 9.3 倍，年均增长 26.2%；座椅及空调系统相关专利增长了 11.1 倍，年均增长 28.3%。2015 年，安全防护系统授权数量为 4 331 件，占整个汽车车身系统的 16%；车门系统授权 2 694 件，所占比重为 10%；车窗系统授权 3 457 件，所占比重为 12%；壳体及附件系统授权 11 313 件，所占比重为 41%；座椅及空调系统授权 5 612 件，所占比重为 20%；其他部分授权 201 件，所占比重为 1%。

2005—2015 年汽车车身系统专利授权数量

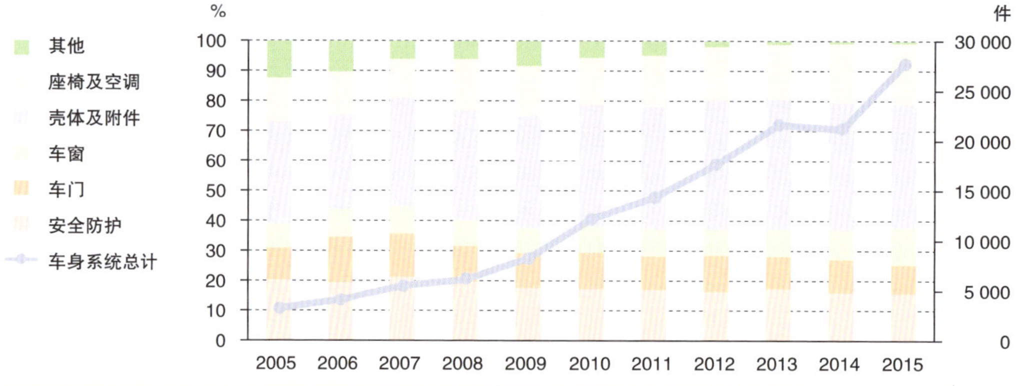

	2005	2006	2007	2008	2009	2010	2011	2012	2013	2014	2015
其他	401	428	337	375	689	686	692	338	242	183	201
座椅及空调	465	590	706	1 046	1 363	1 876	2 446	3 096	3 915	4 141	5 612
壳体及附件	1 103	1 307	1 973	2 271	3 106	4 958	5 842	7 612	9 423	8 996	11 313
车窗	257	375	512	536	676	1 039	1 284	1 520	1 948	2 022	3 457
车门	343	630	788	729	966	1 472	1 607	2 136	2 289	2 338	2 694
安全防护	654	800	1 163	1 216	1 452	2 093	2 426	2 873	3 774	3 396	4 331
车身系统总计	3 223	4 130	5 479	6 173	8 252	12 124	14 297	17 575	21 591	21 076	27 608

资料来源：http://www.pss-system.gov.cn/sipopublicsearch/search/searchHomeIndex.shtml

2015年汽车车身实用新型授权专利国内外申请人申请数量之比30:1

2015 年授权的车身技术相关专利中，发明专利共 3 820 件，比 2014 年的 2 048 件增长了 86.5%，占汽车车身相关专利的 14%；实用新型专利共 14 732 件，比 2014 年的 12 421 件增长了 18.6%，占 53%；外观设计专利共 9 056 件，比 2014 年的 6 607 件增长了 37.1%，占 33%。

2015 年，在 27 608 件授权的车身相关专利中，国内申请人申请 23 553 件，而国外申请人申请 4 055 件。二者之比接近 6:1。在 3 820 件发明专利中，国内申请人申请 1 574 件，而国外申请人申请 2 246 件。二者之比为 1:1.4。在 14 732 件实用新型专利中，国内申请人申请 14 257 件，而国外申请人申请 475 件。二者之比接近 30:1。在 9 056 件外观设计专利中，国内申请人申请 7 722 件，而国外申请人申请 1 334 件。二者之比为 5.8:1。

2005—2015 年汽车车身 3 种类型专利授权数量

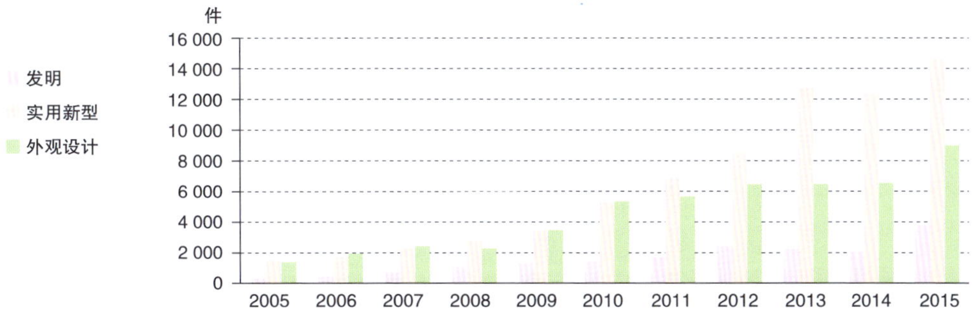

	2005	2006	2007	2008	2009	2010	2011	2012	2013	2014	2015
发明	301	435	714	1 073	1 296	1 429	1 715	2 420	2 235	2 048	3 820
实用新型	1 531	1 741	2 320	2 824	3 457	5 330	6 904	8 642	1 2813	1 2421	1 4732
外观设计	1 391	1 954	2 445	2 276	3 499	5 365	5 678	6 513	6 543	6 607	9 056

2005—2015年汽车车身专利国内外申请人授权数量（件）

年份			2005	2006	2007	2008	2009	2010	2011	2012	2013	2014	2015
车身系统	发明	国内申请人	55	88	115	176	208	372	529	842	696	595	1 574
		国外申请人	246	347	599	897	1 088	1 057	1 186	1 578	1 539	1 453	2 246
	实用新型	国内申请人	1 498	1 687	2 258	2 785	3 417	5 248	6 787	8 519	12 476	11 859	14 257
		国外申请人	33	54	62	39	40	82	117	123	337	562	475
	外观设计	国内申请人	969	1 456	1 918	1 777	2 802	4 601	5 009	5 742	5 669	5 273	7 722
		国外申请人	422	498	527	499	697	764	669	771	874	1 334	1 334

资料来源：http://www.pss-system.gov.cn/sipopublicsearch/search/searchHomeIndex.shtml

2015年中信戴卡位居汽车车身领域专利授权量排行榜首

2015 年中国汽车车身专利授权数量前 10 位的国内外机构排名情况如下图所示。在国内机构中，中信戴卡股份有限公司以 1 105 件的授权量排名第一；在国外机构中，福特全球技术公司授权量最多，为 465 件。

2015 年汽车车身专利授权数量前 10 位国内机构

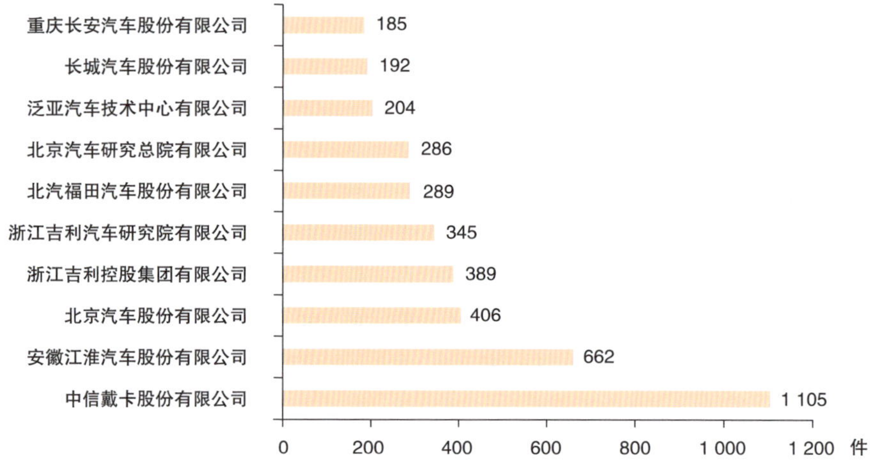

2015 年汽车车身专利授权数量前 10 位国外机构

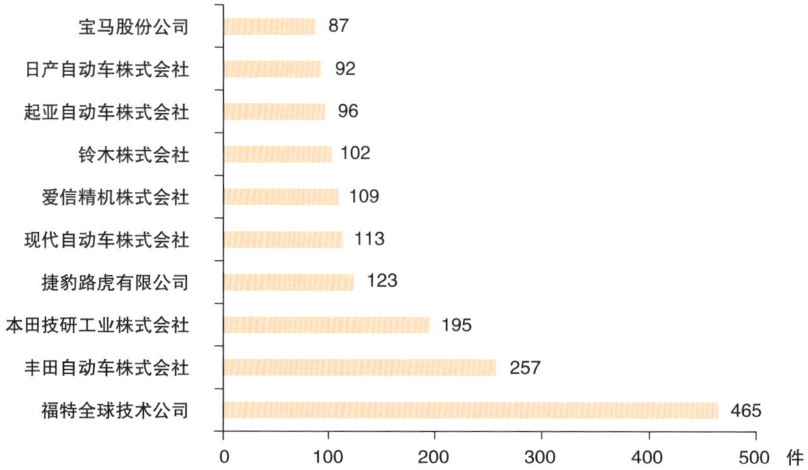

资料来源：http://www.pss-system.gov.cn/sipopublicsearch/search/searchHomeIndex.shtml

2005—2015年车用电气专利授权量年均增长28.9%

2015 年，车用电气专利授权数量为 22 244 件，比 2005 年的 1 756 件增长了 11.7 倍，年均增长 28.9%。其中：照明及信号系统相关专利增长了 3.8 倍，年均增长 17.1%；电源系统相关专利增长了 20.9 倍，年均增长 36.1%；其他增长了 17.4 倍，年均增长 33.8%。

2015 年，照明及信号系统相关专利授权数量为 4 236 件，占整个汽车车身系统的 19%；电源系统相关专利授权 11 331 件，占 51%；其他相关专利授权 6 677 件，占 30%。

2005—2015 年车用电气系统专利授权数量

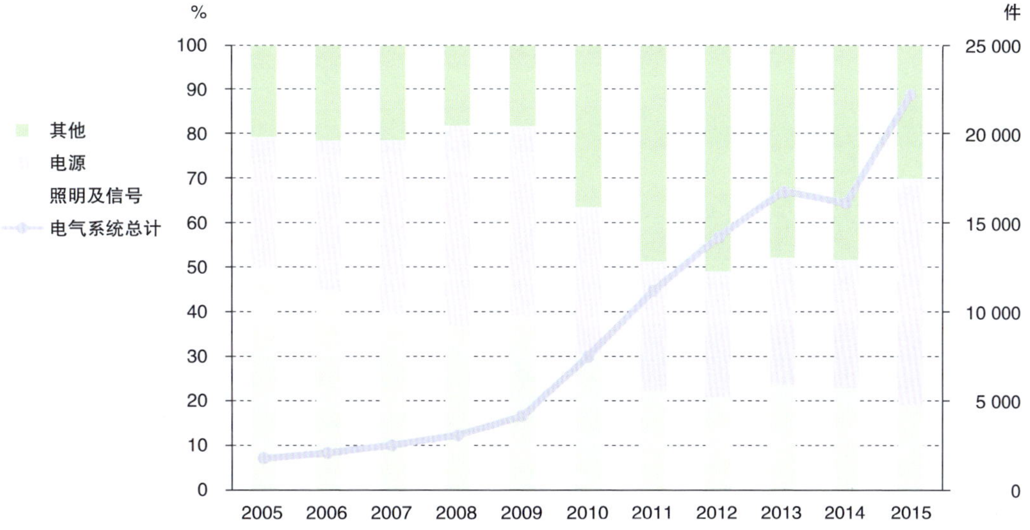

	2005	2006	2007	2008	2009	2010	2011	2012	2013	2014	2015
其他	363	446	547	554	758	2 713	5 418	7 225	8 049	7 767	6 677
电源	518	699	995	1 373	1 765	2 459	3 215	3 993	4 803	4 601	11 331
照明及信号	875	930	1 012	1 130	1 622	2 279	2 485	2 962	3 959	3 692	4 236
电气系统总计	1 756	2 075	2 554	3 057	4 145	7 451	11 118	14 180	16 811	16 060	22 244

资料来源：http://www.pss-system.gov.cn/sipopublicsearch/search/searchHomeIndex.shtml

2015年车用电气授权专利中外观设计占比最大

2015 年授权的电气技术相关专利中，发明专利共 3 069 件，比 2014 年的 1 669 件增长了 83.9%，占车用电气授权专利的 14%；实用新型专利共 7 223 件，比 2014 年的 5 677 件增长了 27.2%，占 32%；外观设计专利共 11 952 件，比 2014 年的 8 714 件增长了 37.2%，占 54%。

2015 年，在 22 244 件授权的电气相关专利中，国内申请人申请 18 692 件，而国外申请人申请 3 552 件。二者之比大致为 5:1。在 3 069 件发明专利中，国内申请人申请 1 506 件，而国外申请人申请 1 563 件。二者之比接近 1:1。在 7 223 件实用新型专利中，国内申请人申请 7 110 件，而国外申请人申请 113 件。二者之比为 63:1。在 11 952 件外观设计专利中，国内申请人申请 10 076 件，而国外申请人申请 1 876 件。二者之比大致为 5.4:1。同发动机、底盘、车身系统专利授权情况类似，在实用新型和外观设计专利部分，国内申请人授权的专利数量远高于国外申请人，而在发明专利部分则反之。

2005—2015 年车用电气 3 种类型专利授权数量

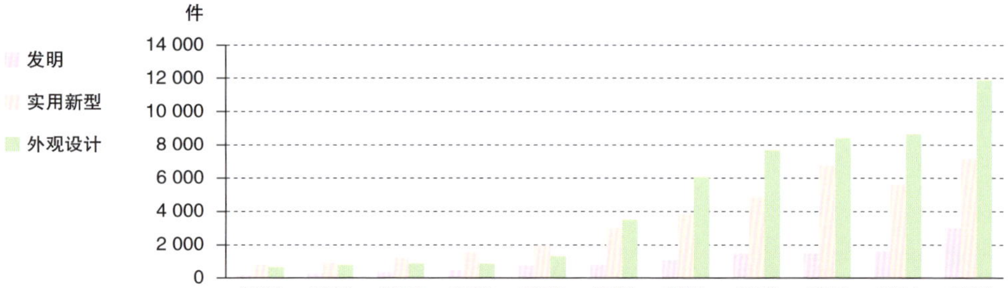

	2005	2006	2007	2008	2009	2010	2011	2012	2013	2014	2015
发明	212	311	387	545	813	873	1 120	1 540	1 526	1 669	3 069
实用新型	852	950	1 253	1 609	1 980	3 044	3 888	4 906	6 825	5 677	7 223
外观设计	692	814	914	903	1 352	3 534	6 110	7 734	8 460	8 714	11 952

2005—2015年车用电气专利国内外申请人授权数量（件）

年份			2005	2006	2007	2008	2009	2010	2011	2012	2013	2014	2015
电气系统	发明	国内申请人	67	102	132	219	316	365	525	731	764	708	1 506
		国外申请人	145	209	255	326	497	508	595	809	762	961	1 563
	实用新型	国内申请人	838	927	1 232	1 600	1 961	3 019	3 859	4 871	6 755	5 560	7 110
		国外申请人	14	23	21	9	19	25	29	35	70	117	113
	外观设计	国内申请人	491	623	681	706	1 041	3 039	5 362	6 594	7 126	7 284	10 076
		国外申请人	201	191	233	197	311	495	748	1 140	1 334	1 430	1 876

资料来源：http://www.pss-system.gov.cn/sipopublicsearch/search/searchHomeIndex.shtml

2015年车用电气领域中信戴卡授权量最大

2015 年车用电气专利授权数量前 10 位的国内外机构排名情况如下图所示。在国内机构中，中信戴卡股份有限公司以 1 106 件的授权量排名第一；在国外机构中，丰田自动车株式会社授权量最多，为 345 件。

2015 年车用电气专利授权数量前 10 位国内机构

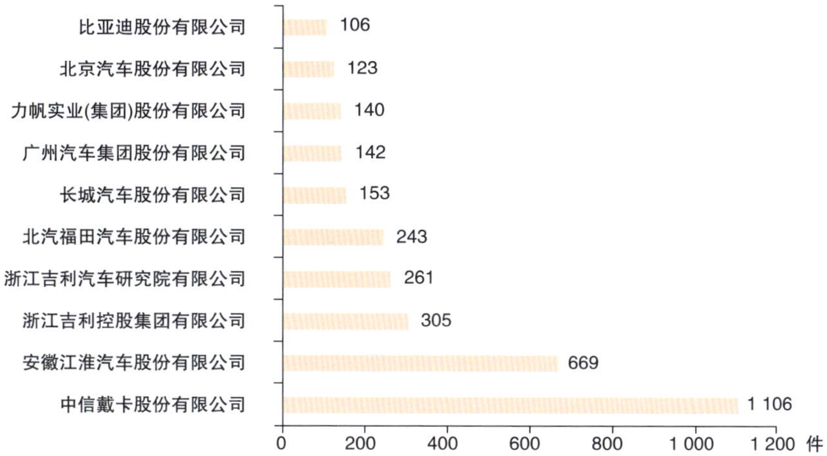

2015 年车用电气专利授权数量前 10 位国外机构

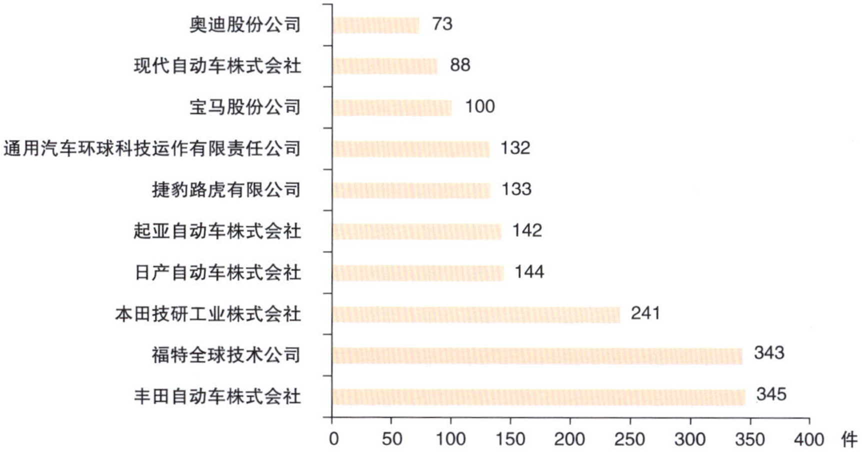

资料来源：http://www.pss-system.gov.cn/sipopublicsearch/search/searchHomeIndex.shtml

汽车四大领域专利中，汽车底盘专利授权量最大

2015 年，在汽车发动机、汽车底盘、汽车车身和车用电气 4 个领域中，汽车底盘相关专利授权数量最大，而汽车车身次之。

2015 年，发动机相关专利授权 10 227 件，所占比重为 12%；车用电气相关专利授权 22 244 件，所占比重为 26%；汽车底盘相关专利授权 24 126 件，所占比重为 29%；汽车车身相关专利授权 27 608 件，所占比重为 33%。

2005—2015 年汽车四大技术领域专利授权数量

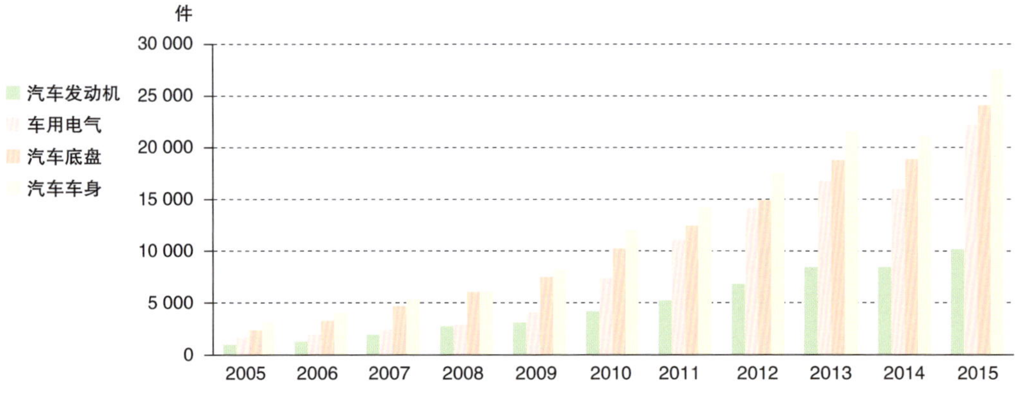

	2005	2006	2007	2008	2009	2010	2011	2012	2013	2014	2015
汽车发动机	1 027	1 338	2 018	2 802	3 162	4 240	5 264	6 853	8 489	8 473	10 227
车用电气	1 756	2 075	2 554	3 057	4 145	7 451	11 118	14 180	16 811	16 060	22 244
汽车底盘	2 435	3 345	4 725	6 119	7 553	10 321	12 489	14 949	18 801	18 874	24 126
汽车车身	3 223	4 130	5 479	6 173	8 252	12 124	14 297	17 575	21 591	21 076	27 608

2015 年汽车四大技术领域专利授权数量占比情况

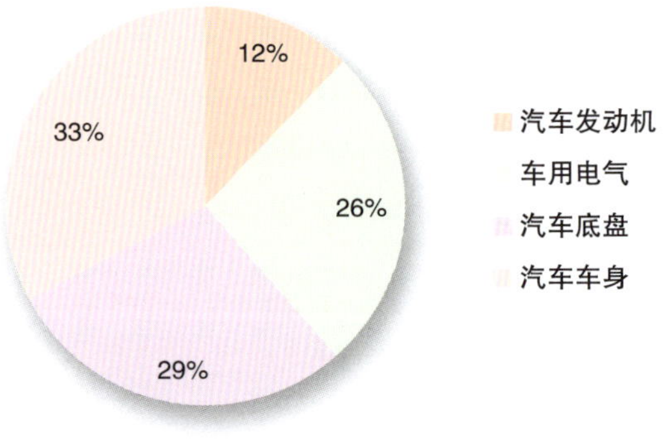

资料来源：http://www.pss-system.gov.cn/sipopublicsearch/search/searchHomeIndex.shtml

国内申请人发明专利授权数量远低于国外申请人

2005—2013 年中国汽车专利授权总量逐年攀升，2014 年有所下滑，而 2015 年再次大幅增长。其中，国内申请人授权量所占比重从 2005 年的 79.7% 增长到 2015 年的 83.8%，中间有起伏。2009 年的比重最低，为 76.8%；2010—2015 年所占比重基本保持在 85% 左右。2015 年授权的发明专利中，国内申请人授权量比国外申请人的少 2 052 件；而在实用新型和外观设计领域，国内申请人授权量远高于国外申请人。

2005—2015 年汽车专利国内外申请人授权量及占比情况

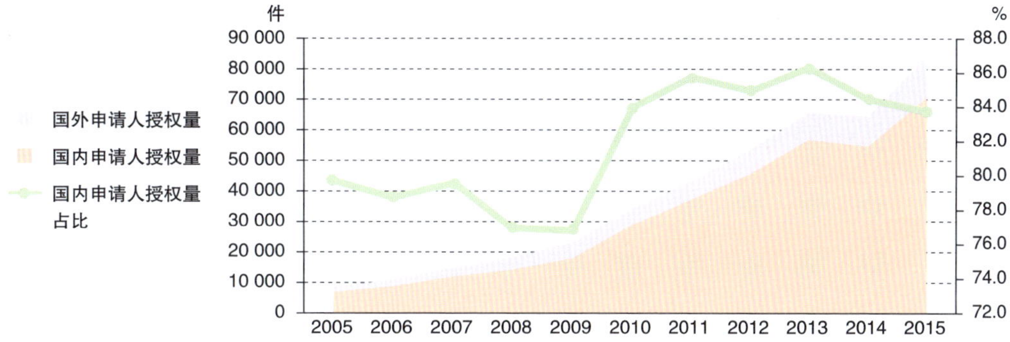

	2005	2006	2007	2008	2009	2010	2011	2012	2013	2014	2015
国外申请人授权量	1 710	2 317	3 015	4 181	5 362	5 468	6 150	8 044	8 996	9 992	13 677
国内申请人授权量	6 731	8 571	11 761	13 970	17 750	28 668	37 017	45 513	56 696	54 491	70 528
国内申请人授权量占比	79.7	78.7	79.6	77.0	76.8	84.0	85.8	85.0	86.3	84.5	83.8

2015 年 3 种类型汽车专利国内外申请人授权数量

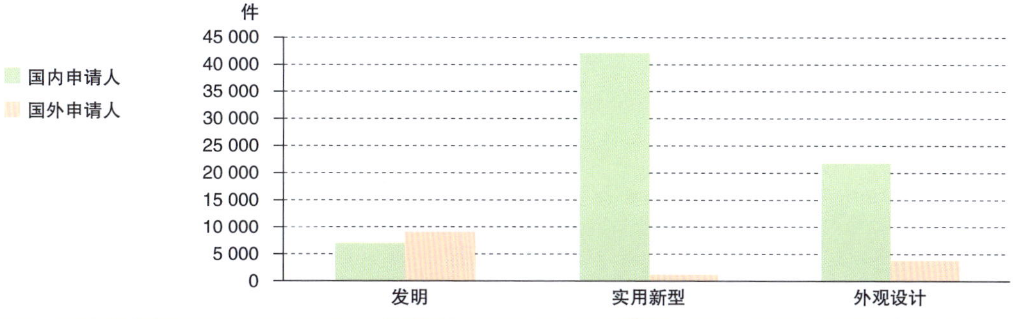

	发明	实用新型	外观设计
国内申请人	6 865	41 993	21 670
国外申请人	8 917	1 064	3 696

资料来源：http://www.pss-system.gov.cn/sipopublicsearch/search/searchHomeIndex.shtml

“十二五”期间新能源汽车领域发明专利授权量逐年增加

《国家“十二五”科学和技术发展规划》中对汽车产业，特别是新能源汽车产业提出了详细的要求和规划内容，将发展新能源汽车产业提升到重要位置，以推动该产业的快速发展，加大核心技术的研发力度，加强相关技术的专利储备和知识产权布局。2011—2015 年，我国新能源汽车领域发明专利授权数量逐年上升，从一定程度上反映了技术发展情况。

2011—2015 年，新能源汽车发明专利授权总量年增长率分别为 39.2%、20.2%、4.9%、41.2%。其中，国内申请人授权专利所占比重分别为 39%、40%、42%、35%、45%，大体呈增长趋势。

“十二五”期间新能源汽车发明专利国内外申请人授权数量

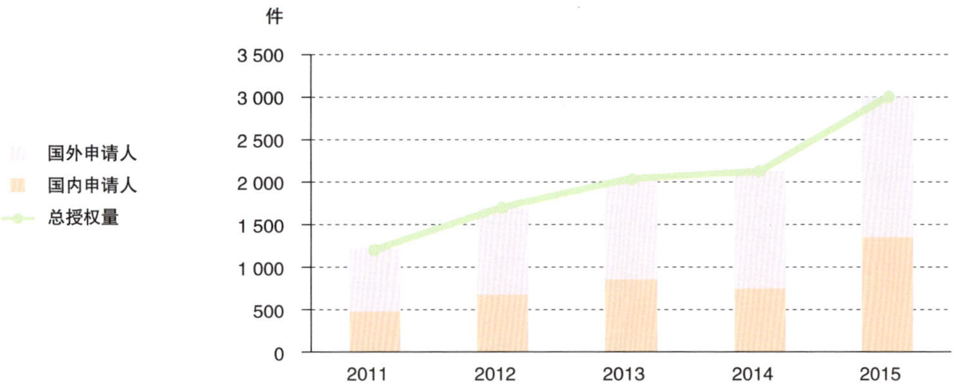

	2011	2012	2013	2014	2015
国外申请人	737	1 012	1 175	1 376	1 652
国内申请人	471	670	847	744	1 341
总授权量	1 208	1 682	2 022	2 120	2 993

资料来源：http://www.pss-system.gov.cn/sipopublicsearch/search/searchHomeIndex.shtml

2015年新能源汽车“三电”技术中动力电池系统专利授权量最大

从新能源汽车技术领域来看，电池、电机、电控“三电”技术既是研发重点，也是专利申请最多的领域。“十二五”期间，“三电”领域发明专利授权总量从 2011 年的 826 件增长到 2015 年的 1 493 件，年均增长 15.9%。

2015 年，驱动电机系统发明专利占“三电”技术领域发明专利授权总量的 11%，电控系统占 22%，而动力电池系统占比最大，为 67%。

“十二五”期间新能源汽车“三电”技术领域发明专利授权数量

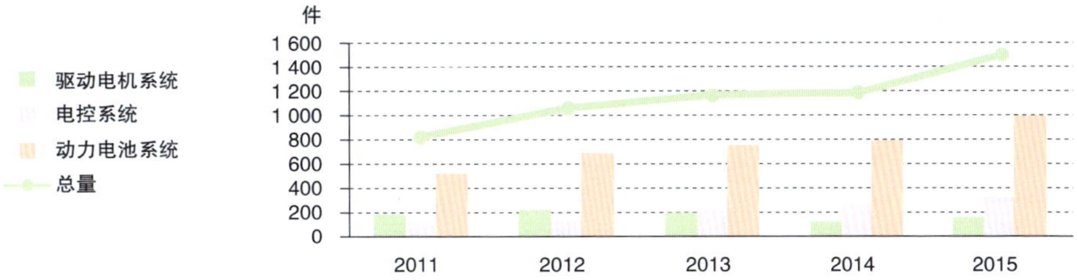

	2011	2012	2013	2014	2015
驱动电机系统	186	225	201	125	164
电控系统	114	133	213	264	331
动力电池系统	526	694	757	798	998
总量	826	1 052	1 171	1 187	1 493

2015 年新能源汽车“三电”技术领域发明专利授权占比

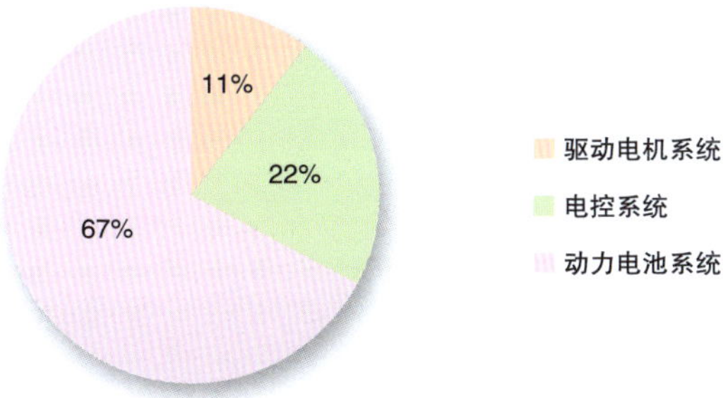

资料来源：http://www.pss-system.gov.cn/sipopublicsearch/search/searchHomeIndex.shtml

“十二五”期间新能源汽车发明专利授权量丰田稳居榜首

专利授权量的排名可以反映企业与企业之间相对实力的变化历程，从而为评估企业技术实力、预测市场潜力提供参考。

2011—2015 年，丰田一直以绝对优势稳居发明专利授权量排行榜首，而通用稳居第二。国内企业方面，比亚迪和奇瑞走在我国车企的前列，但是与丰田、通用的授权数量差距较大。2015 年，丰田发明专利授权量为 268 件，而排名第三的比亚迪只有 44 件，仅为丰田授权量的 1/6。

“十二五”期间新能源汽车发明专利授权量排名前 5 的申请人

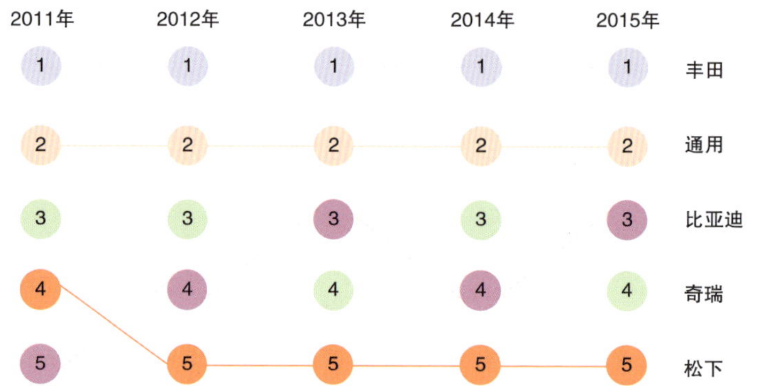

“十二五”期间新能源汽车发明专利授权量排名前 5 的申请人获授权数量

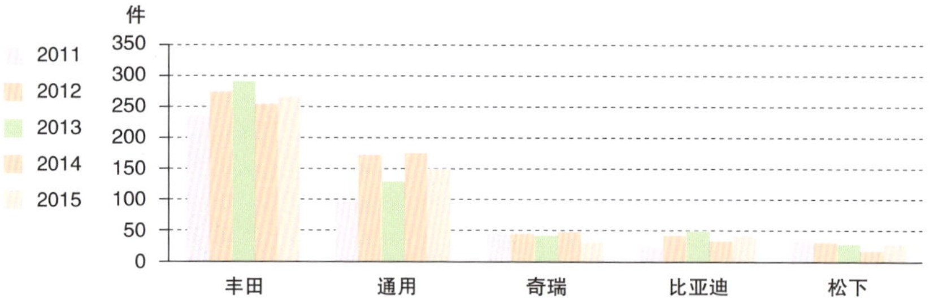

	丰田	通用	奇瑞	比亚迪	松下
2011	238	98	47	24	38
2012	278	175	47	46	34
2013	294	132	46	55	32
2014	257	179	52	38	19
2015	268	152	34	44	32

资料来源：http://www.pss-system.gov.cn/sipopublicsearch/search/searchHomeIndex.shtml

“十二五”期间新能源汽车发明专利授权量广东省最大

2011—2015 年新能源汽车领域发明专利的授权总量中，广东省所占比例最大，为 14.9%；其次为北京市，所占比例为 13.0%。授权量排名前 10 位的省市依次为广东、北京、江苏、上海、浙江、安徽、山东、湖南、重庆、湖北。其授权量之和占总授权量的 78.1%。

日本、美国、德国、韩国是传统汽车工业强国，在新能源汽车技术领域也处于世界领先水平。2011—2015 年新能源汽车领域发明专利的授权总量中，中国授权量位居第一，所占比例为 40.1%；其次是日本、美国、德国、韩国。日本与中国授权量相当，而德国与韩国授权量相当。

“十二五”期间新能源汽车发明专利授权量按申请地（省、市）的分布

省　市	占比（%）	省　市	占比（%）
广　东	14.9	安　徽	6.5
北　京	13.0	山　东	4.5
江　苏	10.5	湖　南	3.8
上　海	9.0	重　庆	3.7
浙　江	8.7	湖　北	3.5

“十二五”期间新能源汽车发明专利授权量按国别的分布

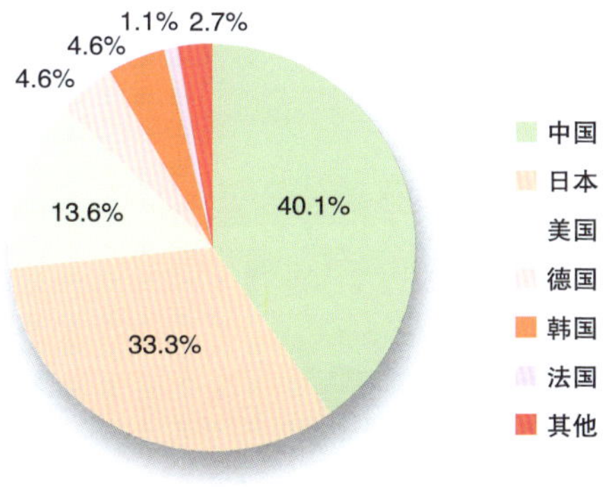

资料来源：http://www.pss-system.gov.cn/sipopublicsearch/search/searchHomeIndex.shtml

清华大学为新能源汽车领域发明专利授权量最大高校

2011—2015 年，新能源汽车领域发明专利授权量最大的高校是清华大学，授权量为 102 件。在研究机构授权量最大的是中国科学院电工研究所，授权量为 35 件。

"十二五"期间新能源汽车发明专利授权量排名前 11 所高校

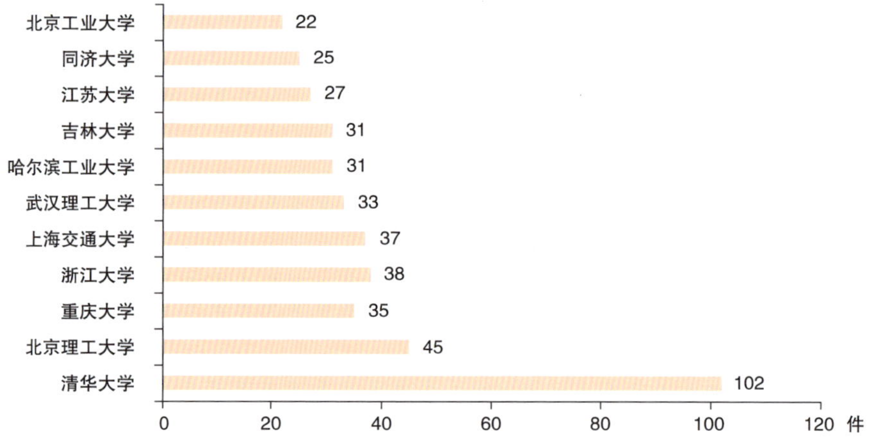

"十二五"期间新能源汽车发明专利授权量排名前 6 位研究机构

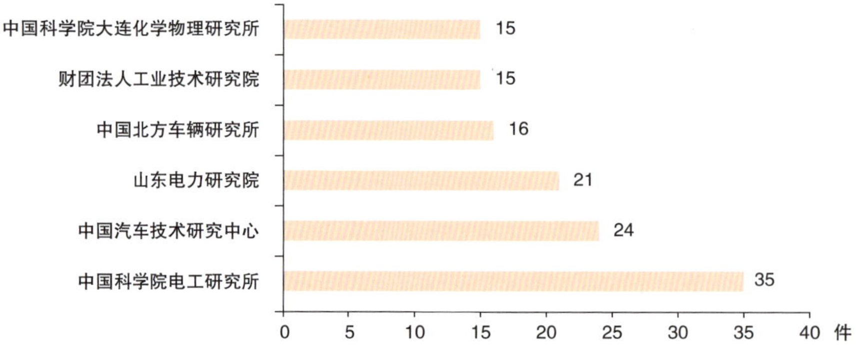

资料来源：http://www.pss-system.gov.cn/sipopublicsearch/search/searchHomeIndex.shtml

7 国外相关资料附录

欧盟轻型乘用车排放限值（M1, M2）[h]

阶段	生效日期	CO	HC	HC+NO_x	NO_x	PM	PN
		g/km					#/km
压燃式（柴油车）							
欧 1[a]	1992.07	2.72（3.16）	—	0.97（1.13）	—	0.14（0.18）	—
欧 2	1996.01	1.0	—	0.7	—	0.08	—
欧 3	2000.01	0.64	—	0.56	0.50	0.05	—
欧 4	2005.01	0.50	—	0.30	0.25	0.025	—
欧 5 a	2009.09[b]	0.50	—	0.23	0.18	0.005[f]	—
欧 5 b	2011.09[c]	0.50	—	0.23	0.18	0.005[f]	6.0×10^{11}
欧 6	2014.09	0.50	—	0.17	0.08	0.005[f]	6.0×10^{11}
点燃式（汽油车）							
欧 1[a]	1992.07	2.72（3.16）	—	0.97（1.13）	—	—	—
欧 2	1996.01	2.2	—	0.5	—	—	—
欧 3	2000.01	2.30	0.20	—	0.15	—	—
欧 4	2005.01	1.0	0.10	—	0.08	—	—
欧 5	2009.09	1.0	0.10[d]	—	0.06	0.005[e,f]	—
欧 6	2014.09	1.0	0.10[d]	—	0.06	0.005[e,f]	6.0×10^{11}[e,g]

a. 括号中数字为生产一致性检查要求
b. 2009 年 9 月对新认证车型生效，2011 年 1 月对所有新上市车型生效
c. 2011 年 9 月对新认证车型生效，2013 年 1 月对所有新上市车型生效
d. 且 NMHC=0.068g/km
e. 仅适用于缸内直喷发动机车型
f. 使用 PMP 测试规程时，限值为 0.004 5g/km
g. 欧 6 实施后的三年内颗粒物颗粒数限值为 6.0×10^{12}/km
h. M1 为 9 座（含）以下、总质量 3 500kg（含）以下的乘用车；M2 为 9 座以上、总质量 5 000kg（含）以下的乘用车

资料来源：Directive 70/220/EEC 及其修订条例，Commission Regulation (EC) No. 715/2007, Commission Regulation (EC) No. 692/2008

欧盟轻型商用车排放限值（N1，N2）

车型[a]	阶段	生效日期	CO	HC	HC+NO_x	NO_x	PM	PN
			g/km					#/km
压燃式（柴油车）								
N1，C1	欧 1	1994.10	2.72	—	0.97	—	0.14	—
	欧 2	1998.01	1.0	—	0.70	—	0.08	—
	欧 3	2000.01	0.64	—	0.56	0.50	0.05	—
	欧 4	2005.01	0.50	—	0.30	0.25	0.025	—
	欧 5a	2009.09[b]	0.50	—	0.23	0.18	0.005[f]	—
	欧 5b	2011.09[d]	0.50	—	0.23	0.18	0.005[f]	6.0×10^{11}
	欧 6	2014.09	0.50	—	0.17	0.08	0.005[f]	6.0×10^{11}
N1，C2	欧 1	1994.10	5.17	—	1.40	—	0.19	—
	欧 2	1998.01	1.25	—	1.0	—	0.12	—
	欧 3	2001.01	0.80	—	0.72	0.65	0.07	—
	欧 4	2006.01	0.63	—	0.39	0.33	0.04	—
	欧 5a	2010.09[c]	0.63	—	0.295	0.235	0.005[f]	—
	欧 5b	2011.09[d]	0.63	—	0.295	0.235	0.005[f]	6.0×10^{11}
	欧 6	2015.09	0.63	—	0.195	0.105	0.005[f]	6.0×10^{11}
N1，C3	欧 1	1994.10	6.90	—	1.70	—	0.25	—
	欧 2	1998.01	1.5	—	1.20	—	0.17	—
	欧 3	2001.01	0.95	—	0.86	0.78	0.10	—
	欧 4	2006.01	0.74	—	0.46	0.39	0.06	—
	欧 5a	2010.09[c]	0.74	—	0.350	0.280	0.005[f]	—
	欧 5b	2011.09[d]	0.74	—	0.350	0.280	0.005[f]	6.0×10^{11}
	欧 6	2015.09	0.74	—	0.215	0.125	0.005[f]	6.0×10^{11}
N2	欧 5a	2010.09[c]	0.74	—	0.350	0.280	0.005[f]	—
	欧 5b	2011.09[d]	0.74	—	0.350	0.280	0.005[f]	6.0×10^{11}
	欧 6	2015.09	0.74	—	0.215	0.125	0.005[f]	6.0×10^{11}

续表

车型[a]	阶段	生效日期	CO	HC	HC+NO_x	NO_x	PM	PN
			g/km					#/km
点燃式（汽油车）								
N1，C1	欧 1	1994.10	2.72	—	0.97	—	—	—
	欧 2	1998.01	2.2	—	0.50	—	—	—
	欧 3	2000.01	2.3	0.20	—	0.15	—	—
	欧 4	2005.01	1.0	0.10	—	0.08	—	—
	欧 5	2009.09[b]	1.0	0.10[g]	—	0.06	0.005[e,f]	—
	欧 6	2014.09	1.0	0.10[g]	—	0.06	0.005[e,f]	6.0×10^{11} [e,j1]
N1，C2	欧 1	1994.10	5.17	—	1.40	—	—	—
	欧 2	1998.01	4.0	—	0.65	—	—	—
	欧 3	2001.01	4.17	0.25	—	0.18	—	—
	欧 4	2006.01	1.81	0.13	—	0.10	—	—
	欧 5	2010.09[c]	1.81	0.13[h]	—	0.075	0.005[e,f]	—
	欧 6	2015.09	1.81	0.13[h]	—	0.075	0.005[e,f]	6.0×10^{11} [e,j]
N1，C3	欧 1	1994.10	6.90	—	1.70	—	—	—
	欧 2	1998.01	5.0	—	0.80	—	—	—
	欧 3	2001.01	5.22	0.29	—	0.21	—	—
	欧 4	2006.01	2.27	0.16	—	0.11	—	—
	欧 5	2010.09[c]	2.27	0.16[i]	—	0.082	0.005[e,f]	—
	欧 6	2015.09	2.27	0.16[i]	—	0.082	0.005[e,f]	6.0×10^{11} [e,j]
N2	欧 5	2010.09[c]	2.27	0.16[i]	—	0.082	0.005[e,f]	—
	欧 6	2015.09	2.27	0.16[i]	—	0.082	0.005[e,f]	6.0×10^{11} [e,j]

a. N 类车为商用车，其中 N1 类车为总质量 3 500 kg（含）以下的商用车。N1 类车按整备质量进一步分为 C1、C2 和 C3，C1 ≤ 1 250 kg，1 250 kg < C2 ≤ 1 700 kg，C3 > 1 700 kg

b. 2011 年 1 月对所有车型生效

c. 2012 年 1 月对所有车型生效

d. 2012 年 1 月对所有车型生效

e. 仅适用于缸内直喷发动机车型

f. 使用 PMP 测试规程时，限值为 0.004 5 g/km

g. 且 NMHC=0.068 g/km

h. 且 NMHC=0.090 g/km

i. 且 NMHC=0.108 g/km

j. 欧 6 实施后的三年内颗粒物颗粒数限值为 6.0×10^{12}/km

资料来源：Directive 70/220/EEC 及其修订条例，Commission Regulation (EC) No. 715/2007, Commission Regulation (EC) No. 692/2008

欧盟重型柴油车排放限值

1. 重型柴油车，稳态工况，g/(kWh)(烟度单位，m^{-1})

阶段	生效日期	测试循环	CO	HC	NO_x	PM	烟度
欧 3	2000.10	ESC & ELR	2.1	0.66	5.0	0.10 0.13[a]	0.8
欧 4	2005.10		1.5	0.46	3.5	0.02	0.5
欧 5	2008.10		1.5	0.46	2.0	0.02	0.5
欧 6[b]	2013.01	WHSC	1.5	0.13	0.4	0.01	-

a. 适用于每缸排量小于 0.75 L 且额定转速大于 3 000 r/min 的发动机
b. 从欧 6 开始，对柴油发动机增加颗粒物颗粒数 PN 限值，为 8.0×10^{11}/(kWh)

2. 柴油和气体发动机，瞬态工况，g/(kWh)

阶段	生效日期	测试工况	CO	NMHC	CH_4[a]	NO_x	PM[b]
欧 3	2000.10	ETC	5.45	0.78	1.6	5.0	0.16，0.21[c]
欧 4	2005.10		4.0	0.55	1.1	3.5	0.03
欧 5	2008.10		4.0	0.55	1.1	2.0	0.03
欧 6[e]	2013.01	WHTC	4.0	0.16[d]	0.5	0.46	0.01

a. 仅适用于气体发动机（欧 3、4、5：天然气发动机；欧 6：天然气发动机+液化石油气发动机）
b. 欧 3、4、5 阶段不适用于气体发动机
c. 适用于每缸排量小于 0.75 L 且额定转速大于 3 000 r/min 的发动机
d. 柴油发动机使用 THC
e. 从欧 6 开始，对柴油发动机增加颗粒物颗粒数 PN 限值，为 6.0×10^{11}/(kWh)

资料来源：Directive 1999/96/EC, Directive 2005/55/EC, Regulation No. 595/2009

日本汽车排放限值

车型			当前限值					未来限值				
			测试工况	单位	实施年份	污染物种类	限值（平均值）	测试工况	单位	实施年份	污染物种类	限值（平均值）
汽油和液化石油气汽车	乘用车		JC08[a]	g/km	2009	CO NMHC NO_x PM[c]	1.15 0.05 0.05 0.005	WLTP[b]	g/km	2018	CO NMHC NO_x PM	1.15 0.10 0.05 0.005
	货车和客车	微型	JC08	g/km	2009	CO NMHC NO_x PM	4.02 0.05 0.05 0.005	WLTP	g/km	2019	CO NMHC NO_x PM	4.02 0.10 0.05 0.005
		轻型（总重≤1.7t）	JC08	g/km	2009	CO NMHC NO_x PM	1.15 0.05 0.05 0.005	WLTP	g/km	2018	CO NMHC NO_x PM	1.15 0.10 0.05 0.005
		中型（1.7t<总重≤3.5t）	JC08	g/km	2009	CO NMHC NO_x PM	2.55 0.05 0.07 0.007	WLTP	g/km	2019	CO NMHC NO_x PM	2.55 0.15 0.07 0.007
		重型（总重>3.5t）	JE05	g/kWh	2009	CO NMHC NO_x PM	16.0 0.23 0.7 0.01	适用当前限值				

续表

车型			当前限值					未来限值				
			测试工况	单位	实施年份	污染物种类	限值（平均值）	测试工况	单位	实施年份	污染物种类	限值（平均值）
柴油车	乘用车		JC08	g/km	2009	CO NMHC NO_x PM	0.63 0.024 0.08 0.005	WLTP	g/km	2018	CO NMHC NO_x PM	0.63 0.024 0.15 0.005
	货车和客车	轻型（总重≤1.7t）	JC08	g/km	2009	CO NMHC NO_x PM	0.63 0.024 0.08 0.005	WLTP	g/km	2018	CO NMHC NO_x PM	0.63 0.024 0.15 0.005
		中型（1.7t<总重≤3.5t）	JC08	g/km	2009[d]	CO NMHC NO_x PM	0.63 0.024 0.15 0.007	WLTP	g/km	2019	CO NMHC NO_x PM	0.63 0.024 0.24 0.007
		重型（总重>3.5t）	JE05	g/kWh	2009[d]	CO NMHC NO_x PM	2.22 0.17 0.7 0.01	WHTC[e]	g/kWh	2016	CO NMHC NO_x[f] PM	2.22 0.17 0.4 0.01

a．车重≤ 3.5t 的排放数值按照 JC08 冷启动工况数值 ×0.25 +JC08 热启动工况数值 ×0.75 计算

b．基于 WLTP(Worldwide Harmonized Light Vehicles Test Procedure) 工况的冷启动排放数值

c．PM 值仅适用于安装有吸收型 NO_x 削减催化剂的直喷稀薄燃烧的汽油车型

d．1.7t< 总重≤ 2.5t 的中型柴油车和 3.5t< 总重≤ 12t 的重型柴油车于 2010 年开始实施

e．按照 WHTC(World Harmonized Transient Cycle) 工况的冷启动工况数值 × 0.14 + 热启动工况数值 × 0.86 计算

f．2016 年总重 >7.5t 的车型实施；2017 年牵引车实施；2018 年 3.5t< 总重≤ 7.5t 的车型实施

资料来源：The Motor Industry of Japan,JAMA, June 2015

美国点燃式发动机和城市公交车排放限值

发动机/整车	实施年份	总质量（lb①）	HC[a]	NMHC[b]	NO_x	NO_x+NMHC[c]	PM	CO	怠速CO(%,尾气流量)	甲醛	使用寿命[h]（年/mi③）	耐久性要求[o]（年/mi）
			g/（bhp②·hr）									
中重型发动机	1998—2004	≤ 14 000	1.1[d]	—	—	4.0[f]	—	14.4	0.5[g]	—	8/110 000[h]	5/50 000
		> 14 000	1.9[e]	—	—		—	37.1		—		
	2005—2007	≤ 14 000	1.1[d]	—	1.0[i]	—	—	14.4		—	10/110 000	
		> 14 000	1.9[e]	—		—	—	37.1		—		
	2008+	所有	—	0.14	0.20	—	0.01	14.4		—		
重型整车[k, n]	2005—2007	8 500 ～ 10 000	—	0.280[j]g/mi	0.9g/mi	—	—	7.3g/mi		—	11/120 000	
		10 000 ～ 14 000	—	0.330[j]g/mi	1.0g/mi	—	—	8.1g/mi		—		
	2008+[m]	8 500 ～ 10 000	—	0.195[l]g/mi	0.2g/mi	—	0.02g/mi	7.3g/mi		0.032g/mi		
		10 000 ～ 14 000	—	0.230[l]g/mi	0.4g/mi	—	0.02g/mi	8.1g/mi		0.040g/mi		

① 1 lb=0.453 6 kg。
② 1 bhp=0.735 kW。
③ 1 mi=1.609 344 km。

a. 对以甲醇为燃料的发动机，该限值为当量总碳氢化合物值（THCE）

b. 对甲醇发动机和以乙醇为燃料的车辆，该限值为当量非甲烷碳氢化合物（NMHCE）

c. 对以甲醇为燃料的发动机，该限值为 NO_x 和 NMHCE 之和

d. 对天然气发动机的限值为 0.9 g/(bhp • hr) 非甲烷碳氢化合物（NMHC）

e. 对天然气发动机该限值为 1.7 g/(bhp • hr)NMHC

f. 对所有的天然气发动机，NO_x 的限值为 5.0

g. 从 2005 年起，装有 OBD 的发动机不再要求 CO 怠速排放限值

h. 使用寿命是年限或里程，以先达到者为准

i. 生产厂家可以选择以下方式来达到该限值：(1) 在 2005 年重型车辆实施整车限值的同时，2004—2007 年发动机实施 NMHC+NO_x 限值，为 1.5 g/(bhp • hr)；(2) 2003—2007 年发动机实施 NMHC+NO_x 限值，为 1.5 g/(bhp • hr)，整车 2003—2006 年限值为可选

j. 限值为非甲烷有机气体，但执行中，可选择测试 NMHC 或者 THC

k. 完整的重型车辆指包含主要集装箱或集装设施的车辆。重型发动机或重型台架限值对于非完整重型车为可选限值。完整或非完整重型车辆标准限值以 g/mi 为单位。从 2005 年开始（也可能是 2003 年或 2004 年，基于选择的开始时间。见注 i），重量小于 14 000lb 的完整重型车辆必须通过底盘测试规程而不是发动机测试规程，而且必须满足重型车整车测试标准限值

l. 尽管标准限值为 NMHC，具体执行中可以选择测试 NMOG 或 THC

m. 2008 年生产厂家销售量的 50% 必须满足该标准，2009 年 100% 达标

n. 车辆总质量可划分为两挡：8 500 kg ≤总质量≤ 10 000 kg 和 10 000 kg ＜总质量＜ 14 000 kg

o. 耐久性要求为年限或者里程，以先达到者为准，但是不能低于发动机的机械寿命

资料来源：Heavy-Duty Highway Spark-Ignition Engines-Exhaust Emission Standards

美国压燃式发动机和城市公交车排放限值[j]

<table>
<tr><th rowspan="2">实施年份</th><th>HC</th><th>NMHC</th><th>NMHC+NO_x</th><th>NO_x</th><th>PM</th><th>CO</th><th rowspan="2">怠速CO（%，尾气流量）</th><th rowspan="2">烟度[a]（%）</th><th rowspan="2">使用年限（h/年/mi）</th><th rowspan="2">耐久要求（年/mi）</th></tr>
<tr><th colspan="6">g/（bhp • hr）</th></tr>
<tr><td>1998—2003</td><td>1.3</td><td>—</td><td>—</td><td>4.0
[ABT]</td><td>0.1
[ABT]
0.05[b]</td><td>15.5</td><td>0.5</td><td>20/15/50</td><td>1. HC, CO, PM:
小型重型发动机：-/8/110 000；
中型重型发动机：-/8/185 000
大型重型发动机：-/8/290 000
2. 城市公交车 PM:
-/10/290 000
3. NO_x:
小型重型发动机：-/10/110 000；
中型重型发动机：-/10/185 000；
大型重型发动机：-/10/290 000</td><td>5/100 000[i]</td></tr>
<tr><td>2004—2006[c]</td><td>—</td><td>—</td><td>2.4
（或 2.5，并 NMHC 限值为 0.5）
[ABT[d]]</td><td>—</td><td>0.1
0.05[b]</td><td>15.5</td><td>0.5</td><td>20/15/50</td><td rowspan="2">对所有污染物：[h]
小型重型发动机：-/10/110 000
中型重型发动机：-/10/185 000
大型重型发动机：22 000/10/435 000</td><td rowspan="2">小型重型发动机：5/50 000
所有其他重型发动机：
5/100 000[i]</td></tr>
<tr><td>2007+[c,e,f]</td><td>—</td><td>0.14[g]</td><td>2.4
（或 2.5，并 NMHC 限值为 0.5）
[ABT]</td><td>0.2[g]</td><td>0.01</td><td>15.5</td><td>0.5</td><td>20/15/50</td></tr>
</table>

a．烟度百分比为加速工况、加载减速工况和峰值工况下的限值

b．1996 年开始针对城市公交车实施，在用车限值为 0.07

c．重型柴油车负荷测试工况从 2004 年实施，稳态工况测试和 NTE 在用发动机工况测试从 2007 年实施

d．相对于重型柴油公交车，有三种测试方法测试代用燃料发动机：（1）使用 THC 测试代替 NMHC 测试；（2）使用管理者通过的工厂制定的测试规程；（3）THC 测试结果减去 2% 可得到 NMHC 值。测试方法必须在发动机认证测试时确定，并且适用于车辆的整个使用周期。对于天然气车辆，美国环境保护署允许气相色谱法直接定量测试 NMHC

e．使用 SFTP 测试规程

f．美国环境保护署采用实验室测试和场地测试来测试重型柴油发动机和其他四冲程发动机

g．NO_x 和 NMHC 限值在 2007—2010 年逐步实施，2008—2009 年达标比例占销售量的 50%，2010 年 100% 达标

h．对于单个发动机的使用寿命 10 a 或 100 000 mi 以先达到为准

i．不论先达到年限还是里程，都必须不低于发动机的机械寿命

j．测试循环为美国环保部瞬态测试工况和烟度测试工况

资料来源：Heavy-Duty Highway Compression-Ignition Engines and Urban Buses-Exhaust Emission Standards

美国轻型车排放限值

Bin#等级	排放限值（5年或50 000 mi）(g/mi)					耐久寿命120 000 mi(g/mi)				
	NMOG[a]	CO	NO_x	PM	HCHO	NMOG[a]	CO	NO_x	PM	HCHO
11[b]	0. 195	5	0. 6	0. 12	0. 022	0. 280	7. 3	0. 9	0. 12	0. 032
10[b]	0. 125（0. 160）[c]	3. 4（4. 4）	0. 4	0. 08	0. 015（0. 018）	0. 156（0. 230）	4. 2（6. 4）	0. 6	0. 08	0. 018（0. 027）
9[b]	0. 075（0. 140）	3. 4	0. 2	0. 06	0. 015	0. 090（0. 180）	4. 2	0. 3	0. 06	0. 018
8	0. 100（0. 125）	3. 4	0. 14	0. 02	0. 015	0. 125（0. 156）	4. 2	0. 20	0. 02	0. 018
7	0. 075	3. 4	0. 11	0. 02	0. 015	0. 090	4. 2	0. 15	0. 02	0. 018
6	0. 075	3. 4	0. 08	0. 01	0. 015	0. 090	4. 2	0. 10	0. 01	0. 018
5	0. 075	3. 4	0. 05	0. 01	0. 015	0. 090	4. 2	0. 07	0. 01	0. 018
4	—	—	—	—	—	0. 070	2. 1	0. 04	0. 01	0. 011
3	—	—	—	—	—	0. 055	2. 1	0. 03	0. 01	0. 011
2	—	—	—	—	—	0. 010	2. 1	0. 02	0. 01	0. 004
1	—	—	—	—	—	0. 000	0. 0	0. 00	0. 00	0. 000

a. 对柴油车，NMOG（非甲烷有机气体）即为 NMHC（非甲烷烃类）

b. Bin9、Bin10、Bin11 从 2006 年对轻型客车和轻型货车失效，2008 年对大型轻型货车和中型乘用车失效；NMOG 的高指标值从 2008 年废止

c. 标有两个限值的为新认证车型限值和在售车型限值（括号内值）

资料来源：Tier 3 Motor Vehicle Emission and Standards

欧、美、日轻型乘用车燃油经济性/温室气体排放限值

国家或地区	目标年	标准类型	车队目标	结构	测试工况
欧盟	2015 2021	CO_2	130 g CO_2/km 95 g CO_2/km	基于车重的车队平均	NEDC
美国	2016 2025	燃油经济性/温室气体	39.5 mpg[①]或 225 g CO_2/mi 56.2 mpg 或 143 g CO_2/mi	基于脚印面积的车队平均	U.S. 综合工况
日本	2015 2020	燃油经济性	16.8 km/L 20.3 km/L	基于车重的车队平均	JC08

资料来源：Model Year 2012—2016 Light-Duty Vehicle Greenhouse Gas Emissions Standards and Corporate Average Fuel Economy Standards（2010）；2017 and Later Model Years Light-Duty Vehicle Greenhouse Gas Emissions and Corporate Average Fuel Economy Standards（2012）

欧、美、日轻型商用车燃油经济性/温室气体排放限值

国家或地区	目标年	标准类型	车队目标	结构	测试工况
欧盟	2017 2020	CO_2	175 g CO_2/km 147 g CO_2/km	基于车重的车队平均	NEDC
美国	2016 2025	燃油经济性/温室气体	29.8 mpg 或 298 g CO_2/mi 40.3 mpg 或 203 g CO_2/mi	基于脚印面积的车队平均	U.S. 综合工况
日本	2015	燃油经济性	15.2 km/L	基于传动类型、车辆结构、车重的车队平均	JC08

资料来源：Model Year 2012—2016 Light-Duty Vehicle Greenhouse Gas Emissions Standards and Corporate Average Fuel Economy Standards（2010）；2017 and Later Model Years Light-Duty Vehicle Greenhouse Gas Emissions and Corporate Average Fuel Economy Standards（2012）

2013年美国汽油乘用车不同发动机气缸数车型采用涡轮增压技术的比例

汽油乘用车车型	涡轮增压发动机比例（%）
4 缸机车型中	60.1
6 缸机车型中	3.4
8 缸机车型中	3.4
其他	1.4

资料来源：Light-Duty Automotive Technology, Carbon Dioxide Emissions, and Fuel Economy Trends: 1975 Through 2011

① mpg为miles per gallon的缩写。1 gallon=4.546 09 L。

1975—2015年美国轻型车发动机节能装置配备情况

车型年	不同动力系统占比（%）			不同燃油及供油方式占比（%）					性能参数及节能装置采用率							
	汽油	汽油混合动力	柴油	化油器	直喷式	分层式	节气门喷射	柴油	平均缸数（个）	排量（in^3）①	马力（hp）②	多气门（%）	可变气门正时（%）	停缸（%）	涡轮增压（%）	非混合动力怠速启停（%）
1975	99.8	—	0.2	95.7	—	4.1	0.0	0.2	6.8	293	137	—	—	—	—	—
1976	99.8	—	0.2	97.3	—	2.5	0.0	0.2	6.9	294	135	—	—	—	—	—
1977	99.6	—	0.4	96.2	—	3.4	0.0	0.4	6.9	287	136	—	—	—	—	—
1978	99.1	—	0.9	95.2	—	3.9	0.0	0.9	6.7	266	129	—	—	—	—	—
1979	98.0	—	2.0	94.2	—	3.7	0.1	2.0	6.5	252	124	—	—	—	—	—
1980	95.7	—	4.3	89.7	—	5.2	0.8	4.3	5.6	198	104	—	—	—	—	—
1981	94.1	—	5.9	86.7	—	5.1	2.4	5.9	5.5	193	102	—	—	—	—	—
1982	94.4	—	5.6	80.6	—	5.8	8.0	5.6	5.4	188	103	—	—	—	—	—
1983	97.3	—	2.7	75.2	—	7.3	14.8	2.7	5.5	193	107	—	—	—	—	—
1984	98.2	—	1.8	67.6	—	11.9	18.7	1.8	5.5	190	109	—	—	—	—	—
1985	99.1	—	0.9	56.1	—	18.2	24.8	0.9	5.5	189	114	—	—	—	—	—
1986	99.6	—	0.4	41.4	—	32.5	25.7	0.4	5.3	180	114	3.4	—	—	—	—

① $1\,in^3=16.387\,1\,cm^3$。
② 1hp=747.208W。

续表

车型年	不同动力系统占比（%）			不同燃油及供油方式占比（%）					性能参数及节能装置采用率							
	汽油	汽油混合动力	柴油	化油器	直喷式	分层式	节气门喷射	柴油	平均缸数（个）	排量（in^3）	马力（hp）	多气门（%）	可变气门正时（%）	停缸（%）	涡轮增压（%）	非混合动力怠速启停（%）
1987	99.7	—	0.3	28.4	—	39.9	31.4	0.3	5.2	175	118	10.6	—	—	—	—
1988	99.9	—	0.1	15.0	—	50.6	34.3	0.1	5.3	180	123	14.0	—	—	—	—
1989	99.9	—	0.1	8.7	—	57.3	33.9	0.1	5.4	185	129	16.9	—	—	—	—
1990	99.9	—	0.1	2.1	—	70.8	27.0	0.1	5.4	185	135	23.1	—	—	—	—
1991	99.9	—	0.1	0.6	—	70.6	28.7	0.1	5.3	184	138	23.1	—	—	—	—
1992	99.9	—	0.1	0.5	—	81.6	17.8	0.1	5.5	191	145	23.3	—	—	—	—
1993	100.0	—	—	0.3	—	85.0	14.6	—	5.5	191	147	23.5	—	—	—	—
1994	100.0	—	0.0	0.1	—	87.7	12.1	0.0	5.6	197	152	26.7	—	—	—	—
1995	100.0	—	0.0	—	—	91.6	8.4	0.0	5.6	196	158	35.6	—	—	—	—
1996	99.9	—	0.1	—	—	99.3	0.7	0.1	5.6	197	164	39.3	—	—	0.2	—
1997	99.9	—	0.1	—	—	99.5	0.5	0.1	5.7	199	169	39.6	—	—	0.4	—
1998	99.9	—	0.1	—	—	99.8	0.1	0.1	5.6	199	171	40.9	—	—	0.8	—
1999	99.9	—	0.1	—	—	99.9	0.1	0.1	5.8	203	179	43.4	—	—	1.4	—
2000	99.8	0.0	0.1	—	—	99.8	0.0	0.1	5.7	200	181	44.8	15.0	—	1.3	—
2001	99.7	0.1	0.1	-	-	99.9	-	0.1	5.8	201	187	49.0	19.6	-	2.0	—

续表

车型年	不同动力系统占比（%）			不同燃油及供油方式占比（%）					性能参数及节能装置采用率							
	汽油	汽油混合动力	柴油	化油器	直喷式	分层式	节气门喷射	柴油	平均缸数（个）	排量（in^3）	马力（hp）	多气门（%）	可变气门正时（%）	停缸（%）	涡轮增压（%）	非混合动力怠速启停（%）
2002	99.6	0.2	0.2	—	—	99.8	—	0.2	5.8	203	195	53.3	25.3	—	2.2	—
2003	99.5	0.3	0.2	—	—	99.8	—	0.2	5.8	204	199	55.5	30.6	—	1.2	—
2004	99.4	0.5	0.1	—	—	99.9	—	0.1	5.9	212	211	62.3%	38.5	—	2.3	—
2005	98.6	1.1	0.3	—	—	99.7	—	0.3	5.8	205	209	65.6%	45.8	0.8	1.7	—
2006	98.1	1.5	0.4	—	—	99.6	—	0.4	5.7	204	213	71.7%	55.4	3.6	2.1	—
2007	97.7	2.2	0.1	—	—	99.8	—	0.1	5.6	203	217	71.7%	57.3	7.3	2.5	—
2008	97.4	2.5	0.1	—	2.3	97.6	—	0.1	5.6	199	219	76.4%	58.2	6.7	3.0	—
2009	97.2	2.3	0.5	—	4.2	95.2	—	0.5	5.2	183	208	83.8%	71.5	7.3	3.3	—
2010	95.5	3.8	0.7	—	8.3	91.0	—	0.7	5.3	188	214	85.5%	83.8	6.4	3.3	—
2011	97.1	2.2	0.8	—	15.4	83.8	—	0.8	5.4	192	230	86.4%	93.1	9.5	6.8	—
2012	95.9	3.1	0.9	—	22.6	76.5	—	0.9	5.1	181	222	91.9	96.7	8.1	8.4	0.6
2013	95.5	3.6	0.9	—	30.7	68.4	—	0.9	5.1	176	226	93.1	97.7	7.7	14.0	2.3
2014	96.3	2.6	1.0	—	37.7	61.3	—	1.0	5.1	180	231	89.4	97.9	10.7	14.9	5.1
2015	95.6	2.9	1.5	—	45.6	52.9	—	1.5	5.1	180	234	89.4	98.2	12.8	17.9	6.6

资料来源：Light-Duty Automotive Technology, Carbon Dioxide Emissions, and Fuel Economy Trends: 1975 Through 2011

1975—2015年美国乘用车变速器技术特性

车型年	变速器类型（%）						挡位数（%）								平均挡数
	手动变速箱	手自一体变速箱	自动变速箱	CVT（混合型）	CVT（非混合型）	其他	4挡或小于4挡	5挡	6挡	7挡	8挡	9挡及以上	CVT（混合型）	CVT（非混合型）	
1975	19.7	0.3	80	—	—	—	98.7	1.3	—	—	—	—	—	—	—
1976	17.2	—	82.8	—	—	—	100	—	—	—	—	—	—	—	—
1977	16.9	—	83.1	—	—	—	100	—	—	—	—	—	—	—	—
1978	19.9	7.1	73	—	—	—	90.7	9.3	—	—	—	—	—	—	—
1979	21.1	8.8	69.6	—	—	0.5	93.1	6.9	—	—	—	—	—	—	3.3
1980	30.9	16.8	51.6	—	—	0.6	87.6	12.4	—	—	—	—	—	—	3.5
1981	29.9	33.3	36.2	—	—	0.6	85.5	14.5	—	—	—	—	—	—	3.5
1982	29.2	51.3	19.1	—	—	0.5	84.6	15.4	—	—	—	—	—	—	3.6
1983	26	56.7	16.8	—	—	0.5	80.8	19.2	—	—	—	—	—	—	3.7
1984	24.1	58.3	17.5	—	—	0	82.1	17.9	—	—	—	—	—	—	3.7
1985	22.8	58.9	18.4	—	—	—	81.4	18.6	—	—	—	—	—	—	3.7
1986	24.7	58.1	17.1	—	—	—	79.7	20.3	—	—	—	—	—	—	3.8
1987	24.8	59.7	15.5	—	—	—	78.4	21.6	—	—	—	—	—	—	3.8
1988	24.3	66.2	9.5	—	—	—	80.2	19.8	—	—	—	—	—	—	3.8

续表

车型年	变速器类型（%）						挡位数（%）								平均挡数
	手动变速箱	手自一体变速箱	自动变速箱	CVT（混合型）	CVT（非混合型）	其他	4挡或小于4挡	5挡	6挡	7挡	8挡	9挡及以上	CVT（混合型）	CVT（非混合型）	
1989	21.1	69.3	9.5	—	0.1	—	81.9	17.9	0	—	—	—	—	0.1	3.9
1990	19.8	72.8	7.4	—	0	—	82.4	17.5	0.1	—	—	—	—	0	3.9
1991	20.6	73.7	5.7	—	0	—	81	18.9	0.1	—	—	—	—	0	3.9
1992	17.6	76.4	6	—	0	—	83.6	16.3	0.1	—	—	—	—	0	3.9
1993	17.5	77.6	4.9	—	0	—	83.2	16.6	0.2	—	—	—	—	0	4.0
1994	16.9	78.9	4.1	—	—	—	83.4	16.3	0.3	—	—	—	—	—	4.0
1995	16.3	81.9	1.8	—	—	—	83.4	16.2	0.4	—	—	—	—	—	4.1
1996	14.9	83.6	1.5	—	0	—	84.9	14.7	0.3	—	—	—	—	0	4.1
1997	13.9	85.2	0.8	—	0.1	—	84.1	15.5	0.3	—	—	—	—	0.1	4.1
1998	12.2	87.4	0.3	—	0.1	—	82.8	16.8	0.3	—	—	—	—	0.1	4.1
1999	10.8	88.6	0.6	—	0	—	83.4	16.1	0.5	—	—	—	—	0	4.1
2000	10.8	88.1	1	—	0	—	81.3	17.9	0.8	—	—	—	—	0	4.1
2001	11	88	0.8	0.2	0	—	78.5	20.2	1.2	—	—	—	0.2	0	4.2
2002	10.9	88.4	0.2	0.3	0.1	—	77.4	20.3	1.9	—	—	—	0.3	0.1	4.2

续表

车型年	变速器类型（%）						挡位数（%）								平均挡数
	手动变速箱	手自一体变速箱	自动变速箱	CVT（混合型）	CVT（非混合型）	其他	4挡或小于4挡	5挡	6挡	7挡	8挡	9挡及以上	CVT（混合型）	CVT（非混合型）	
2003	10.9	87.7	—	0.5	1	—	67.5	27.9	3.1	—	—	—	0.5	1	4.3
2004	9.8	88.2	0.2	0.8	0.9	—	64.5	28.4	5	0.4	—	—	0.8	0.9	4.4
2005	8.8	88.4	0.1	1.7	1.1	—	57.3	33.7	5.8	0.4	—	—	1.7	1.1	4.5
2006	8.8	88.4	0.1	1.5	1.2	—	47.5	35.4	12.5	1.9	—	—	1.5	1.2	4.7
2007	7.8	82.5	0	3	6.7	—	36.8	34.7	16.5	1.9	0.4	—	3	6.7	4.8
2008	7.2	81.7	0.3	3.2	7.7	—	39.3	28.2	19	2.2	0.4	—	3.2	7.7	4.8
2009	6.2	82.4	0.3	2.8	8.3	—	35.1	31.4	19.3	2.9	0.2	—	2.8	8.3	4.9
2010	5	79.4	1.6	5.5	8.4	—	29.5	20.2	33	3.1	0.3	—	5.5	8.4	5.1
2011	4.6	83	0.5	3.1	8.8	—	15.9	12.9	53.7	3.9	1.6	—	3.1	8.8	5.6
2012	4.9	78.4	1.8	4	11	—	6.9	14.8	57.2	3.2	2.9	—	4	11	5.8
2013	4.8	75	2.2	4.3	13.7	—	5.8	8.6	60	3.3	4.2	—	4.3	13.7	5.9
2014	4	68.4	2.7	3.7	21.3	—	2.6	4.4	58	4.3	5.2	0.6	3.7	21.3	6.1
2015（估计）	5.5	65.4	2.8	3.7	22.6	—	2.3	1.5	55.8	3.4	7.4	3.4	3.7	22.6	6.3

资料来源：Light-Duty Automotive Technology, Carbon Dioxide Emissions, and Fuel Economy Trends: 1975 Through 2011

部分安全装置在日本应用的起始年份

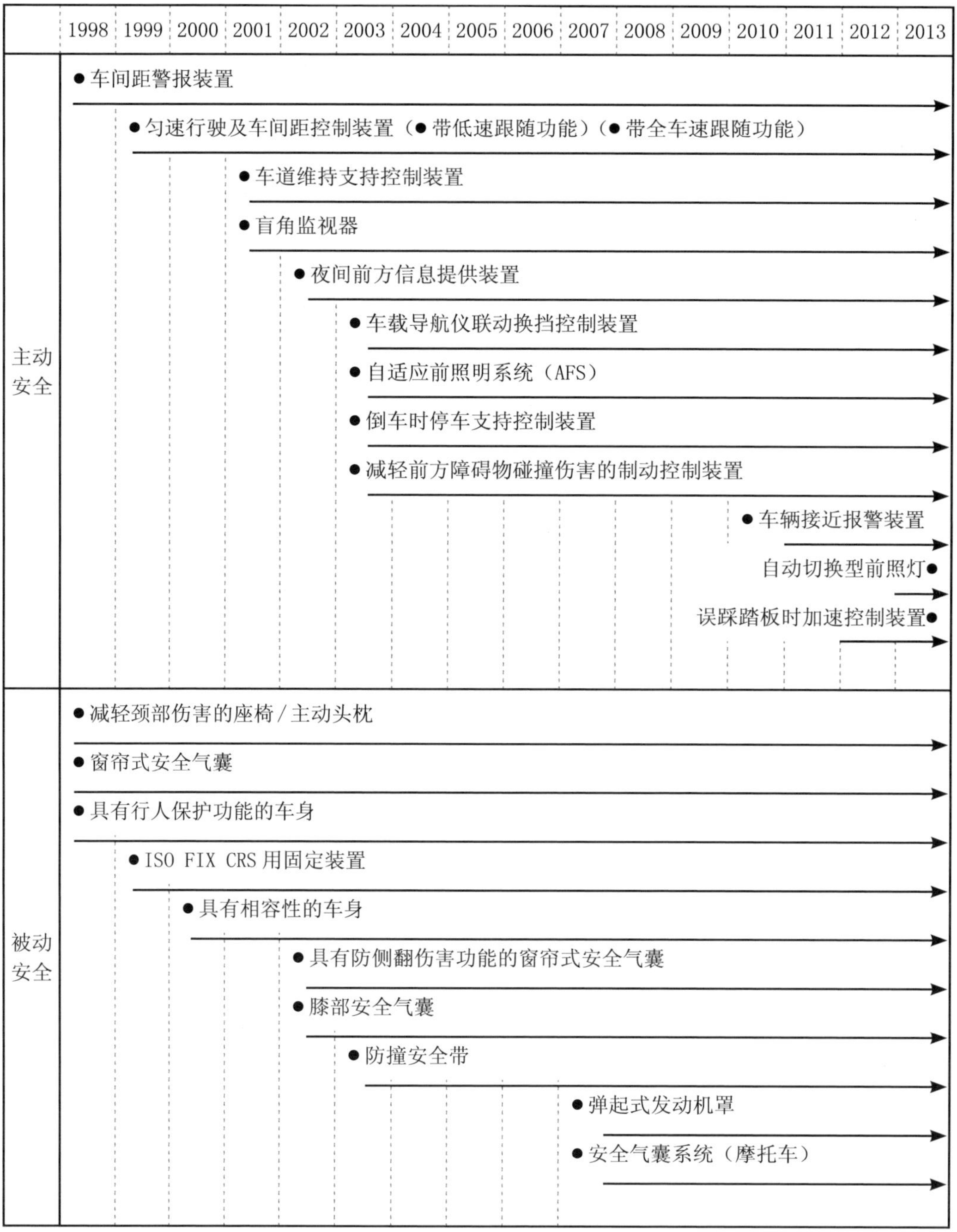

资料来源：The Motor Industry of Japan, JAMA, June 2015

2013年日本生产的乘用车（含微型机动车）安全装置配备情况

项目	安全装备	标配和选配车型数（个）	标配车型数（个）	标配和选配车型比率（%）	已装备车辆数（日本国内）（辆）	车辆装备率（%）
主动安全装置	防抱死系统（ABS）	178	172	98.9	4 154 008	98.1
	ABS 用制动助力装置	172	163	95.6	4 067 482	96.0
	安全带未佩戴警报装置（驾驶席）	175	175	97.2	4 152 260	98.0
	安全带未佩戴警报装置（驾驶席及副驾驶席）	86	83	47.8	2 163 150	51.1
	高亮度前照灯	137	47	76.1	2 017 438	47.6
	自适应前照明系统（AFS）	43	13	23.9	232 084	5.5
	倒车时后方视野信息提供装置	120	19	66.7	878 848	20.8
	车辆周围视野信息提供装置	35	7	19.4	161 539	3.8
	车辆周围障碍物提醒装置	32	4	17.8	192 838	4.6
	十字路口左右视野信息提供装置	19	0	10.6	58 125	1.4
	夜间前方视野信息提供装置	4	0	2.2	2 175	0.1
	弯道进入速度提醒装置	16	1	8.9	46 357	1.1
	轮胎气压提醒装置	12	6	6.7	71 858	1.7
	非平稳驾驶提醒装置	25	2	13.9	152 851	3.6
	车间距离警报装置	29	1	16.1	175 699	4.1
	车道偏离警报装置	30	1	16.7	134 698	3.2
	防被追尾警报、头枕控制装置	7	0	3.9	3 014	0.1
	减轻前方障碍物碰撞伤害的制动控制装置	49	1	27.2	197 419	4.7
	匀速行驶、车间距控制装置	37	0	20.6	180 996	4.3
	低速域车间距控制装置	6	0	3.3	94 288	2.2
	全车速域匀速行驶 / 车间距控制装置	12	1	6.7	98 051	2.3
	车道维持支持控制装置	13	0	7.2	12 953	0.3
	倒车时停车支持控制装置	17	0	9.4	13 983	0.3
	车载导航仪联动换挡控制装置	25	5	13.9	45 887	1.1
	紧急制动时安全带回卷控制装置	36	4	20.0	253 888	6.0
	车辆侧滑时制动力、驱动力控制装置	143	90	79.4	2 567 799	60.6
	车辆打滑时制动力、驱动力控制装置	128	82	71.1	2 471 090	58.4
	车载导航仪联动临时停车提醒及刹车助手装置	11	5	6.1	104 227	2.5
	后侧方接近车辆提醒装置	7	0	3.9	60 855	1.4
	踩错踏板时的加速控制装置	24	0	13.3	528 812	12.5

续表

项目	安全装备	标配和选配车型数（个）	标配车型数（个）	标配和选配车型比率（%）	已装备车辆数（日本国内）（辆）	车辆装备率（%）
被动安全	侧面安全气囊	133	58	73.9	1 160 114	27.4
	窗帘式安全气囊	134	57	74.4	1 073 737	25.4
	减轻颈部伤害的座椅、主动头枕	118	116	65.6	2 518 876	59.5
	ISO FIX CRS 用固定装置	172	168	95.6	4 189 449	98.9
	后排中央三点式安全带#	127	119	84.7	2 521 453	85.3
总车型数和总产量（2012 年 1—12 月）		180 个车型			4 234 874 辆	

说明："后排中央三点式安全带"的安装情况针对除去微型机动车、两座车、乘车定员4名的汽车等无后排中央座椅车辆，共146个车型的2 719 032辆。

资料来源：The Motor Industry of Japan, JAMA, June 2015

2006—2015年欧、美、日汽车专利公开数量

件

年份		2006	2007	2008	2009	2010	2011	2012	2013	2014	2015
美国	发动机	3 480	3 208	2 959	2 908	3 268	3 108	3 228	3 681	3 542	3 345
	底盘	3 418	3 159	2 996	2 939	3 044	2 897	3 034	3 154	3 194	3 075
	车身	7 509	6 751	6 550	6 213	6 470	5 950	5 892	6 267	6 379	6 831
	电气	4 215	3 930	4 099	4 324	4 823	5 124	5 447	6 539	6 982	7 352
	合计	18 622	17 048	16 604	16 384	17 605	17 079	17 601	19 641	20 097	20 603
日本	发动机	4 967	5 264	4 891	4 935	4 562	3 268	3 387	3 529	3 490	3 224
	底盘	6 186	6 884	6 721	6 911	6 139	5 137	5 561	5 280	5 332	5 188
	车身	12 392	13 601	15 290	12 519	11 370	9 429	9 628	9 200	10 058	11 232
	电气	5 709	6 802	6 926	7 006	7 672	7 263	8 211	9 435	9 254	10 587
	合计	29 254	32 551	33 828	31 371	29 743	25 097	26 787	27 444	28 134	30 231
欧洲	发动机	2 069	1 786	1 861	1 754	1 810	1 617	1 380	1 951	1 860	1 723
	底盘	3 272	2 378	3 036	2 610	2 663	2 511	2 517	2 349	2 322	2 365
	车身	5 614	4 730	5 072	4 812	4 549	4 046	4 025	4 090	4231	4266
	电气	2 202	2 025	2 071	2 227	2 327	2 599	3 053	3 385	3558	3985
	合计	13 157	10 919	12 040	11 403	11 349	10 773	10 975	11 775	11971	12339

资料来源：

http://www.uspto.gov/patents/process/search/index.jsp#heading-1

http://www.ipdl.inpit.go.jp/homepg_e.ipdl

http://www.epo.org/searching/free/espacenet.html

2006—2015年部分国家新能源汽车销量

辆

国家或地区	车型		2006年	2007年	2008年	2009年	2010年	2011年	2012年	2013年	2014年	2015年
美国	小计		6	10	11	14	363	17 815	53 177	96 632	118 684	115 261
	其中	EV	6	10	11	14	37	10 144	14 592	47 589	63 327	72 302
		PHV					326	7 671	38 585	49 043	55 357	42 959
日本	小计		0	0	29	994	2 361	13 449	23 184	30 783	31 609	22 769
	其中	EV	0	0	29	994	2 361	13 449	15 943	16 661	16 257	10 356
		PHV							7 241	14 122	15 352	12 413
中国大陆	小计							8 159	12 791	17 642	74 763	331 092
	其中	EV						5 579	11 375	14 604	45 048	247 482
		PHV						2 580	1 416	3 038	29 715	83 610
法国	小计						57	4 048	9 440	8 345	11 249	16 888
	其中	EV					57	4 012	9 215	8 260	11 232	16 787
		PHV						36	225	85	17	101
德国	小计							2 041	3 839	3 206	6 064	7 120
	其中	EV						1 800	2 976	2 846	5 547	6 706
		PHV						241	863	360	517	414
挪威	小计			4	78	98	14	2 000	4 110	7 296	12 428	4 039
	其中	EV		4	78	98	14	2 000	3 945	7 207	12 391	4 039
		PHV							165	89	37	0
荷兰	小计					22	35	534	3 753	5 559	14 849	3 258
	其中	EV				22	35	520	611	2 559	3 262	3 066
		PHV						14	3 142	3 000	11 587	192
奥地利	小计					25	2	9	20	53	1 100	1 308
	其中	EV				25	2	9	8	52	1 035	1 244
		PHV							12	1	65	64

续表

国家或地区	车型		2006年	2007年	2008年	2009年	2010年	2011年	2012年	2013年	2014年	2015年
比利时	小计							186	565	447	1 239	1 579
	其中	EV						175	355	413	1 170	1 427
		PHV						11	210	34	69	152
丹麦	小计				3	48	29	366	310	496	1 632	4 548
	其中	EV			3	48	29	364	289	489	1 621	4 544
		PHV						2	21	7	11	4
希腊	小计					1	0	0	2	3	39	42
	其中	EV				1	0	0	1	3	39	34
		PHV							1		0	8
爱尔兰	小计						19	45	71	47	228	479
	其中	EV					19	45	71	47	228	479
意大利	小计							296	617	852	1 186	1 385
	其中	EV						296	517	826	1 121	1 285
		PHV							100	26	65	100
卢森堡	小计								3	5	36	31
	其中	EV							1	5	35	31
		PHV							2	0	1	0
葡萄牙	小计						3	176	52	121	185	630
	其中	EV					3	176	35	114	170	615
		PHV					0	0	17	7	15	15
西班牙	小计							434	663	955	1 368	970
	其中	EV						426	614	882	1 077	932
		PHV						8	49	73	291	38
瑞典	小计					2	0	0	945	1 547	4 671	8 595
	其中	EV				2	0	0	264	442	1 371	3 237
		PHV							681	1 105	3 300	5 358
瑞士	小计				3	21	137	436	737	1 153	1 697	3 347
	其中	EV			3	21	137	395	342	987	1 493	3 170

续表

国家或地区	车型		2006年	2007年	2008年	2009年	2010年	2011年	2012年	2013年	2014年	2015年
瑞士	其中	PHV						41	395	166	204	177
英国	小计		298	377	70	42	32	930	1 689	3 283	7 690	10 764
	其中	EV	298	377	70	42	32	930	1 167	2 464	6 485	9 529
		PHV							522	819	1 205	1 235
澳大利亚	小计						112	49	252	289	267	355
	其中	EV					112	49	172	188	206	286
		PHV							80	101	61	69
加拿大	小计							468	1 724	1 781	3 872	5 524
	其中	EV						193	436	638	2 224	4 015
		PHV						275	1 288	1 143	1 648	1 509
哥伦比亚	小计							1	29	0	0	0
	其中	EV						1	29	0	0	0
墨西哥	小计							3	88	12	48	99
	其中	EV						3	88	12	48	92
		PHV										7
印度尼西亚	小计							2	0	2	0	0
	其中	EV						2	0	2	0	0
韩国	小计								548	715	1 181	3 025
	其中	EV							548	715	1 181	3 025
马来西亚	小计								11	2	15	11
	其中	EV							11	2	15	11
新加坡	小计								1	0	0	2
	其中	EV							1	0	0	2
中国台湾地区	小计								167	54	28	20
	其中	EV							167	54	28	20
泰国	小计									12	0	0
	其中	EV								12	0	0

资料来源：根据 MARKLINES 数据及有关公开资料整理，其中中国数据来源于中国汽车工业协会

2004—2014年部分汽车整车和零部件企业研发投入金额及占销售收入比重

公司名称	国家或地区	金额（百万欧元）							
		2014	2013	2012	2011	2010	2009	2008	2007
VOLKSWAGEN 大众	德国	13 120.0	11 743.0	9 515.0	7 203.0	6 258.00	5 790.00	5 926.00	4 923.00
TOYOTA MOTOR 丰田汽车	日本	6 858.4	6 269.9	7 070.9	7 754.5	6 666.69	6 768.46	7 610.32	5 453.73
DAIMLER 戴姆勒	德国	5 650.0	5 379.0	5 639.0	5 629.0	4 852.00	4 164.00	4 442.00	4 888.00
GENERAL MOTORS 通用	美国	6 095.0	5 220.8	5 584.4	6 278.7	5 189.60	4 229.08	5 755.46	5 540.11
BMW 宝马	德国	4 566.0	4 792.0	3 952.0	3 373.0	2 773.00	2 448.00	2 864.00	3 144.00
ROBERT BOSCH 博世	德国	5 042.0	4 653.0	4 924.0	4 242.0	3 824.00	3 578.00	3 916.00	3 560.00
FORD MOTOR 福特	美国	5 683.2	4 640.7	4 168.6	4 096.1	3 727.09	3 415.04	5 251.86	5 129.74
HONDA MOTOR 本田	日本	4 576.6	4 366.7	4 906.3	5 169.1	4 258.72	4 216.44	4 666.43	3 378.63
NISSAN MOTOR 日产	日本	3 455.7	3 447.2	4 115.0	4 256.3	3 542.75	3 410.02	3 630.88	2 845.93
FIAT 菲亚特	意大利	3 665.0（菲克）	3 362.0	3 295.0	2 175.0	1 936.00	1 692.00	1 986.00	1 741.00
DENSO 电装	日本	2 699.4	2 538.9	2 938.0	2 966.9	2 482.30	2 224.63	2 472.06	1 713.60
PEUGEOT (PSA) 标致－雪铁龙	法国	2 260.0	1 966.0	2 481.0	2 634.0	2 402.00	2 314.00	2 372.00	2 074.00
CONTINENTAL 大陆	德国	2 195.6	1 918.6	1 826.9	1 693.0	1 524.90	1 405.30	1 524.20	842.10
RENAULT 雷诺	法国	1 890.0	1 793.0	1 889.0	2 064.0	1 728.00	1 643.00	2 235.00	2 462.00
HYUNDAI MOTOR 现代	韩国	1 430.9	1 033.6	934.0	1 386.7	1 587.04	1 337.60	1 251.20	1 602.76
TATA MOTORS 塔塔	印度	2 345.5	1 011.3	1 496.0		311.92	175.38	218.05	207.54

			占比（%）										
2006	2005	2004	2014	2013	2012	2011	2010	2009	2008	2007	2006	2005	2004
4 240.00	4 075.00	4 164	6.5	6.0	4.9	4.5	4.9	5.7	5.2	4.5	4.0	4.3	4.7
5 172.00	5 423.93	5 422	3.7	8.2	3.7	4.2	3.8	4.4	3.6	3.9	3.9	4.1	4.1
5 234（戴克）	5 649（戴克）	5 658（戴克）	4.4	4.6	4.9	5.3	5.0	5.3	4.6	3.8	3.4	3.8	4.0
5 004.97	5 679.86	4 782	4.7	4.6	4.9	5.4	5.1	5.3	5.4	4.4	3.2	3.5	3.4
3 208.00	3 115.00	2 818	5.7	6.3	5.1	4.9	4.8	5.1	5.4	5.6	6.5	6.7	6.4
3 398.00	2 931.00	2 898	10.3	10.1	9.4	8.2	8.1	9.4	8.7	7.7	7.8	7.0	7.2
5 459.96	6 781.92	5 444	4.8	4.4	4.1	3.9	3.9	4.1	5.0	4.3	4.5	4.5	4.3
3 248.29	3 359.70	3 358	5.0	5.4	5.7	6.5	5.4	5.6	4.9	5.0	5.2	5.4	5.4
2 848.58	2 859.75	2 544	4.4	4.8	4.9	4.5	5.1	5.4	4.2	4.4	4.7	4.6	4.8
1 184.00	1 318.00		3.8	3.9	3.9	3.7	3.4	3.4	3.3	3.0	2.3	2.9	
1 631.44	1 711.20	1 543	9.2	9.0	9.4	9.5	9.1	9.5	7.7	7.8	8.0	8.5	8.4
2 175.00	2 151.00	2 118	4.2	3.6	4.5	4.4	4.3	4.8	4.4	3.4	3.8	3.8	3.7
677.80	590.40	530	6.4	5.8	5.6	5.5	5.9	7.0	6.3	5.1	4.6	4.3	4.2
2 400.00		1 961	4.6	4.4	4.6	4.8	4.5	5.0	6.1	6.2	5.9		4.8
1 181.97	1 982.69	1 379	2.1	1.7	1.6	2.7	2.1	2.4	2.7	3.2	2.3	4.0	3.7
136.53	89.68		6.9	3.7	5.7		1.5	1.3	2.1	3.4	2.5	2.0	

公司名称	国家或地区	金额（百万欧元）							
		2014	2013	2012	2011	2010	2009	2008	2007
AISIN SEIKI 爱信精机	日本	1 018.2	994.2	1 182.8	1 207.7	929.24	868.40	915.33	635.20
DELPHI 德尔福	英国	1 070.8	942.6	909.5	927.4	745.42	627.25	1 366.92	1 367.93
SUZUKI MOTOR 铃木	日本	859.5	875.2	1 044.4	1 092.3	999.84	860.67	863.04	564.12
ZF 采埃孚	德国	866.0	816.0	848.0	732.0	621.00	606.00	670.00	666.00
VALEO 瓦莱奥	法国	807.0	778.0	705.0	617.0	557.00	620.00	786.00	790.00
SAIC MOTOR 上海汽车	中国大陆	919.6	699.9	693.7	702.3	161.54	145.78		
MAZDA MOTOR 马自达	日本	739.9	684.2	787.5	912.0	783.13	718.47	907.95	658.48
MICHELIN 米其林	法国	656.0	643.0	622.0	592.0	545.00	506.00	499.00	571.00
BRIDGESTONE 普利司通	日本	642.8	613.5	725.1	835.1	782.66	642.10	740.11	531.11
YAMAHA MOTOR 雅马哈	日本	576.9	523.9	610.5	646.5	507.19	464.66	675.33	523.77
HELLA 海拉	德国	593.3	507.6	416.5	373.7	322.80	347.48	356.68	284.80
FUJI HEAVY INDUSTRIES 富士重工	日本	570.3	412.5	432.4	478.5	341.68	320.66	412.87	310.46
JOHNSON CONTROLS 江森自控	美国	362.4	404.6	385.8	394.2	304.13	234.17	305.04	335.83
AUTOLIV 奥托立夫	美国	422.5	354.8	345.2	341.2	269.32	224.70	264.18	270.65
MAHLE 马勒	德国	552.3	336.2	289.4	322.8	309.99	246.47	285.89	277.67
TOYOTA INDUSTRIES 丰田工业	日本	326.2	319.0	342.0	252.1	179.06	251.90	291.67	211.52

续表

			占比（%）										
2006	2005	2004	2014	2013	2012	2011	2010	2009	2008	2007	2006	2005	2004
605.56	686.26	640	5.0	5.1	5.3	5.3	4.9	5.2	4.3	4.4	4.5	5.2	5.5
1 592.49	1 865.03	1 545	7.6	7.9	7.7	8.7	7.2	8.8	9.3	7.6	8.0	8.2	7.3
572.27	623.85	544	4.2	4.3	4.6	4.4	4.4	3.8	3.1	2.9	3.3	3.7	3.4
610.00	559.00	520	4.7	4.8	4.9	4.7	4.8	6.5	5.4	5.3	5.2	5.2	5.3
789.00	779.00	584	6.3	6.4	6.0	5.7	5.8	8.3	9.1	7.8	7.9	7.8	6.2
			1.1	1.1	1.2	1.4	1.0	1.0					
609.26	652.48	630	3.6	3.7	4.1	4.5	3.9	3.8	3.3	3.3	3.3	3.4	3.0
591.00	565.00	674	3.4	3.2	2.9	2.9	3.0	3.4	3.0	3.4	3.6	3.6	4.3
551.71	570.41	523	2.6	2.5	2.7	2.8	3.0	3.3	2.9	2.6	2.9	3.0	3.0
490.49	514.39	451	5.6	5.4	5.8	5.1	4.3	5.4	5.3	4.9	4.9	5.2	6.2
285.60	264.10	172	10.2	10.2	8.7	10.5	9.1	10.6	9.1	7.8	8.4	8.6	5.5
291.55	373.80	413	2.9	2.5	2.6	3.2	2.6	3.0	3.3	3.4	3.1	3.6	4.0
318.50	351.81	379	1.0	1.3	1.2	1.2	1.2	1.2	1.1	1.4	1.3	1.5	1.9
301.51	327.06	271	5.6	5.6	5.5	5.4	5.0	6.3	5.7	5.8	6.4	6.2	6.0
241.62			5.6	4.8	4.7	5.4	5.9	6.4	5.7	5.5	5.6		
198.35	215.85	212	2.2	2.3	2.4	1.6	1.4	2.1	1.8	1.8	2.1	2.4	2.5

公司名称	国家或地区	金额（百万欧元）							
		2014	2013	2012	2011	2010	2009	2008	2007
HYUNDAI MOBIS 现代摩比斯	韩国	369.2	289.0	254.4	216.2	180.62	119.14	69.30	59.46
GOODYEAR 固特异	美国	326.7	282.8	280.4	262.0	254.93	234.87	263.31	254.44
TOYOTA BOSHOKU 丰田纺织	日本	265.0	276.7	318.1	323.6	275.93	216.87	251.73	161.66
MITSUBISHI MOTORS 三菱	日本	307.6	252.8	304.9	348.0	206.61	268.08	274.50	253.01
VISTEON 伟世通	美国	367.4	235.7	226.6	252.0	262.39	228.60	312.23	348.82
GKN 纳铁福	英国	288.0	234.0	215.3	172.1	135.38	106.92	100.34	113.01
RHEINMETALL 莱茵金属	德国	214.0	226.0	229.0	208.0	214.00	198.00	199.00	179.00
BORGWARNER 博格华纳	美国	276.9	219.9	201.5	186.0	137.90	108.17	147.99	144.18
GREAT WALL MOTOR 长城汽车	中国大陆	346.2	201.2	115.3	77.9	50.61	34.22		
TOYODA GOSEI 丰田合成	日本	201.9	200.9	238.9		239.57	185.95	193.04	148.91
PIRELLI 倍耐力	意大利	205.5	199.2	178.9	169.7	150.00	137.00	156.00	173.00
DONGFENG MOTOR 东风汽车	中国大陆	316.3	194.2	409.1					
CALSONIC KANSEI 康奈可	日本	189.3	186.3	208.3	233.3	194.82	206.47	221.70	175.88
KOITO MANUFACTURING 小糸制作所	日本	190.9	170.5	175.9	175.1	159.01	140.75	165.08	126.73

续表

			占比（%）										
2006	2005	2004	2014	2013	2012	2011	2010	2009	2008	2007	2006	2005	2004
	46.82		1.4	1.2	1.2	1.2	1.2	1.2	0.9	0.8		0.8	
272.24	309.43	278	2.2	2.0	1.8	1.5	1.8	2.1	1.9	1.8	1.8	1.9	2.1
			3.0	3.3	3.4	3.4	3.1	3.0	2.6	2.4			
384.06	493.99	495	2.1	1.8	1.9	1.9	1.6	1.8	1.3	1.9	2.8	3.2	2.7
450.45	681.58	659	5.9	4.4	4.4	4.1	4.7	4.9	4.5	4.5	5.2	4.7	4.8
111.32	128.08	126	3.2	2.7	2.8	2.5	2.3	2.2	2.2	2.1	2.1	2.4	2.6
169.00	156.00	152	4.6	4.9	4.9	4.7	5.4	5.8	5.1	4.5	4.7	4.5	4.5
142.34	136.49	91	4.0	4.1	3.7	3.4	3.3	3.9	3.9	4.0	4.1	3.7	3.5
			4.3	3.1	2.3	2.2	2.0	2.7					
161.10	175.99	163	4.1	4.2	4.5		5.3	4.5	4.1	4.1	5.1	5.6	5.7
171.00	174.00		3.4	3.2	2.9	3.0	2.9	3.1	3.2	2.7	3.5	2.7	
			2.9	4.4	2.7								
181.84	186.71	184	2.9	2.9	3.1	3.0	3.4	4.1	3.4	4.1	4.0	3.7	4.1
129.83	137.91		4.0	4.1	4.2	4.1	4.2	4.7	4.4	4.6	5.1	5.3	

公司名称	国家或地区	金额（百万欧元）							
		2014	2013	2012	2011	2010	2009	2008	2007
TESLA MOTORS 特斯拉汽车	美国	382.8	168.2	207.7	161.5	69.32			
TAKATA 高田	日本	166.5	158.9	171.2	181.6	130.13	140.61	179.71	133.38
ZF LENKSYSTEME 采埃孚转向系统	德国		158.1	195.2	170.2	139.80	117.90	117.70	114.20
SUMITOMO RUBBER INDUSTRIES 住友橡胶	日本	160.7	150.2	171.0	191.5	171.86	134.63	153.58	111.57
JIANGLING MOTORS 江铃汽车	中国大陆	204.7	141.1	103.4	75.0				
TRW AUTOMOTIVE 天合汽车	美国		139.9	124.3	119.8	98.40	108.03	148.20	127.90
TOKAI RIKA 东海理化	日本	153.8	139.5	157.2	174.9	152.64	134.06	145.43	
EBERSPAECHER 埃贝赫	德国	138.0	138.0	134.0	97.7	97.70	79.20	82.60	70.20
WEBASTO 伟巴斯特	德国	108.9	120.4	112.8	95.0		52.41		
GUANGZHOU AUTOMOBILE 广州汽车	中国大陆	214.5	117.3	101.1	71.5	116.85			
HARLEY-DAVIDSON 哈雷－戴维森	美国	113.9	110.4	104.1	112.4	101.53	99.73	117.63	137.89
WEICHAI POWER 潍柴动力	中国大陆	76.8	103.3	111.4		100.41	45.96	40.02	30.27

续表

			占比（%）										
2006	2005	2004	2014	2013	2012	2011	2010	2009	2008	2007	2006	2005	2004
			14.5	11.5	66.3	102.3	79.7						
			3.8	4.1	4.7	4.8	4.0	4.9	4.4	4.3			
92.40	68.60			7.8	4.9	4.8	4.7	5.4	4.5	4.4	3.9	3.1	
110.05	116.78	113	2.8	2.8	2.7	2.8	3.1	3.4	3.2	3.2	3.2	3.2	3.3
			6.2	5.9	5.1	3.6							
127.40	172.09	128		1.1	1.0	1.0	0.9	1.3	1.4	1.3	1.3	1.6	1.4
			5.0	4.6	4.8	5.5	5.0	5.3	4.2				
63.50	66.40	66	4.7	4.9	5.2	5.1	5.1	5.9	3.7	3.1	3.1	4.1	4.5
			4.4	907.0	4.6	4.1		5.0					
			7.1	5.2	6.5	5.3	1.7						
163.65	165.73	137	2.2	2.6	2.5	2.7	2.8	3.0	2.9	3.3	3.6	3.5	3.5
			0.7	2.7	2.0		1.4	1.3	1.2	1.2			

公司名称	国家或地区	金额（百万欧元）							
		2014	2013	2012	2011	2010	2009	2008	2007
ZHENGZHOU YUTONG BUS 郑州宇通	中国大陆	144.0	95.2	36.5	37.1				
WABCO 威伯科	美国	122.4	90.9	79.1	81.2	64.03		66.84	
YOKOHAMA RUBBER 横滨轮胎	日本	91.7	87.0	112.3	92.5	122.06	114.37	121.34	89.69
MAHINDRA & MAHINDRA 马恒达	印度	199.5	79.1	92.3	70.8	123.24	99.58	42.77	50.26
LEAR 李尔	美国	84.0	78.6	79.1	85.6	60.68	59.88	81.30	92.06
HANKOOK TIRE 韩泰轮胎	韩国	104.3	75.6	59.7	77.8	64.93	59.17	54.14	69.84
AMERICAN AXLE & MANUFACTURING 美国车桥	美国	95.0	75.0	93.5	87.8	61.50	46.70	61.15	54.99
DONGFENG AUTOMOBILE 东风汽车	中国大陆	80.1	67.8	50.4	424.3	296.38	213.06	152.90	
ELRINGKLINGER（油封产品）	德国	65.7	65.4	48.9	51.1	45.75	36.88	37.89	31.20
TOYO TIRE 东洋轮胎	日本	69.3	58.4	54.4	82.7	76.43	65.61	76.34	58.82
TI FLUID SYSTEMS（流体系统）	英国	89.3	56.2	42.5	40.4	14.01			
GENTEX 金泰克斯	美国	69.3	55.5	64.4	63.1	47.78	32.85	37.33	34.69
SHOWA 昭和	日本	68.9	55.4	56.9	58.5			56.48	42.62
NISSIN KOGYO 日信工业	日本	58.7	55.4	60.0	62.5	53.57	51.54	58.04	42.06

续表

			占比（%）										
2006	2005	2004	2014	2013	2012	2011	2010	2009	2008	2007	2006	2005	2004
			4.5	3.8	1.6	1.9							
			5.2	4.6	4.2	3.8	3.9		3.6				
92.65	102.46	99	2.1	2.1	2.3	2.0	2.8	3.0	2.8	2.9	3.2	3.4	3.4
32.27			2.4	1.0	1.1	0.9	2.5	2.9	1.6	1.6	1.5		
128.76	147.51	145	0.6	0.7	0.7	0.8	0.7	0.9	0.8	0.8	1.0	1.0	1.2
60.57	60.45		2.1	71.6	214.5	1.8	1.9	1.9	2.1	2.7	3.6	3.6	
63.09	62.39	50	3.1	3.2	4.2	4.4	3.6	4.4	4.0	2.5	2.6	2.2	1.9
			3.6	3.3	2.7	2.6	2.1	2.3	2.1				
26.82	24.54	22	5.0	5.6	4.3	4.9	5.7	6.4	5.8	5.1	5.1	5.2	4.9
63.97	70.33	69	2.6	2.3	2.1	2.6	2.9	2.7	2.7	3.0	3.3	3.6	3.7
			3.3	2.2	1.8	1.9	0.7						
31.68	29.72		6.1	6.5	7.7	8.0	7.9	8.7	8.3	7.8	7.3	6.5	
47.31	47.41	56	3.8	2.9	2.8	2.7			2.5	2.7	3.0	2.8	3.6
40.52	43.74	40	3.8	3.6	3.9	3.9	4.0	3.7	3.6	3.7	3.8	4.3	4.4

公司名称	国家或地区	金额（百万欧元）							
		2014	2013	2012	2011	2010	2009	2008	2007
NOK（密封行业）	日本	55.3	52.5	59.8	63.7	59.13	59.53	72.61	
GRAMMER 格拉默	德国	56.3	49.0	38.4	38.0	33.00	32.18	43.15	53.07
SANDEN 三电	日本	46.0	48.9	60.3	73.9	50.01	52.56	54.49	
IMMSI	意大利	46.3	47.7	59.6	68.5	62.90	70.00	74.22	71.70
FORD OTOMOTIV（汽车）	土耳其	106.7	46.9	45.8	43.7	40.11		46.75	33.36
DANA 德纳	美国	59.3	46.4	39.4	40.2	37.27	82.94	151.47	129.27
XIAMEN JINGLONG MOTOR 厦门金龙	中国大陆	50.9	46.3	49.2	40.4				
GEELY AUTOMOBILE 吉利汽车	开曼群岛	88.5	44.9	123.3		58.41	42.48		
MODINE MANUFACTURING 摩丁制造	美国	51.1	44.7	51.8	54.3	49.92	39.66	58.00	63.74
CHINA MOTOR 中华汽车	中国台湾	53.8	44.2	53.8	45.6	34.42		33.69	38.90
WANXIANG QIANCHAO 万向钱潮	中国大陆	57.5	42.7	38.5	35.7				
TOFAS 托发斯	土耳其	147.9	37.7	44.1		58.01	111.22		
STANLEY ELECTRIC 斯坦雷电气	日本	37.6	36.8	48.0	53.9	32.96	30.60	37.55	
KTM（摩托车）	奥地利	45.2	36.7	35.2		21.96	33.02	46.19	37.53
STONERIDGE 石通瑞吉	美国	34.3	32.8	34.0				32.83	30.23

续表

			占比（%）										
2006	2005	2004	2014	2013	2012	2011	2010	2009	2008	2007	2006	2005	2004
			1.2	1.3	1.3	1.3	1.6	1.7	1.7				
46.66	45.13		4.1	3.9	3.4	3.5	3.5	4.4	4.3	5.3	5.3	5.3	
39.26	35.50		2.2	2.6	2.8	3.5	2.8	3.2	2.6		2.7	2.1	
75.72	30.83	39	3.6	3.8	4.1	4.2	3.9	4.3	4.3	3.9	4.4	2.0	3.4
28.81			2.5	1.2	1.1	1.0	1.1		1.4	0.8	0.8		
167.59	233.13	198	1.1	0.9	0.7	0.7	0.8	2.3	2.6	2.1	2.3	2.8	3.0
			1.8	1.9	2.2	1.8							
			3.0	1.3	4.2		2.6	3.0					
62.56	41.15		4.1	4.2	5.0	4.5	4.6	4.4	5.1	5.0	4.7	2.8	
50.93	60.07	64	5.8	5.1	4.9	4.0	3.4		5.6	6.2	5.9	4.4	3.8
			4.6	4.1	4.1	3.8							
			5.6	1.6	1.5		1.9	4.7					
			1.5	1.6	2.1	2.2	1.5	1.4	1.3				
15.21			5.2	5.1	5.7		5.0	7.3	7.6	6.6	3.0		
30.97	33.23		6.3	4.8	4.8				6.1	6.1	5.8	5.8	

公司名称	国家或地区	金额（百万欧元）							
		2014	2013	2012	2011	2010	2009	2008	2007
TENNECO 天纳克	美国	42.0	31.2	95.5	102.8	87.21	67.60	51.80	52.67
NGK SPARK PLUG（火花塞）	日本	31.4	27.7	32.7	160.4	127.83	131.59	138.46	99.51
MIBA（粉末冶金制品）	奥地利	22.7	26.7	30.7		22.60	18.70	19.10	16.00
VERITAS	德国	26.3	24.8	24.8			15.71	20.38	
MGI COUTIER（汽车零部件）	法国	25.5	24.2	22.6		20.10	19.70	21.10	22.50
BEHR（汽车空调）	德国			216.6	216.6	209.00	206.00	241.00	241.00
ARVINMERITOR 阿文美驰	美国			55.3	56.4	50.69	71.79	97.84	84.81
EICHER MOTORS（汽车）	印度			31.6					

资料来源：欧盟《Economics of Industrial Research Innovation》

续表

			占比（%）										
2006	2005	2004	2014	2013	2012	2011	2010	2009	2008	2007	2006	2005	2004
43.98	49.17		0.6	0.5	1.7	1.8	2.0	2.1	1.2	1.2	1.2	1.3	
93.51	103.14	100	1.3	1.2	1.2	5.7	5.7	6.0	5.0	4.7	5.2	6.0	6.1
18.50	17.50	11	3.4	4.4	5.1		5.2	6.0	5.1	4.1	5.0	5.0	3.4
			4.6	4.2	4.2			4.2	4.7				
21.60	24.65	25	3.7	3.6	3.4		4.9	5.5	5.0	4.9	5.0	5.3	5.3
229.00	215.00	195			5.8	5.8	6.2	8.3	7.1	7.1	7.2	7.0	6.4
134.22	148.35	115			1.7	1.6	1.4	2.2	1.9	1.4	1.8	1.8	1.9
					3.6								

2003—2015年全球21国汽车出口数量

辆

国名	2003 年	2004 年	2005 年	2006 年	2007 年	2008 年	2009 年	2010 年	2011 年	2012 年	2013 年	2014 年	2015 年
美国	1 601 019	1 766 186	2 051 858	2 197 429	2 597 845	2 787 787	1 819 084	2 153 505	2 439 086	2 867 188	3 033 309	2 227 841	2 113 340
墨西哥	1 195 147	1 132 222	1 223 801	1 587 179	1 653 219	1 698 360	1 266 032	1 922 169	2 252 461	2 509 343	2 505 846	2 766 902	2 758 897
巴西	535 980	758 787	724 163	634 473	634 570	568 582	368 023	502 754	553 334	445 063	566 299	334 219	417 332
阿根廷	108 057	146 236	181 581	236 789	316 410	351 092	322 495	447 953	506 715	413 472	433 295	357 847	245 725
德国	3 996 002	3 924 050	4 080 489	4 182 723	4 664 317	4 500 807	3 583 720	4 480 906	4 826 933	4 429 382	4 923 992	4 665 863	4 650 221
英国	1 246 677	1 308 193	1 315 387	1 242 315	1 317 021	1 254 197	828 688	1 046 967	1 194 052	1 275 499	1 249 305	1 230 120	1 275 060
意大利	703 632	595 707	497 614	595 952	650 508	560 953	393 233	440 187	452 808	407 381	393 233	438 666	675 983
西班牙	2 495 521	2 480 976	2 247 303	2 272 872	2 389 224	2 180 852	1 883 175	2 079 782	2 120 399	1 729 172	1 879 974	2 060 226	2 273 732
比利时	869 216	870 801	868 843	848 227	758 269	652 869	489 674	526 056	575 233	520 724	480 848	508 628	391 548
奥地利	134 734	243 945	246 873	268 525	225 569	149 720	59 239	85 642	151 174	141 654	164 733	151 789	120 297
捷克	381 295	389 950	429 829	780 351	875 378	956 504	1 077 790	1 197 798	1 338 832	1 390 542	1 341 131	1 468 566	1 566 253
乌克兰	3 900	8 600	13 700	42 900	74 200	77 382	20 130	32 713	39 892	28 634	5 479	923	182
俄罗斯	—	—	—	—	177 600	160 100	49 200	53 100	75 800	64 578	51 632	22 149	33 917
土耳其	347 119	508 397	552 838	696 688	820 370	910 270	790 966	763 670	790 966	729 923	828 471	885 133	992 335
日本	4 756 343	4 957 663	5 053 061	5 966 672	6 549 940	6 727 091	3 616 168	4 841 460	4 464 413	4 801 191	4 674 667	4 465 635	4 578 078
中国	35 148	74 704	169 769	313 631	595 444	658 670	362 466	557 849	848 332	1 013 235	943 166	941 649	750 807
韩国	1 814 938	2 379 563	2 586 088	2 648 220	2 847 138	2 683 965	2 148 862	2 772 107	3 151 708	3 170 634	3 089 283	3 063 204	2 974 114
泰国	240 312	322 606	434 907	541 206	689 093	783 712	535 563	895 855	735 627	1 026 671	1 128 152	1 128 102	1 204 895
印尼	2 046	9 572	17 805	30 974	60 267	100 982	56 669	85 796	107 932	173 368	170 907	202 073	207 691
印度	125 692	190 991	209 954	241 989	257 823	372 902	449 627	510 002	589 508	637 020	665 623	709 474	728 889
南非	126 661	111 253	139 912	179 859	171 237	284 211	174 947	239 465	268 463	277 891	276 378	276 404	333 802

资料来源：北京富欧睿

8 图表索引（3~6章）

表

图